教育部人文社会科学研究青年基金项目“数字时代低收入群体代际收入流动机制与共同富裕路径研究”（批准号 2024YJC790008）资助

数字时代基于代际收入流动的农村劳动力空间选择研究

曹萍萍　著

中国财经出版传媒集团
中国财政经济出版社
·北京·

图书在版编目（CIP）数据

数字时代基于代际收入流动的农村劳动力空间选择研究 / 曹萍萍著. -- 北京：中国财政经济出版社，2025. 7. -- ISBN 978 - 7 - 5223 - 4041 - 8

Ⅰ. F323. 6

中国国家版本馆 CIP 数据核字第 2025ZF4236 号

责任编辑：陆宗祥　　　　责任校对：徐艳丽
责任印制：张　健

数字时代基于代际收入流动的农村劳动力空间选择研究
SHUZI SHIDAI JIYU DAIJI SHOURU LIUDONG DE NONGCUN LAODONGLI KONGJIAN XUANZE YANJIU

中国财政经济出版社 出版

URL：http：//www. cfeph. cn

E - mail：cfeph@ cfeph. cn

社址：北京市海淀区阜成路甲 28 号　邮政编码：100142

营销中心电话：010 - 88191522

天猫网店：中国财政经济出版社旗舰店

网址：https：//zgczjjcbs. tmall. com

涿州汇美亿浓印刷有限公司印刷　各地新华书店经销

成品尺寸：170mm × 240mm　16 开　15 印张　238 000 字

2025 年 7 月第 1 版　2025 年 7 月河北第 1 次印刷

定价：68. 00 元

ISBN 978 - 7 - 5223 - 4041 - 8

（图书出现印装问题，本社负责调换，电话：010 - 88190548）

本社图书质量投诉电话：010 - 88190744

打击盗版举报热线：010 - 88191661　QQ：2242791300

前言
PREFACE

在数字技术迅猛发展的时代背景下，中国城乡劳动力流动格局正经历深刻变革。农村劳动力作为推动经济增长和社会转型的重要力量，其空间选择行为不仅关乎个体及家庭的福祉，更对区域均衡发展、社会公平及共同富裕目标的实现具有深远影响。传统研究多聚焦于经济收入、公共服务等因素对农村劳动力流动的影响，而较少关注代际收入流动性是如何塑造农村劳动力的空间决策的。经济学家用“代际收入流动性”来度量一个国家或一个地区的机会公平程度。较高的代际收入流动性意味着个人收入更多依靠自身的努力和能力，而更少依赖家庭背景，每个人都有相对公平的发展机会，是社会公平、正义的重要体现。研究表明，农村劳动力流入城市的原始动力来自对经济收入的追逐，但在此基础上，对机会公平的权衡也是其重要的考量因素。一个地区的代际收入流动性越高，就意味着该地区的机会环境越为开放，这有利于降低家庭背景对农村劳动力充分发挥其自身潜力的负面影响，使其拥有更多机会实现收入和阶层的跃升，从而对农村劳动力流入产生强大的吸聚能力。这时，代际收入流动不仅是社会公平问题，还会通过改变微观主体的经济行为而影响经济发展。近年来，数字经济的崛起正重塑就业形态、信息获取方式和社会网络结构，进而影响农村劳动力的空间偏好与长期发展路径。在此背景下，本书立足于数字时代的新特征，在揭示农村劳动力流动历程及现状的基础上，对地区代际收入流动性进行测度并探究其对农村劳动力空间选择的影响，旨在为政策制定提供理论依据和实践启示。

从农村劳动力流动历程和现状出发，本书利用 2011—2017 年全国流动人口动态监测数据（CMDS），选取年龄在 15 周岁及以上、户籍为农村且离开户籍所在地到城市工作一个月及以上的劳动力为农村劳动力流动样本，并以此为数据基础，对我国农村劳动力流动的具体现状进行描述分析。结果发现，农村劳动力主要分布在东部沿海等经济发达地区，但近年来，农村劳动力流动的地理集聚程度有所下降。2011 年，农村劳动力更偏好广东、浙江和江苏等地，到了 2017 年，流向广东的比例有所降低，流向江浙地区的比例则持续增加。此外，农村劳动力主要是因为务工（工作）和经商而流动，但因社会型因素而流动的比例也在逐步增加；农村劳动力 1 年以内短期流动的占比下降明显，6 年以上长期流动的占比上升趋势显著。

通过估计代际收入弹性来测度代际收入流动性是较为普遍的度量方式，但已有研究表明，代际收入弹性存在计量偏误，导致估计结果并不一致。为此，本书剖析了国际上最新发展的代际位序相关性和传统代际收入弹性指标的偏误问题，并进一步得到能够衡量不同收入阶层流动性的绝对代际流动指标，对地区代际收入流动性进行了测度。测度发现，利用代际位序法得到的估计结果在不同偏误条件下更加准确、稳健。中国的代际收入流动性在空间分布上呈现由东向西递减的趋势。绝对代际流动性最高的地区分布在江浙沪一带，且相比于相对流动性，绝对流动性的空间集聚性更强。SAR 回归模型的结果表明，Gini 系数与地区代际收入流动性呈现反向变动关系，人均 GDP、数字化程度、创新创业活跃度和公共教育支出与地区代际收入流动性呈现正向变动关系。

在准确测度城市代际收入流动性的基础上，本书采用条件 Logit 模型深入探讨代际收入流动性等城市特征对农村劳动力流入的微观影响，并从职业地位、幸福感知和福利水平三个角度验证了城市代际收入流动水平影响农村劳动力流入的内在机制。结果发现，农村劳动力为了美好生活流向城市，不仅源于对更高收入的追求，也体现了对发展机会公平的渴望。因此城市代际收入流动水平越高，对农村劳动力的吸引力也就越强。户籍门槛在一定程度上降低了城市代际收入流动性对农村劳动力的吸引力。公共服务均等化程度则提升了城市代际收入流动性对农村劳动力的吸引力。机制分析结果表明，流入城市代际收入流动水平越高，农村劳动力越容易实现职业地位提升，同时幸福感和福利水平也得到提高。

数字经济背景下，数据驱动、平台化和技能偏好深刻重构了农村劳动力的空间选择逻辑。在测度城市数字经济发展指数的基础上，采用条件 Logit 模型进一步分析了数字经济如何作用于农村劳动力的空间选择，以及如何在地区代际收入流动影响农村劳动力流入的内在机制中发挥作用。结果发现，数字经济发展不仅直接影响农村劳动力流动，还会以不同的方式作用于经济机制、社会机制和综合机制。从直接作用看，数字经济发展能够吸引农村劳动力流入，且数字经济和绝对代际流动对农村劳动力流入城市选择的正向影响具有相互强化的倾向。从作用机制看，数字经济发展能够促进农村劳动力职业地位、幸福感水平和福利水平提升，但对幸福感和福利还存在倒“U”形影响。

基于以上分析，代际收入流动性存在着显著的地区差异，西部和东北地区代际收入流动性处于较低水平。农村劳动力在选择流入城市时，会重点考量该城市的代际收入流动水平，但较高的户籍门槛会削弱城市代际收入流动性对农村劳动力流入的正向效应。追逐更高的阶层地位，提升幸福感和福利水平是农村劳动力流动的内在动力。城市公共服务能否均等化提供，影响了农村劳动力在本地上升通道是否顺畅。数字经济发展不仅对农村劳动力流动产生倒“U”形影响，且还能与代际收入流动相互强化。数字经济发展对农村劳动力职业地位、幸福感知和福利水平均有重要影响。因此，本书提出以下六点政策启示：一是重点关注西部和东北地区代际收入流动性，防止地区差异被进一步拉大；二是全面提升地区代际收入流动性，破除阻碍代际流动的制度性障碍，营造良好的机会环境；三是加大户籍制度改革的力度，促进农村劳动力自由流动；四是完善公共服务均等化机制，确保农村劳动力享有公平的待遇和良好的发展条件；五是优化数字经济布局，健全数字公共服务，增强城市吸引力；六是推进数字经济发展，缩小“数字鸿沟”，实现共同富裕。

本书受2024年度教育部人文社会科学研究青年基金项目“数字时代低收入群体代际收入流动机制与共同富裕路径研究”（批准号2024YJC790008）资助。

CONTENTS 目录

第 1 章

绪　论

1.1　研究背景与意义

1.1.1　研究背景

21 世纪以来，随着经济的快速发展和城镇化进程的不断加快，农村劳动力向城市流动的规模大幅增加。2020 年，第七次全国人口普查资料显示，农村人口流入城市的规模达到 2.49 亿人，与 2010 年的 1.43 亿人相比，流入城市的农村人口数量在 10 年间增加了 1.06 亿人。人口城镇化率则从 2010 年的 49.68% 增加到 2020 年的 63.89%。近年来，许多城市逐步放宽落户限制，使农村劳动力流动的自由度越来越大，同时农村劳动力在选择流入地城市时也越来越趋向理性化。农村劳动力流动的最终目标是追求美好生活，“让每个人获得发展自我和奉献社会的机会，共同享有人生出彩的机会，共同享有梦想成真的机会”，既是实现社会公平正义的重要前提，又是促成农村劳动力实现这一发展目标的需要。党的十九大报告指出，要“使人人都有通过辛勤劳动实现自我发展的机会”。随着公平、普惠、共享等理念的深入人心，农村劳动力的社会公平意识也越发强烈，地区代际收入流动性所反映的机会公平环境可能会对农村劳动力流动行为产生重要影响但又是被忽视的关键因素。与此同时，数字技术的广泛应用为农村劳动力流动提供了新的信息渠道和就业机会，但数字鸿沟也可能在一定程度上制约流动效率。因此，厘清地区代际收入流动性对农村劳动力流入的影响，分析数字经济发展如何重塑农村劳动力的空间选择逻辑，对优化劳动力资源配置、促进社会公平具有重要政策意义。

代际收入流动性反映了子代在收入分布中所处的地位相对父代的变动情况，是度量地区机会公平和发展活力的重要指标。代际收入流动性高的地区，人们具有更加公平的竞争机会，社会地位与收入的获得来自个人努力与自我选择。无论出身于何种家庭背景的个人，都有相对公平地实现自身发展的机会（王伟同，2019；曹晖，2021）。社会底层个体可以通过加大对自身的人力资本投资或努力工作的方式来实现经济地位的提升。反之，代际收入流动性低的地区，上一代的收入差距会延续到下一代，产生贫富“世袭”现象，底层个体经济地位上升途径受阻，机会匮乏，则会导致经济激励机制效率低下（陈漫雪等，2016；龙翠红、王潇，2014）。当地区中个人的收入水平主要依靠自致性因素而更少依赖父代收入等家庭环境因素时，地区就具有了更高的机会公平性。地区代际收入流动性影响农村劳动力流入的内在逻辑是，农村劳动力普遍来自社会经济地位较低的家庭，难以获得来自家庭在经济资本、社会资本等方面的支持，更多依靠个人努力和能力谋求发展，因此农村劳动力可能倾向于流入代际收入流动性高的地区。已有关于农村劳动力流动驱动因素的文献多从经济收入、就业机会（丁守海，2006；程名望，2014）来解释，也有部分文献从户籍制度和宏观经济社会环境（孙文凯等，2011；刘军辉和张古，2016；付振奇等，2017）等视角展开研究，但基于机会公平视角进行的研究还十分匮乏。此外，在数字时代背景下，信息技术与数字经济的快速发展深刻改变了社会经济的运行方式，也对劳动力市场的空间分布与流动模式产生深远影响。而数字经济发展如何调节地区代际收入流动性与农村劳动力空间选择的关系，尚未形成系统性的研究框架。

探究机会公平环境对农村劳动力流动行为的影响，需要对不同地区的代际收入流动性进行有效测度。中国作为一个大国，地区之间的历史文化、发展水平和人口结构等方面存在显著不同，导致了地区间代际收入流动水平也存在着显著差异。然而，如何准确测度代际收入流动性存在争议。已有研究多采用代际收入弹性作为测算指标，并未考虑代际收入弹性的局限性和适用条件。近年来，国际上提出了一种称为“代际位序相关性”的新方法，通过计算子代收入和父代收入在各群体收入分布中位序之间的相关性，来降低代际收入弹性中的偏误问题。在使用新方法之前，需要厘清代际位序相关性法相比传统代际收入弹性法具有哪些优势？在此基础上，了解不同地区代际收入流动性的真实水平又如何？哪些地区代际收入流动水平更高，并由此进一步探讨地区代际收入流动性是否是影响农村劳动力流入的重要因素？其背后的影响机制是什么？数字经济发展在农村劳动力空间选择过程中发挥着何种作用？这些问题在目前新型城镇化建设的背景下具有重要的理论研究价值，其研究结论具有现实指导意义。

1.1.2 研究意义

（1）理论意义

第一，近年来，国内关于代际收入流动性的相关文献大量涌现。部分学者认为，中国代际收入流动性较低，社会阶层固化严重（王美今和李仲达，2012；刘文和沈丽杰，2018）；另一部分学者认为，中国代际收入流动性较高，呈现持续提高的趋势（吕光明和李莹，2017；杨沫和王岩，2020）。已有文献主要关注中国宏观整体层面代际收入流动性的研究，鲜有文献从地区层面探讨代际收入流动性的差异。中国地区间发展水平和社会结构差异很大，不同地区代际收入流动性的差异会对社会经济产生重要影响。此外，在代际收入流动性测度方法上，已有文献主要采用传统代际收入弹性法，估计平均意义上的相对代际流动性，本书基于代际位序相关性的统计优势，构造了能够衡量不同收入阶层流动性的绝对代际流动指标，补充和扩展了现有的测量方法，同时采用相对代际流动和绝对代际流动双维度指标，从城市层面刻画了中国不同地区代际收入流动水平，丰富了中国代际收入流动的研究内容，为后续研究提供了新的思路。

第二，关于劳动力流动的理论研究，发展经济学理论（Lewis，1954；Fei，1964；Jorgenson，1961）认为，获取更高的工资水平是劳动力流动的最主要动因。推拉理论（Lee 等，1966；Ravenstein，1885；Ravenstein，1889）认为，劳动力流动会受两种不同方向力量的影响。人力资本理论（Mincer，1974；Becker，1975；Sjaastad，1962）将劳动力与人力资本相关的变量考虑进来，认为流动是一种人力资本投资行为，流动者会选择流动至预期净收益现值最大的地区。新劳动力流动理论（Stark，1982；Stark 等，1985；Stark 等，1991）则强调了家庭和家庭策略的重要性。以上的流动理论或是单从宏观角度，或是仅从微观个人角度来探讨劳动力流动的动因；近期发展起来的劳动力区位选择理论则通过研究劳动者的微观流动行为来理解宏观区位流动模式，既强调劳动力个体的流动行为，又重视宏观的区位流动动因，从而把宏观研究和微观研究的内容相结合（程名望，2007）。然而，中国关于劳动力驱动因素的研究中很少考虑机会公平因素在劳动力流动决策中的作用，也较少探讨数字经济发展因素的影响。基于此，本书在测度城市层面的代际收入流动水平的基础上，把代际收入流动性纳入农村劳动力流动行为中来，分析数字时代下农村劳动力流动的新特征。本书的研究，关注地区代际收入流动性和数字经济发展对农村劳动力空间选择的影响，对现有的劳动力流动相关研究进行了有益的补充，具有重要的理论意义。

（2）现实意义

习近平总书记在党的十九大报告中明确指出，中国特色社会主义进入新时代，我国社会主要矛盾已经转化为人民日益增长的美好生活需要和不平衡不充分的发展之间的矛盾。从区域角度看，新时期社会矛盾的主要表现是区域发展不平衡。解决区域发展不平衡，促进区域协调发展，是维护社会和谐稳定，确保全民共享发展成果，实现共同富裕的重要举措。近年来，受新一代技术革命、国际产业分工和生产格局的调整、数字转型等多重因素的影响，我国出现了新一轮的地区差距扩大现象，发展不平衡呈现出更复杂的特征（孙志燕和侯永志，2019）。如何实现区域平衡发展已成为区域政策领域中的重要议题。但是，现有研究基本都是从经济发展水平或收入差距的角度来度量区域间的发展差异，却较少关注机会公平性在区域间是否存在差异。在区域发展不平衡的这一现实背景下，考察不同地区的代际收入流动性，有助于识别社会结构相对固化的地区，从而通过制定相应的政策来提升代际收入流动性。代际收入流动性的提高不仅能够缓解区域收入差距过大带来的社会冲突，还能够改善长期的收入不平等（权衡，2015）。因此，关于代际收入流动性区域差异的研究，不仅可以为解决我国当前的区域发展不平衡提供相应的解决方案，而且有助于提高我国公共政策制定的效率，具有重要的现实意义。

随着数字经济的深入发展，数字技术正在改变农村劳动力的就业方向和流动模式。2014 年，国务院发布了《国家新型城镇化规划（2014—2020）》。该规划指出，新型城镇化建设要坚持以人为本、公平共享的基本原则，合理引导人口流动，有序推进农村劳动力市民化，稳步推进城镇基本公共服务常住人口全覆盖，不断提高人口素质，促进人的全面发展和社会公平正义，使全体居民共享现代化成果。以人为核心的新型城镇化，需要通过创造良好的机会环境来吸引农村劳动力流入，让农村劳动力享有更公平的竞争环境以及更多的发展机会。本书关于数字经济背景下地区代际收入流动性对农村劳动力流入的影响及其影响机制的研究，有利于准确识别农村劳动力流动的驱动因素，认识到新型城镇建设过程中可能面临机会不平等的问题，帮助农村劳动力更好地适应数字经济，实现更高质量的流动，为劳动力资源的空间优化提供了有益参考，从而具有重要的现实意义。

1.2 研究思路与框架

本书在界定代际收入流动性、农村劳动力流动等相关概念的前提下，首先，阐述了代际收入流动性和劳动力流动的理论及相关实证研究。其次，通过对两种代际收入流动性测量方法的讨论，得出准确测度代际收入流动性的指标，并对中国不同地区的代际收入流动水平进行了测度和分析。再次，将地区代际收入流动性和农村劳动力流动纳入同一框架，探讨了地区代际收入流动性对农村劳动力流入的影响效应及其内在机制。最后，分析了数字时代下农村劳动力空间选择的作用机制。本书的研究框架如图 1.1 所示，各章节具体内容如下：

第 1 章为绪论。作为全书的引导部分，本章主要阐述了本书的研究背景、研究的理论意义和现实意义、研究思路和框架、研究方法和数据来源，并指出了本书的创新点。

第 2 章为理论基础与文献综述。作为全书的研究基础，首先，本章对书中的基本概念，如代际收入流动性、相对代际流动和绝对代际流动、农村劳动力流动、数字时代和数字经济等进行界定。其次，介绍了代际收入流动、劳动力流动和技术进步的相关经济学理论，并沿着三条主线对相关文献进行归纳综述。第一条主线围绕代际收入流动性展开研究，包括代际收入流动性测度、代际收入流动性传递路径、代际收入流动性影响因素、代际收入流动性经济效应等内容；第二条主线围绕劳动力驱动因素展开讨论，聚焦于就业机会和收入、个体及家庭特征、户籍制度、城市规模和房价、城市非经济特征因素等方面；第三条主线围绕代际收入流动性和数字经济发展影响劳动力流动展开分析。最后，对上述文献进行总结评价，借鉴前沿文献的创新之处并尝试做出边际贡献。

第3章为农村劳动力流动历程及现状分析。本章将改革开放以后的农村劳动力流动分为三段历程，分别对应于计划控制阶段、改革开放初期以及市场化流动的历史阶段。在充分了解中国特殊制度背景下农村劳动力流动的变化情况后，再重点对2010年后农村劳动力流动的基本特征进行描述分析，揭示农村劳动力地区分布情况和个体结构特征，最后运用Moran I指数分析法，展示了农村劳动力流动的空间分布特征。

第4章为地区代际收入流动性测度。本章结合微观调查数据，对代际收入弹性和代际位序相关性在不同偏误条件下的取值进行了测算和比较，总结了代际位序相关法的统计优势，构建了绝对代际流动指标，同时结合相对代际流动性指标，测度并分析了中国整体层面和城市层面的代际收入流动性，并结合地理学、统计学的方法对中国代际收入流动性的空间分布情况进行探索性分析，揭示了代际收入流动性的空间异质性特征。

第5章为地区代际收入流动性对农村劳动力流入的影响。本章基于第4章所计算的城市代际收入流动数据，在了解农村劳动力流动现状的背景下，通过理论分析阐述了地区代际收入流动性作用农村劳动力流动行为的基本原理，并运用计量经济学方法，将城市代际收入流动数据匹配到农村劳动力流动的个人样本中，利用条件Logit模型，进行了实证分析。同时，从职业地位提升、幸福感和福利三个方面，验证了地区代际收入流动性影响农村劳动力流入的内在机制，运用实证模型检验了上述影响机制，同时还根据区域的不同以及农村劳动力个体特征的不同，分别讨论上述机制在不同地区中作用的差异，以及在异质性农村劳动力群体中作用的差异。

第6章为数字时代农村劳动力的空间选择。本章在第5章研究结论的基础上，进一步研究在数字时代背景下，数字经济在农村劳动力空间选择过程中产生的作用。通过实证模型检验数字经济发展对农村劳动力流动的影响，以及数字经济与代际收入流动交互项的影响。结合地区代际收入流动吸引农村劳动力流入的三条机制，利用Probit和IV－Probit检验了数字经济发展对农村劳动力职业地位的影响，利用有序Probit模型检验了数字经济发展对农村劳动力幸福感的影响，利用OLS模型检验了数字经济发展对农村劳动力福利的影响。

第7章为结论与启示。首先给出了本书主要的实证研究结论，然后对全书进行总结，并在此基础上提出有关启示。

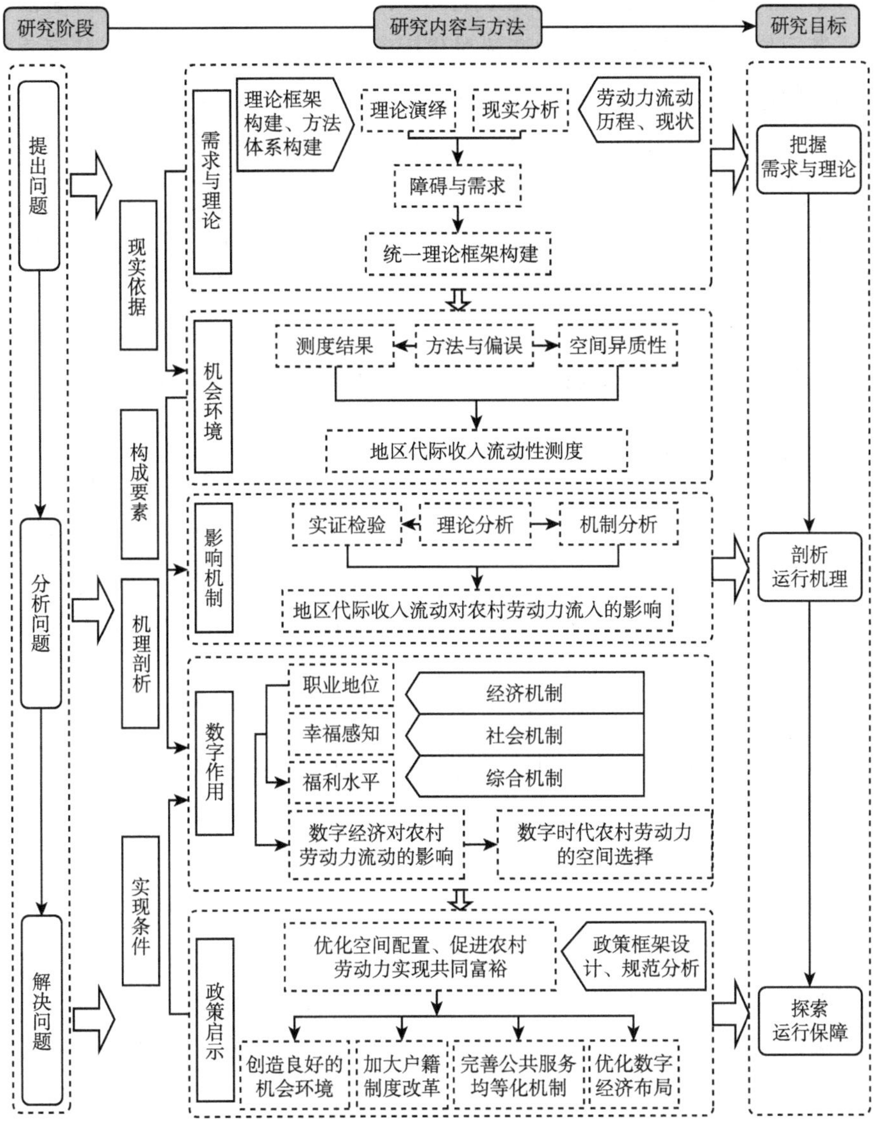

图1.1 研究框架图

1.3 研究特色与创新

1.3.1 方法特色

本书借助代际收入流动理论、劳动力流动理论，同时结合统计学和计量经济学的实证方法，剖析了传统代际收入弹性和代际位序相关性的偏误问题、基于位序法的统计优势构造绝对代际流动指标，测度并分析了代际收入流动性的地区差异、代际收入流动对农村劳动力流入的影响及其影响机制、数字时代农村劳动力的空间选择。在对相关文献系统梳理的基础上，采用了理论和实证相结合的方法展开研究，具体方法如下：

第一，统计分析法。统计分析的方法贯穿实证分析章节的始终，包括数据的预处理，样本的统计性描述，父代样本信息与子代样本信息的筛选与匹配，个人层面样本与城市层面变量的相互匹配；马尔科夫转移矩阵的建立；相关性分析；多维联合分布图、条件概率分布图、非参数分仓散点图的制作以及空间信息的可视化。

第二，规范分析法。本书从"地区代际收入流动性能够吸引农村劳动力流入"这一社会价值判断标准出发，研究地区代际收入流动性对农村劳动力流入的影响，分析地区代际收入流动性影响不同农村劳动力群体流入行为的差异，在此基础上，使用规范分析的方法提出了合理运用政策手段引导农村劳动力流动和推进新型城镇化建设的相关政策启示。

第三，计量分析法。在理论分析的基础上，本书运用了多种计量回归模型研究地区代际收入流动性和数字经济发展对农村劳动力流入的影响。具体地，在研究流入目的地选择时，本书采用了条件 Logit 模型对影响农村劳动力流动的因素进行检验，此外，本书还使用了计数模型及 Hilbe 两步法对基准回归的估计结果进行工具变量检验，以保证估计结果的稳健性；在研究影响机制时，本书分别使用 Probit 模型和 IV - Probit、有序 Probit 和 OLS 模型对影响农村劳动力流入的职业地位、幸福感和福利三条机制进行检验。

第四，比较分析法。本书采用比较分析法，比较分析了中国不同地级市、省会城市以及直辖市代际收入流动性的差异，比较了分析了 2011—2017 年中国农村劳动力流动的特征及其变化，比较分析了代际收入流动性、职工平均工资等影响因素对农村劳动力流入地选择的影响程度，比较分析了不同学历水平、不同婚育状态和不同出生组的农村劳动力对代际收入流动性的反应强度，比较分析了代际收入流动性的内在影响机制在不同户籍开放程度和不同公共服务均等程度地区中的差异，比较分析了代际收入流动性的影响机制在不同学历和不同流动时间农村劳动力个体中的差异，比较分析了数字经济发展对不同出生年代和不同学历水平农村劳动力流入地城市选择的影响，比较分析了数字经济发展在不同性别和不同学历农村劳动中作用机制的差异，比较分析了数字经济发展在不同区位对农村劳动力幸福感知和福利水平作用机制的差异。

1.3.2 本书的创新点

本书在现有文献的基础上，探讨了代际收入流动的估计方法、测度并分析代际收入流动的地区差异，对代际收入流动的经济效应做了进一步探讨，研究了城市代际收入流动对农村劳动力流入地选择的影响及其机制，探讨了数字经济发展在劳动力流动过程中产生的作用。通过对这些问题的研究，得出一系列结论，在列出有价值的研究结论后，得出本研究的相关启示。本书的创新点主要体现在以下三个方面：

第一，研究对象。由于国内公开的常用微观调查数据库样本容量较小，关于代际收入流动的测度研究，多以中国整体为研究对象，但事实上，中国地区间社会结构差异很大，而全国层面的研究过于粗糙，掩盖了不同地区的异质性，与现实情况相背离。少数学者研究了代际收入流动的区域特征，但是却以东部、中部、西部等经济地带的划分为主，测度的地区维度过大，无法精确度量中国不同地区间的代际流动水平。因此，本书将研究对象下沉至城市层面，基于2005年1%人口抽样调查微观数据，根据城镇样本匹配出足够多的“父亲—子代”收入组合，最终获取了228个有效城市的代际收入流动性，真实地反映出不同地区间代际流动的差异，为进一步分析代际收入流动影响个体经济行为决策提供了数据支持。

第二，研究视角。本书考虑数字时代的新特征，把机会环境因素纳入农村劳动力流动决策中。已有研究较多关注工资收入、就业机会、房价和空气质量等因素对农村劳动力的影响，但忽视了代际收入流动的作用。农村劳动力作为社会弱势群体，他们在流动时更会看重城市的机会环境，代际收入流动所反映出的机会开放程度可能会影响农村劳动力流动行为。为此，本书基于城市层面代际收入流动数据，分析其对农村劳动力流动的影响及其影响机制，并考察了数字经济发展在这一过程中所起到的作用。

第三，研究方法。本书基于代际位序相关性法的统计优势，构造了能够衡量不同收入阶层流动性的绝对代际流动指标。本书详细介绍了传统代际收入弹性法和代际位序相关性法的基本原理，以及代际位序相关性法如何对代际弹性计量偏误的修正，结合 CHNS 微观数据进行对比分析，直观地揭示了代际位序相关性法受多种计量偏误影响较小的优良性质，并在此基础上，进一步计算不同收入阶层的绝对代际流动性，克服了已有文献采用代际收入弹性较大偏误的问题以及单用相对代际流动指标度量代际收入流动性的缺陷，使测度结果更加全面、准确。

第 2 章

理论基础与文献综述

本章的主要内容如下：首先，对本书的核心概念进行界定；其次，综述代际收入流动和劳动力流动的主要理论和相关文献；最后，在对劳动力流动和代际收入流动性的相关文献进行梳理的基础上，对已有文献进行总结，为本书的研究奠定坚实基础。

2.1 概念界定

2.1.1 代际收入流动性的内涵

代际收入流动描述了父代与子代收入水平之间的关联程度，是度量一个地区发展公平和社会活力的重要指标。在一个代际收入流动水平较高的地区，个人收入主要基于人力自致性因素而非家庭环境因素，每个人都有机会通过提高自身能力来改善收入以提高经济地位，在个人努力与回报相一致的预期下，人们会加大对自己的人力资本投资，积极工作，激发创业和创新潜能。相反，一个地区代际收入流动水平较低，社会收入分布结构被固化，如果底层人们无法看到希望而失去了斗志，不仅窒息了社会活力，对经济效率造成损失，而且还会使社会不稳定因素逐渐积累。提升一个地区的代际收入流动性，在促进公平、正义和提高经济效率方面都有着积极意义。要保持地区经济的长期稳定发展，离不开充足的代际收入流动性。

在衡量代际收入流动性时，早期文献通常使用代际收入弹性来衡量。代际收入弹性测度了父代收入每增加 1%，子女的收入相应增加的百分比。代际收入弹性越大，子代收入受父代收入决定的程度越大，代际收入流动性就越低。鉴于代际收入弹性存量多种计量偏误问题，国际上近期提出了一种新的测度方法，被称为“代际位序相关法”。与代际收入弹性不同，代际位序相关性度量的是父代收入位序和子代收入位序之间的关联程度，其取值大小表示父代收入位序每增加 1 个百分位，子女收入位序相应增加的百分比。代际位序相关性越高，子代收入位序受父代收入位序的影响越大，代际收入流动性也就越低。

2.1.2 相对代际流动和绝对代际流动

代际收入流动主要包含两个维度：一是捕捉子代和父代收入水平之间的总体关联程度，用来反映相对代际流动性，代际收入弹性与代际位序相关性均为相对代际流动性指标。二是给定父代某一收入阶层条件下，判断子代超越父代的概率，用来反映绝对代际流动性。已有研究通常基于转换矩阵来构造绝对代际流动指标。例如，Zimmerman（1992）利用四分位转换矩阵，计算得出父代位于最低四分之一阶层，子代跃升至最高四分之一阶层的概率为 0.12。这种计算方法简单、直观，但并不精确。Chetty 等（2014b）提出了一种新的计算绝对代际流动性的方法，基于位序法中的截距项和斜率项来构造绝对代际流动指标，该方法能够得到任意收入阶层的绝对代际流动性，较好地预测了子代未来所能获得的预期收入地位，且经济含义明确，可以用来比较地区间不同收入阶层代际流动性差异。目前，国内代际收入流动的相关文献主要还是以相对代际流动性为主，但相对流动和绝对流动实际上是从不同的角度来描述代际收入流动问题的，只有将两者结合起来，才能完整地揭示代际收入流动的真实面貌。

2.1.3 农村劳动力流动

我国流入城市的农村劳动力虽然从空间上实现地区之间的流动，但通常不改变户籍身份，其流动方式呈现出候鸟式、周期性、人户分离等特征。农村劳动力流入目的地包括城市和农村两类，本书仅包含流入城市的农村劳动力。本书研究对象的主体“农村劳动力流动”概念为：15 周岁及以上、离开户籍所在乡镇区域到城市工作一个月及以上的农村户籍劳动力。

2.1.4　数字时代和数字经济

数字时代是指以数字技术为核心驱动力的社会发展阶段。其特征是信息技术的广泛应用，深刻改变了经济、社会、文化和政治运行方式。其本质是通过数据驱动、网络协同、智能赋能，实现生产方式、生活方式和治理方式的深刻变革。数字时代下人们面临着机遇与挑战。机遇方面，数字技术推动产业升级，催生新经济增长点；数字技术降低服务门槛，促进资源均衡分配；数字平台加速知识共享，推动跨国合作。挑战方面，不同地区、群体间数字技术接入与使用能力存在差异，意味着存在着数字鸿沟；自动化替代部分岗位，导致就业结构发生变化，而这需要提升劳动者的数字技能；数据泄露、算法偏见等隐私与安全问题引发社会普遍关注。中国数字时代的发展历程可按照时间顺序划分为三个阶段：一是信息化奠基期（1990—2000 年），这一时期互联网初步引入中国，信息传播突破地域限制。二是数字快速发展期（2000—2010 年），互联网普及率激增，应用领域全面拓展。三是数字深化应用期（2010 年至今），移动互联网与智能技术深度融合，数字经济成为经济增长的新引擎。

1996 年，加拿大商业策略大师 Tapscott 在著作《数字经济：网络智能时代的前景与危险》（Digital Economy：Promise and Peril in the Age of Networked Intelligence）中首次提出“数字经济”概念，强调互联网技术对经济活动的变革性影响。2016 年 G20 杭州峰会发布了由中国主持起草的《二十国集团数字经济发展与合作倡议》，按照该倡议中的概念界定，“数字经济一般是指以使用数字化的知识和信息作为关键生产要素、以现代信息网络作为重要载体、以信息通信技术的有效使用作为效率提升和经济结构优化的重要推动力的一系列经济活动”。这一界定反映了数字经济的本质特征：以数据为核心要素，运用数字技术实现经济效率提升与结构优化，是技术驱动与要素变革共同作用的新型经济形态。

2.2　理论基础

2.2.1　代际收入流动基本理论

Becker 和 Tomes（1979）最早基于经济学框架开展了代际收入流动的理

论研究，按照 Becker 和 Tomes 的分析，在单个家庭效用模型下，父母的效用不仅取决于他们自己的消费水平，还取决于他们孩子未来的收入。因此，父代的效用函数可表示如下：

$$U_t = U_t(C_t, Y_{t+1}) \tag{2.1}$$

其中，C_t 为父代的消费水平；Y_{t+1} 为子代未来的收入水平；父代在第 t 期消费，对子代进行人力资本投资，而子代在（$t+1$）期进入劳动力市场获得收入。设父代对子代的人力资本投资数量为 I_t，每单位投资所需成本为 P_t，那么父代效用最大化面临的收入预算约束为：

$$Y_t = C_t + P_t I_t \tag{2.2}$$

其中，Y_t 为父代收入水平。假设父代对子代的每单位资本投资能为子代带来的价值为 w_{t+1}，父代对子代的投资回报率为 r_t，那么父代对子代的投资成本为：

$$P_t I_t = \frac{w_{t+1} I_t}{1 + r_t} \tag{2.3}$$

子代未来的收入主要由三个部分组成，即父代对其投资水平 I_t、子代自身的禀赋特征 e_{t+1} 以及子代市场运气所得 u_{t+1}。假定上述三类资本具有相同的收益率，则子代未来的总收入表达式如下：

$$Y_{t+1} = w_{t+1} I_t + w_{t+1} e_{t+1} + w_{t+1} u_{t+1} \tag{2.4}$$

将式（2.2）和式（2.3）代入式（2.1），可得：

$$C_t + \frac{Y_{t+1}}{1 + r_t} = Y_t + \frac{w_{t+1} e_{t+1}}{1 + r_t} + \frac{w_{t+1} u_{t+1}}{1 + r_t} = S_t \tag{2.5}$$

其中，S_t 表示家庭收入。上式表明父代的消费和子代未来的收入不仅取决于父代收入，还会受子代禀赋特征和市场运气回报贴现值的影响。父代根据预期家庭总收入 S_t 最大化其消费和子代未来收入，效用最大化满足以下条件：

$$\frac{\partial U}{\partial C_t} / \frac{\partial U}{\partial Y_{t+1}} = 1 + r_t \tag{2.6}$$

假设效用函数满足位似性，则式（2.5）可以表述为：

$$\frac{Y_{t+1}}{1 + r_t} = \alpha(\gamma, 1 + r) S_t \tag{2.7}$$

$$C_t = (1 - \alpha) S_t \tag{2.8}$$

$$\frac{1}{1 + r_t} w_{t+1} I_t = a S_t - \frac{1}{1 + r_t} w_{t+1} e_{t+1} - \frac{1}{1 + r_t} w_{t+1} u_{t+1} \tag{2.9}$$

其中，参数 γ 衡量了父代相比于自己的消费水平，以及对子代未来收入的偏好程度。最终子代未来收入的决定方程可表示为：

$$Y_{t+1} = \alpha(1 + r_t) Y_t + a w_{t+1} e_{t+1} + \alpha w_{t+1} u_{t+1} \tag{2.10}$$

其中，$a(1 + r_t)$ 代表父代对子代的投资倾向。假设子代的预期禀赋受父代禀赋和社会平均禀赋的影响，那么子代禀赋的决定方程为：

$$e_{t+1} = (1 - h + f)\bar{e}_t + h e_t + v_{t+1} \tag{2.11}$$

式（2.11）中，e_t 代表父代的禀赋；$\bar{e}_t$ 为子代平均禀赋；h 为父代禀赋传递给子代的遗传因子；v_{t+1} 为子代禀赋形成过程中的随机干扰项。将式（2.11）代入式（2.10）得到：

$$Y_{t+1} = \alpha w_{t+1}(1 - h + f)\bar{e}_t + \alpha(1 + r_t) Y_t + \alpha h w_{t+1} e_t + \alpha w_{t+1} u_{t+1} + \alpha w_{t+1} v_{t+1} \tag{2.12}$$

根据式（2.12）可得出，子代未来的收入受父代收入、父代禀赋、父代对子代的投资、父代对子代的遗传以及市场运气等因素的影响。继续将式（2.9）代入式（2.4），进一步得到父代的收入与父代对子代的人力资本投资之间关系：

$$I_t = \frac{\alpha(1 + r_t)}{w_{t+1}} Y_t - (1 - \alpha) e_{t+1} - (1 - \alpha) u_{t+1} \tag{2.13}$$

由此可以得到，父代对子代的投资与父代收入正相关，父代收入越高，对子代投资额也越大。

总之，上述经典理论表明子代未来的收入与父代的收入密切相关，这种相关性可以通过父代对子代的投资倾向来表示。即父代收入状况直接制约了子代获得的资本数量，使高收入家庭和低收入家庭的子代所拥有的资本数量是不同的，因此子代未来收入也会出现不平等的情况。

2.2.2 代际收入流动理论的拓展

为了解释代际收入流动性为何会在不同地区表现不一样，Solon（2004）在 Becker 和 Tomes（1979）模型的基础上，将政府公共支出、税收等因素引入代际收入流动模型，具体构造方法如下：设定在单个家庭中，父代收入为 Y_t，税率为 τ，政府利用税收的再分配功能对子代的人力资本进行投资，投资数额为 G_t，假定不存在市场借贷，父代将利用自己的税后收入在个人消费 C_t 和对子代的投资 I_t 之间进行分配，那么父代面临的收入预算约束如下：

$$(1-\tau)y_t = C_t + I_t \tag{2.14}$$

父代对子代的投资将通过某些渠道转化为子代的人力资本。因此，子代人力资本的生成公式为：

$$h_{t+1} = \theta\log(I_t + G_t) + e_t \tag{2.15}$$

其中，h_{t+1} 表示子代的人力资本水平；θ 表示人力资本投资的边际产出率，方程为半对数形式，说明 θ 满足边际产出递减的性质；e_{t+1} 表示子代的个人天赋，即由先天决定，而非后天投资所能影响的因素，上式考察了所有后天因素和先天因素对子代人力资本的影响。由于子代的禀赋主要受父代禀赋的影响，因此可将 e_{t+1} 看作一阶马尔科夫过程，即

$$e_{t+1} = \delta + \lambda e_t + v_{t+1} \tag{2.16}$$

其中，δ 为子代初始禀赋值，λ 为父代禀赋向子代禀赋传递的系数，$\lambda \in (0,1)$，v_t 为白噪声项。子代的收入由一个半对数函数来决定：

$$\log Y_t = \mu + ph_t \tag{2.17}$$

其中，p 为人力资本收益率，μ 代表市场运气因素。

假定父代的效用函数为柯布道格拉斯函数形式：

$$U = (1-\alpha)\log C_t + \alpha\log Y_{t+1} \tag{2.18}$$

其中，α 被称为利他因子，衡量了父代在个人消费和子代收入中的偏好。将式（2.14）、式（2.15）、式（2.17）分别代入式（2.18）中得：

$$U = (1-\alpha)\log[(1-\tau)Y_t - I_t] + \alpha\mu + \alpha p\theta\log(I_t + G_t) + \alpha e_{t+1} \tag{2.19}$$

此时，上式中仅包含一个决策变量 I_t，因而式（2.19）最优化问题变成父代对子代投资 I_t 的选择，对其求一阶导数有：

$$\partial U/\partial I_t = -(1-\alpha)/[(1-\tau)Y_t - I_t] + ap\theta/(I_t + G_t) = 0 \tag{2.20}$$

解出 I_t 得到：

$$I_t = \frac{\alpha\theta p}{1-\alpha(1-\theta p)}(1-\tau)Y_t - \frac{1-\alpha}{1-\alpha(1-\theta p)}G_t \tag{2.21}$$

从式（2.21）中可以得到如下重要的结论：子代投资与父代收入正相关，与政府投资负相关，说明家庭收入越高，父代对子代的投资越大，而政府的公共投资对家庭投资具有一定的挤出效应；同时，投资 I_t 为利他因子正相关，说明父代越看重子代未来的发展，就会对其人力资本投资更多，且 I_t 与 θp 正相关，说明子代人力资本投资收益率越高，其获得的人力资本投资也越多。

将式（2.21）代入式（2.17），可以得到：

$$\log Y_{t+1} = \mu + p[\theta\log(G_t + I_t) + e_{t+1}] \tag{2.22}$$

将式（2.21）再代入式（2.22）进一步得到：

$$\begin{aligned}\log Y_{t+1} &= \mu + \theta p\log\frac{\alpha\theta p}{1-\alpha(1-\theta p)} + \theta p\log[(1-\tau)Y_t + G_t] + pe_{t+1} \\ &= \mu + \theta p\log\frac{\alpha\theta p(1-\tau)}{1-\alpha(1-\theta p)} + \theta p\log[Y_t(1+\frac{G_t}{(1-\tau)Y_t})] + pe_{t+1}\end{aligned} \tag{2.23}$$

当 $G_t/(1-\tau)Y_t$ 较小时，上式可以近似表示为：

$$\log Y_{t+1} \cong \mu + \theta p\log\frac{\alpha\theta p(1-\tau)}{1-\alpha(1-\theta p)} + \theta p\log Y_t + \theta p\frac{G_t}{(1-\tau)Y_t} + pe_{t+1} \tag{2.24}$$

上式表明代际收入传递还会受到政府公共投资对子代人力资本的影响。假定公共投资政策表示如下：

$$\frac{G_t}{(1-\tau)Y_t} = \varphi - \gamma\log Y_{t+1} \tag{2.25}$$

其中，$\gamma > 0$ 表示政府公共投资占家庭收入的比例会随着家庭收入水平的上升而下降，将式（2.25）代入式（2.24）中，可得：

$$\log Y_{t+1} \cong \mu^* + [(1-\gamma)\theta p]\log Y_t + pe_{t+1} \tag{2.26}$$

其中，$\mu^* = \mu + \varphi\theta p + \theta p\log\frac{\alpha\theta p(1-\tau)}{1-\alpha(1-\theta p)}$，式（2.26）即为经验研究中常用的双对数线性模型，但通过观察可以发现，误差项 pe_{t+1} 和 $\log Y_{t+1}$ 是相关的，这是因为 e_{t+1} 和 e_t 是相关的，而 $\log Y_{t+1}$ 和 e_t 是相关的。由于 $\log Y_{t+1}$ 和 $\log Y_t$ 在稳态条件下有相同的方差，$\log Y_{t+1}$ 和 $\log Y_t$ 之间的回归系数即为两者之间的相关系数，记作代际收入弹性系数 β：

$$\beta = \frac{(1-\gamma)\theta p + \lambda}{1 + (1-\gamma)\theta p\lambda} \tag{2.27}$$

由式（2.27）可以发现，自然禀赋继承性 λ 越强，人力资本投资效率 θ 越大，人力资本收益率 p 越高，政府公共资本投资梯度性越弱，代际收入流动性将受到影响而下降。这很好地解释了为什么不同地区的代际收入流动性存在差异。例如，A 地区代际收入流动性低于 B 地区的原因可能是，A 地区具有更有效的人力资本投资、更高的人力资本回报或缺乏有效的公共投资政策。

现代经济学中关于劳动力流动理论的研究最早是从宏观角度对劳动力的流动决策进行解释的，随着理论研究的深入推进，学者们逐渐关注到个体的差异性，进而从微观角度展开研究。本小节重点介绍了与本书研究最为相关的两个劳动力流动理论。

2.2.3 劳动力流动的二元经济理论

Lewis（1954）首次提出了二元经济理论模型，该模型的基本思想是：资本积累是生产的核心要素，当发展中国家能有效利用传统农业部门的剩余劳动力时，就可以实现资本积累及工业化。假定发展中国家同时有两个部门，即传统农业部门和现代工业部门。其中，传统农业部门以土地和劳动力作为主要投入，由于土地数量的限制，农业总产出的边际收益呈下降趋势。现代工业部门以资本和劳动力作为主要投入，由于物质资本的不断积累，该部门的总产出可以不断扩大。如图 2.1（a）所示，TP 表示农业总产出曲线，TC 表示总成本线，TC 的斜率为平均工资 WA 。劳动数量 L^*、L_0 为隐蔽性失业人群，其边际生产率低于平均工资水平。劳动数量 L_0、L_T 的边际产出率为零，被称为“农业剩余劳动力”。存在大量“零值劳动力”是刘易斯模型的关键假定。

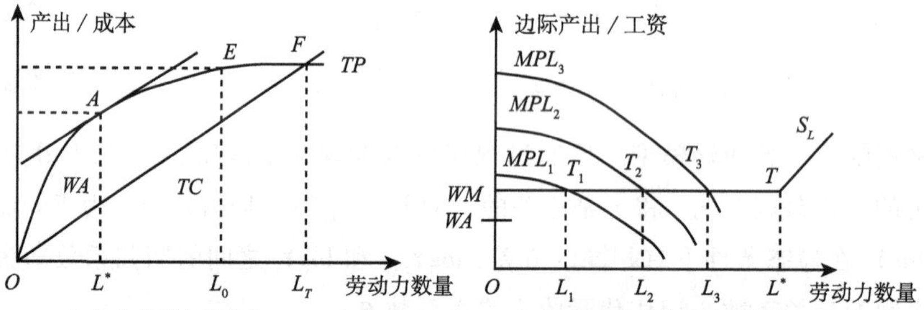

（a）农业剩余劳动力　　（b）农村剩余劳动力转移

图 2.1　农村剩余劳动力总产出和边际产出

现代工业部门不断扩张，两个部门之间存在的收入差距会吸收更多的人从农业部门转到工业部门就业。图 2.1（b）中，现代工业部门的工资水平为 WM ，高于传统农业部门的工资水平 WA 。MPL_1 、MPL_2 、MPL_3 分别代表不同资本存量下劳动力的边际产出率。OL^* 为初始期，表示传统农业部门内“零价值劳动力”或剩余劳动力的数量。随着资本数量的增加，劳动力的边际产出率先由 MPL_1 增加到 MPL_2 ，雇佣的劳动力数量则从 OL_1 增加到 OL_2 。

现代工业部门将生产所得进一步再投资，使得劳动力的边际产出率增加到 MPL_3，雇佣的劳动力数量增加到 OL_3，劳动力雇佣过程一直持续到剩余劳动力 OL^* 全部转移完为止。然而，随着农业劳动力不断向现代部门转移，最终会出现剩余劳动力资源枯竭，现代部门的劳动力不再是无限供给，图 2.1（b）中的 T 点即为经济的转折点，在 T 点之前，现代部门面临农村剩余劳动力无限供给，到达 T 点之后，传统部门不再有剩余劳动力，现代部门所需劳动力供给出现短缺，劳动力工资开始上涨。T 点也被经济学家称为“刘易斯拐点”。

上述经济模型是在农村劳动力无限供给的条件下发展而来，但这个关键假设却和市场均衡不一致。同时传统农业部门制度工资决定城市工资也违背了城市新古典劳动力市场的条件。此外，刘易斯模型还忽视了传统农业生产部门对经济发展的重要性。为了克服以上不足，Fei（1961）修正了刘易斯模型，提出了费景汉—拉尼斯模型，该模型强调了农业生产的重要性，并以分析农村剩余劳动力转移为核心，平衡农业发展和工业发展，使二元经济理论更加准确、合理。不过，费景汉—拉尼斯模型与刘易斯模型在思想上仍然是建立在古典经济学基础上，缺少对总需求的讨论。与上述模型从宏观部门视角解释劳动力流动不同，Todaro（1969）基于微观个体选择来解释劳动力流动过程。根据托达罗模型可知，农村劳动力的流动决策是基于预期的城乡收入差异而发生的，现代工业部门的收入并不要求整体超过传统农业部门，只要工业部门的预期收入现值超过农业部门即期收入，农村劳动力将选择流动。因此，农村劳动力流动和城市失业将同时发生。托达罗模型从个人的流动决策出发，将微观因素纳入分析中，扩展了新古典流动理论的研究范畴，着重考察了劳动力流动个体因素，但它却忽视了劳动力流动的空间因素。

2.2.4　劳动力流动的区位选择理论

20 世纪 60 年代后，在计量革命的推动下，劳动力流动研究开始关注地理空间特征（顾朝林，1999）。Wolpert（1965）首先提出了“地方效用”的概念。地方效用描述了劳动力对某个地方的满意程度，流动者总会选择流入地方效用更高的地区。Wolpert 引用有限理性、行动空间和地方利益的概念，论证了人口流动决策会受到地方社会经济环境的影响。区位选择理论主要突出了地区经济社会环境因素对劳动力流动决策的影响，通过研究劳动力个人流动的微观机制来解释劳动力流动区位选择的宏观模式，其具体模型可表示为：

假定流动者可以选择的流动地有 n 个，那么流动者 i 选择区域 j 的效用函数为：

$$U_{ij} = \beta' X_{ij} + \varepsilon_{ij} \tag{2.28}$$

式中，X_{ij} 是包含了流动者的个体特征、家庭特征和地区特征的向量。如年龄、性别、受教育年限、婚姻状况、户籍类型、家庭收入水平等。当流动者在 n 个地区中，选择区域 j 作为目的地时，需要满足以下条件：

$$P(y_i = j) = P(U_{ij} > U_{ik}),\ k \neq j \tag{2.29}$$

依据 McFadden 检验，如果流动者 i 在进行目的地选择时是相互独立的，且服从 Weibull 分布，则流动者 i 选择地区 j 为目的地的概率为：

$$P(y_i = j) = \frac{\exp(\beta' X_{ij})}{\sum_{k=1}^{n} \exp(\beta' X_{ik})} \tag{2.30}$$

流动者选择 j 为目的地的概率函数可表示为：

$$\ln L = \sum m_{ij} \ln P(m_{ij} = 1) \tag{2.31}$$

当流动者 i 选择流入地区 j 时，则 $m_{ij} = 1$ 。可以利用最大似然估计法来估计上述模型的系数值。为了检验流动者在选择流动地时是否相互独立，Hausman 和 McFadden（1984）提出了无关选项独立性的检验方法，其检验统计量为：

$$\chi^2 = (b_s - b_f)(V_s - V_f)^{-1}(b_s - b_f) \sim \chi^2(k) \tag{2.32}$$

式中 b_s 和 b_f 分别表示剔除某些选择后和所有选择所估计出的参数向量，V_s 和 V_f 则为对应参数向量的协方差估计矩阵，k 为 $V_s * V_f$ 的秩，且 χ^2 越小，说明模型结果越可靠。

区位选择理论结合劳动力流动理论和空间经济学的相关知识，从地区空间差异的角度补充了现有的劳动力流动理论，同时强调微观个体因素和宏观区位因素在劳动力流动行为决策中的作用，进而将微观研究和宏观研究相结合。但“地方效用”是一种主观判断，难以定量。已有学者从城市规模、教育资源、公共服务等角度来度量，也有学者从地方品质、文化差异等软实力角度来加以衡量。

2.2.5　技术进步理论

古典经济增长理论认为，经济增长依赖于劳动力分工和资本积累。其中，亚当·斯密提出分工促进技术进步的观点。李嘉图则指出土地边际收益递减规律会限制经济增长。索罗于 20 世纪 50 年代提出新古典增长模型，引入外生技术进步解释经济增长，但无法解释进步的内生机制。罗默（1986）和卢卡斯（1988）提出内生增长理论，将技术进步内生化，强调知识溢出、人力资本积累和研发投入的重要作用。综上所述，技术进步力量是研究技术变革对经济发展影响的理论体系，主要探讨技术进步的产生机制、扩散路径及其对经济增长、产业结构和社会变迁的作用。随着数字经济的兴起，技术进步理论在解释当代经济现象方面展现出新的理论价值。一是摩尔定律的经济效应。主要体现在成本降低、性能提升、产业推动等方面。摩尔定律预测芯片上晶体管数量每 18—24 个月翻一番，技术进步使得单位晶体管成本持续降低。芯片性能提升推动终端设备价格下降，加速数字技术普及。摩尔定律驱动产业技术革新，硬件迭代缩短研发周期，降低试错成本，催生新兴产业。二是梅特卡夫法则的网络效应。网络价值与用户数量的平方成正比。当用户规模突破阈值后，网络价值呈指数级增长，网络效应自我强化，形成垄断优势，新进入者需要突破高用户技术壁垒。三是达维多定律的颠覆性创新。该理论的本质是通过主动淘汰旧产品、率先推出创新产品来主导市场，形成技术代差，从而重塑行业规则并建立长期竞争优势。企业需要持续创新以维持领先地位，形成创新—垄断—再创新的循环。

2.3　文献综述

2.3.1　代际收入流动性研究

关于代际收入流动性的相关研究大致分为以下几个方面：

（1）代际收入流动性的度量

关于代际收入流动性的度量，经济学家 Becker 和 Tomes（1986）最早基于经典线性模型，采用单年收入数据，估计美国的代际收入弹性值为 0.2，进而得出美国的代际收入流动性较强的结论。Solon（1992）指出，基于单年收入数据计算出的弹性值存在着偏误问题，因为用单年收入替代永久收入进行估计时，会受到暂时性偏误的影响。由于父代和子代收入获取的年龄区间不同，上述估计值还存在生命周期偏误。为了降低计量偏误对代际收入弹性的影响，学者们不断提出改进的方法，以便得到更精确的估计。Zimmerman（1992）和 Solon（1992）分别采用工具变量法和收入均值法重新估计的代际收入弹性在 0.4 左右。Mazumder（2005）基于矩估计法来纠正弹性偏误的问题。Björklund 等（1997）则根据 TS2SLS 估计得到美国和瑞典的代际收入弹性分别为 0.52 和 0.28，说明瑞典的代际收入流动性比美国更强。Eric 等（1999）和 Espen 等（2005）采用分位数回归进行估计，发现收入分布两端的弹性值更大。父代和子代收入之间可能呈现非线性关系。Bratberg 等（2005）和 Landers 等（2016）则采用非参数的方法拟合出代际收入弹性曲线，从而揭示了整个收入分布中父子收入相关性的全貌。国内学者也尝试多种方法来解决计量偏误问题。方鸣和应瑞瑶（2010）、郭建军等（2017）采用 TS2SLS 法，估计得到城镇的代际收入弹性分别为 0.58 和 0.49。江求川（2017）在控制生命周期偏误下，采用随机系数模型估计出中国城镇的代际收入弹性为 0.5。韩军辉（2010）基于面板数据，以滞后期收入作为工具变量，得到我国代际收入弹性的估计值为 0.446。王美今和李仲达（2012）在工具变量估计量分析框架的基础上，得到了一致的代际收入弹性估计，结果为中国的代际收入弹性值高达 0.83。

尽管学者们关于如何准确估计代际收入弹性做出了诸多研究，但代际收入弹性方法由于采用对数—对数基本范式，估计结果仍然不稳定。Dahl 和 Deleire（2008）提出了一种新的方法，被称为“代际位序相关性”，即通过计算子代在所有子女收入分布中的位序与父代在所有父代收入分布中的位序之间的相关性，来度量代际收入流动性。Chetty 等（2014b）利用代际位序相关性的线性拟合性质，进一步构造了绝对代际流动指标，测度和比较了美国不同地区的代际收入流动性。Stefanie（2017）在比较瑞典代际收入流动性的地区差异时，发现地区间相对代际流动性差异较小，但绝对代际流动性差异较大。Acciari（2019）采用类似的方法在估计意大利地区代际收入流动性时，发现北部地区绝对代际流动水平是南部地位的 3—4 倍。目前，国内学者基于代际位序相关法及绝对代际流动指标的研究还偏少。王伟同等（2019）利用主观评价指标分析了不同阶层、不同区域“家庭社会地位”的代际流动。

（2）代际收入流动性的传递路径

在对代际收入流动水平有了准确的估计后，进一步需要探讨哪些因素导致了代际收入传递。该问题的研究能进一步揭示代际收入流动背后的关系，从而加深关于代际收入流动的理解。Becker 等（1979、1986）在代际流动理论分析框架中，将代际传递路径分为两部分：父代主要通过对子代人力资本投资以及父代遗传给子代的先天禀赋，父代收入通过两条路径实现对子代收入的影响。代际收入流动传递机制的早期研究，主要讨论在先天禀赋（如基因和天赋）和后天环境（如教育和成长环境）谁更重要。学者们通过计算和比较兄弟姐妹收入相关性和社区个体收入相关性来判断家庭和环境的作用。Solon（1999）利用方差分析法计算得出美国兄弟之间的收入相关性为0.4。Mazumder（2008）基于 NLSY 数据得出的兄弟之间的收入相关性为0.5。Raanum 等（2006）对挪威兄弟姐妹收入和社区收入相关性进行了估计，计算得到兄弟之间的收入相关性为0.2，姐妹之间的相关性为0.15，而社区个体之间的相关性为0.05，即社区个体之间相关性远低于兄弟姐妹之间的相关性。类似地，Solon（2000）、Page 等（2003）的研究也表明，社区个体收入的相关性要低于兄弟间的收入相关性，说明家庭禀赋的作用要大于后天环境。不过，兄弟姐妹的收入相关性并不能全部解释为先天禀赋，其中还混杂了家庭养育环境因素的作用。为此，Behrman 等（1976）利用双胞胎样本数据，从先天基因、个体因素和家庭环境三个方面对方差进行分解，估计结果显示，这三类因素分别解释了总方差的50%、5%和45%，其中家庭环境因素的作用最低。Sacerdote（2002）分别估计收养子女和亲生子女的收入受父代收入影响的程度，进而比较家庭环境和先天基因的作用大小，结果发现前者代际收入弹性为0.16，后者为0.28，表明先天基因的作用更强。Plug（2004）、Sacerdote（2007）、Björklund 等（2007）等学者也均得出亲生子女代际收入弹性高于收养子女的结论，说明先天基因在代际收入传递中发挥的作用更大。

随着研究的深入，越来越多学者意识到先天禀赋虽然在代际收入传递中作用很大，但人们无法通过改变先天因素来影响代际收入流动性，只有改变低收入阶层的后天环境才能提升代际收入流动性。随后，学者们将代际收入传递机制研究的重点逐步转向后天环境因素中。总的来看，文献主要研究了人力资本、社会资本、健康资本、财富资本等后天环境因素对代际收入流动的影响。Eide 等（1999）基于采用美国 PSID 数据，把教育年限作为中介变量纳入回归方程后，代际收入弹性下降了 50%，说明教育在代际传递中的重要作用。姚先国和赵丽秋（2006）基于 Bowles 等（2002）的分解方法，考察了教育、健康和社会网络关系在代际收入传递路径中的作用，结果表明这三条路径分别解释了代际相关系数的0.049、0.013 和0.128，贡献率分别为 25.8%、6.9% 和 67.3%，即社会网络关系的传递影响最大。孙三百（2012）也采用同样的方法，发现教育、健康、文化和户籍共解释了 35% 的代际收入相关性，且教育是代际收入传递路径中作用最大的因素。Lefranc 和 Trannoy（2004）给出了基于双样本工具变量法下分解代际收入弹性的方法，从教育和职业出发，可将代际收入弹性分为六条机制，包括教育代际传递、职业代际传递、父代教育对子代职业的影响、父代职业对子代教育的影响、父代教育对子代除教育和职业以外因素的影响、父代职业对子代除教育和职业以外因素的影响。方鸣（2010）沿用该方法对中国居民代际收入弹性进行分解，得到教育代际传递和职业代际传递的贡献率分别为 17% 和 31%。Blanden（2007）将代际收入弹性分解为包含子代教育和健康等中间变量部分和随机变量部分，考察了认识能力、非认知能力和教育的作用，结果发现教育解释了代际收入传递的 1/3 左右。陈琳等（2012）沿用该方法，基于 CHIP 数据对中国代际收入传递机制进行研究，结果显示人力、社会和财富资本三个变量的解释力高达 60% 以上，且财富资本的解释度更大。陈杰等（2016）同时采用 Bowles - Gintis 方法和 Blanden 方法农村居民代际收入流动性的传递机制进行分解，两种分解方法得出的结论类似，职业在农村居民代际收入传递中贡献高于教育。Eriksson（2005）发现，在回归方程中加入了健康资本后，男性的代际收入弹性下降了 28%，而女性的代际收入弹性下降了 25%。Blanden（2013）基于人力资本分析框架，将代际收入流动的机制进行细分，包括教育代际传递、父代教育影响子代除教育以外的认知和社会技能、父代除教育以外的其他特征影响子代的社会资本和人力资本，父代主要通过这三条路径影响了子代的收入水平。Narayan 等（2018）沿用该方法对多个国家的代际收入弹性进行分解后发现，父代的非教育因素解释了 80% 以上的代际收入流动性。

（3）代际收入流动性的变动趋势

在变动趋势研究方面，Blanden 等（2000）认为，英国的代际收入流动性有所下降，而美国的代际收入流动性基本不变。Lee（2009）也认为，美国最近几十年代际收入流动不存在明显的趋势。在相似的时间段内，Aaronson（2008）则认为，美国代际收入流动性有所提高。Mayer（2005）采用PSID数据估计了美国出生年份在1949—1965年男性的代际收入流动性，结果表明男性代际收入流动性呈现下降趋势。而Chetty等（2014a）运用代际位序相关法的研究发现，美国20世纪70—90年代出生人群的代际收入流动性变化并不大。Pablo等（2010）根据智力1996—2006年家庭跟踪调查数据库，分析了智力居民教育和收入的代际流动性，结果表明智力教育的代际流动性呈现上升趋势，而收入的代际流动性却处于稳定状态。Lefranc等（2014）采用双样本工具变量法估计了日本1965—2005年的代际收入弹性，结果发现日本的代际收入流动性在这段时间内非常稳定。Cavaglia（2015）测度和比较了美国、英国、德国和意大利四个国家的代际收入流动性及其变动趋势，结果发现美国的代际收入流动性基本保持不变，英国的代际收入流动性有小幅增加。德国和意大利代际收入流动性较高。

由于采用的数据来源和估计方法有所不同，国内关于代际收入流动性变化趋势的研究结论并不一致。一些学者认为，中国总体代际收入流动性呈上升趋势，如何石军和黄桂田（2012）采用1989—2009年CHNS数据，估计了中国居民代际收入流动性，结果表明中国居民代际收入弹性偏高，但从趋势看代际收入流动性有所增加。陈琳和袁志刚（2012）结合1988年、1995年和2002年CHIP数据以及2006年CGSS数据，认为代际收入流动性呈现先上升后趋于稳定的趋势，且2006年以前代际收入流动性的改善主要来源于低收入子代收入地位的提升。徐晓红（2015）结合CHIP和CGSS数据，测度了2002—2012年中国城乡居民代际收入弹性，得出中国城乡居民代际收入弹性呈下降趋势，且城镇居民代际传递程度高于农村居民。杨娟和张绘（2015）基于1995—2007年CHIP数据，分析了中国城镇居民代际收入流动性的变化趋势，当控制暂时性偏差和同住样本偏差后，发现中国城镇居民代际收入流动性呈现递增的趋势。吕光明和李莹（2017）基于1989—2011年CHNS数据，对样本归并和修正测量误差后，发现中国居民代际收入弹性变动表现为“M”形态势。曹俊文和刘志红（2018）采用1988—2013年CHIP数据测算了农村居民代际收入流动性趋势，发现农村居民代际收入流动性呈倒“U”形趋势特征，在1995—2007年，代际收入流动水平逐渐提高，在

2007—2013 年有所下降。总的来说，农村居民代际收入流动性有所提高，但收入两极分化趋势明显，流动质量偏低。杨沫和王岩（2020）基于代际收入弹性和代际位序相关性双重指标测度并分析了 1991—2004 年中国居民代际收入流动性的变动趋势，结果显示代际收入流动性在 1991—2004 年较为稳定，2004 年以后则呈现逐年上升的趋势。而另一些学者则认为代际收入流动近年来呈现出上升的趋势。亓寿伟等（2016）采用 CHNS 数据，分析了出生于 1949—1990 年男性代际收入传递的变化趋势，结果发现男性代际收入传递随着出生组年份的增加总体呈现不断提高的趋势，其中城镇男性代际收入传递加强趋势是农村的两倍左右。刘润芳（2021）基于 CFPS 数据估计了城乡居民的代际收入流动性，结果发现城乡居民代际收入流动性在 2010—2018 年表现为稳定下降的趋势。分地区看，东部代际收入流动性呈现先下降后增加的"U"形趋势，中部地区则呈现出"W"形变化趋势，而西部代际收入流动性有所上升。部分学者从贫困代际传递的视角，考察了其变动趋势。卢盛峰和潘星宇（2016）基于 1989—2011 年 CHNS 数据，分析了中国贫困代际传递的动态趋势，结果发现中国代际收入弹性系数为 0.38—0.42，相对于其他国家，代际流动性偏低，但贫困代际传递概率随着时间推移有减弱的趋势。马文武等（2018）同样利用 1989—2011 年 CHNS 数据，对中国城乡居民贫困代际传递的动态趋势进行了研究，结果表明中国整体贫困发生率逐年下降但存在贫困代际传递，2000 年后，贫困代际传递性有进一步深化的趋势，且城乡贫困代际传递性的差距有所增大。陈杰等（2021）利用 CHIP1995—2018 年的数据，在相对贫困标准下，考察了我国农村 1971—1995 年出生的各队列相对贫困的代际传递性，结果发现相对贫困代际传递呈现出下降的趋势。周宗社（2018）从经济史的视角揭示了 1978—2012 年中国农村贫困家庭代际传递演化状况及特征，并对其人力资本和社会资本诱因进行了前置研究。

（4）影响代际收入流动的宏观因素

了解影响代际收入流动的宏观因素，有助于了解和把握地区代际收入流动性存在的差异，并为进一步提升地区代际收入流动性，发挥其外在经济效应提供科学依据。迈尔斯—克拉克观察到代际收入流动与不平等之间负相关的事实，将两者之间的关系图称为"了不起的盖茨比曲线"。但从实证结果看，目前两者之间的关系还没有一个明确的结论。Owen 等（1998）考察了代际收入流动、经济增长和收入不平等之间的关系，发现代际收入流动与经济增长之间呈现正相关关系，与收入不平等之间则存在负相关关系。经济发展水平通过缓解低收入阶层的预算约束来增加对子代的教育投资，促进了个人收入地位的提升，提高了代际流动性。孙旭等（2020）通过构建交互模型、固定效应模型和随机系数模型，考察了基尼系数对代际收入传递的影响，得到的估计结果也并不显著，说明中国样本不支持累积优势理论，即收入差距的增加扩大了贫富家庭对子代人力资本投资的差距，从而影响其未来的经济成就（Diprete 等，2006）。方鸣（2014）基于联立方程模型，探讨收入不平等与代际收入流动的关系，发现两值之间相互影响，收入不平等程度的提高会降低了代际收入流动性，同时代际收入流动性的下降也会提高收入不平等程度。曹仪（2020）将收入不平等分为努力不平等和机会不平等，结果发现只有机会不平等对代际收入流动有抑制作用。李任玉等（2018）采用两个维度的指标来衡量经济发展，分别探讨经济总量增长和结构优化对代际收入流动性的作用，结果表明随着地区经济发展水平的提高，劳动力市场对个人成就的影响有所增强，而家庭背景因素的作用逐步减弱，从而促进了代际收入流动性；分收入群体来看，经济增长和结构优化主要作用于中低收入群体，对高收入群体的作用有限。杨汝岱和刘伟（2019）基于全国 2005 年 1% 人口调查微观数据，测算了 31 个省份的代际收入流动性，并从市场化的角度，考察了其对代际收入流动的影响，结果显示，不同省份之间代际收入流动性差异较大，且市场化程度越高的省份，代际收入流动性就越强。鉴于贸易开放与截面不平等问题之间存在显著相关性（Attanasio 等，2004），李宜航（2019）进一步研究了贸易开放对代际不平等的影响及其作用机制，结果发现贸易开放有助于推动子代向上流动并阻碍其向下流动。贸易开放主要是通过提升子代的职业地位和教育水平来影响代际收入流动性。郑筱婷等（2020）将 CFPS 中的个人数据与产业就业扩张的城市数据匹配，研究发现城市产业的就业扩张能够显著促进代际收入流动性，其中，中高端服务业的扩张通过提高子代的平均受教育年限和职业进入概率，促进了低收入和中高收入阶层的子代向上流动。除了上述经济发展因素，还有部分学者从公共政策的角度研究财政支出对代际收入流动的作用机制。Mayer 和 Lopoo（2008）研究了美国各州间财政教育支出水平如何影响代际收入弹性，结果表明，代际收入弹性在人均财政教育支出水平高的组别比低的组别高出 0.17。韩军辉（2010）采用两水平统计模型分析了农村公共支出对农村居民家庭代际收入流动的影响，结果发现公共支出水平较高的地区，代际收入流动性表现出较强的增加趋势。徐俊武和易祥瑞（2014）基于 CHNS 数据，使用多重门槛模型估计了各地区公共教育支出如何影响代际收入流动，结果表明随着公共教育支出的增加，代际收入流动也会相应得到提高。吕康银（2019）分别基于相对和绝对收入差距指标，从个人、家庭和宏观三个方面分析了不同层次下的宏微观因素如何影响代际收入流动性，结果发现在经济发达和社会保障覆盖率高的地区代际收入流动性更强。

（5）代际收入流动的经济效应

只有准确识别代际收入流动的经济效应，才能对其实际作用作出客观的评价。相比代际收入流动的影响机制研究，关于代际收入流动经济效应的文献则明显不足。Galor（1997）发现流动性较低会导致先赋因素在市场中发挥决定性作用，引发劳动力资源错配，并对经济增长产生负面影响。Galor 和 Mova（2004）构建了代际流动和教育资源配置的理论模型，发现前者会对后者产生积极影响。除了从宏观层面考察代际流动影响经济发展外，国内一些学者们也开始尝试研究代际流动对微观主体经济行为的影响。许志等（2021）基于微观主体的角度，讨论了代际收入弹性对居民储蓄率的影响，其通过构建一个两代收入—储蓄决策模型，阐述了代际收入弹性作用于中国居民储蓄率的内在机理，并结合 CHIP1995—2013 年城镇数据展开了实证检验，结果表明代际收入弹性每下降 1%，储蓄率平均提高 0.1%。部分学者基于个体教育年限或教育排名来测度地区代际流动性，进而讨论了地区代际流动对经济影响的微观机制。如刘小鸽等（2018）利用 CFPS2010 年数据库中的父代和子代教育信息来构造地区教育代际流动性，探究地区代际流动如何影响居民幸福感，结果表明适度的地区代际流动能够提高居民的幸福感，但地区代际流动过高又会降低幸福感，即地区代际流动与幸福感满足倒“U”形关系。魏瑾瑞和赵汉林（2019）同样采用 CFPS 中的教育信息构建地区代际流动指标，研究了地区教育代际流动如何作用居民的生育意愿，结果表明两者之间存在倒“U”形关系，即地区教育代际流动性的增加会提高个人的生育意愿，但地区代际流动性过高反而会抑制其生育意愿。吕炜等（2020）则基于 CFPS 数据构造了城市层面的代际教育流动指标，并考察了其对个人社会信任水平的影响，结果显示城市教育机会公平对居民社会信任有显著的正向影响，且估计系数在利用工具变量后仍然高度显著。

2.3.2　劳动力流动驱动因素研究

受劳动力流动理论流派的影响，国内外学者围绕劳动力流动的驱动因素展开了大量的研究，主要包括就业机会和工资收入、个体及家庭特征、城市规模与房价、公共服务和自然环境等非经济因素。

（1）就业机会和工资收入

追求更高的工资收入和更好的就业机会是劳动力流动的内在动力。Spilimbergo（1999）研究表明，失业率和职工平均工资是影响农村劳动力流动的重要因素。Zhao（2001）认为，非农部门失业程度的加剧，会导致实际工资的下降，从而影响农村劳动力流动决策。Greenwood 等（2003）指出，在经济机会差异的驱动下，人口会从工资较低和失业率较高的地区，流入工资较高和失业率较低的地区。庄起善等（2007）对转型国家劳动力流动的驱动因素进行了研究，结果表明转型国家劳动力净流动数量与平均工资率正相关，与失业率负相关。赖小琼和余玉平（2003）进一步拓展了托达罗模型，认为农村劳动力为获取净收入较高的就业机会而做出的流动决策是一种理性的经济行为。卢向虎等（2006）通过实证分析得出，城市失业规模的增加会影响农村劳动力就业，从而阻碍了农村劳动力向城镇流动。程名望等（2014）基于微观调查数据，采用固定效应 Probit 模型，验证了就业半径和就业机会对农村劳动力转移的重要作用。王秀芝（2014）利用人口普查和抽样调查数据，对省际流动的影响因素及其变化情况进行了分析，结果发现，在 2005 年以前，迁出地失业率对流动率的影响为正；在 2005 年后，流入地失业率对流动的影响为负。蔡昉（2001）认为，中国城乡间存在巨大的收入差距，预期收入差距是导致农村劳动力流动的动因。朱农（2002）在使用 Heckman 二阶段法修正了估计流动者收入时的样本选择偏差后，发现收入差距在农村劳动力流动决策中发挥着显著的作用。Taylor（2003）的研究表明，在非农预期收入水平较高的前提下，农业收入的不稳定性使农村劳动力外出务工成为平滑风险的方式。张杰飞（2009）考虑了农村劳动力的流动成本，建立了农村劳动力的内生转移模型，该模型表明，当农村劳动力的城市期望收入高于务农的期望收入时，会导致农村劳动力向城市转移。程名望（2013）则认为，目前我国农村劳动力流动的决定性因素仍然是收入，由于农村劳动力社会保障较低，外出务工也能够增加预防性储蓄，从而保证收入的稳定性。

Stark 等（1984、1991）基于相对贫困视角来解释农村劳动力流动的原因，即人口流动决策不仅受预期收入的影响，还会受流动者在群体中所处相对贫困程度的影响，对处于收入分布底端的个体来说，往往希望能通过流动来提高收入并提升其相对收入地位。相对贫困程度越强，其流动动机也就越强。蔡昉和都阳（2002）利用中西部农村调查数据，验证了相对贫困假说在中国的适用性，结果表明绝对收入差距和相对贫困均是导致农村劳动力流动的重要原因。朱农（2004）和蔡昉等（2003）利用中国湖北省和西部地区四个贫困县数据进行研究，结果发现劳动力流动概率与相对贫困程度之间呈现倒“U”形关系。龙志和陈芳妹（2007）利用农村劳动力流动调查数据，考察了土地禀赋、相对贫困与农户流动决策的关系，结果表明，劳动力人均土地面积与农户流动决策呈“U”形关系，但由于调查样本量有限，并没有发现相对贫困和农户流动决策之间的显著联系。吴红宇（2008）从理论上推导了相对贫困与流动的关系，并结合调查数据实证检验了相对贫困对流动的影响，说明绝对收入差距并不是流动决策的唯一动因，当人们的相对贫困程度较高时，其流动动机也更强。

（2）个体及家庭特征

学者们往往基于个体和家庭特征，展开对劳动力流动微观动因的研究。具体来说，学者们分别从下面不同的侧重点展开了研究。教育程度通常被用作解释流动决策的重要变量。Lucas（2004）认为，农村劳动力可以在城市获得更高的人力资本回报、技能培训的机会和社会福利，因人力资本带来的外部因素会促进农村劳动力做出流动决策。同时，较高的教育水平提高了人们收集和加工信息的能力，从而降低了流动的风险。当个人受教育程度越高时，在面对社会文化环境变化时能降低预期心理成本（Schultz，1961），流动适应能力更强。赵耀辉（1997）运用 Logit 模型，分析了教育水平对农村劳动力外出就业的影响，实证结果显示农村劳动力教育水平越高，选择外出就业的边际概率越大。Huang 等（2003）则发现，中国流动者中以教育程度为小学或初中的群体居多。个人教育程度越高，能力也越强，更容易调整自己的生存状态，而不用再流动，因此教育和流动可能呈现负相关关系。吴红宇（2004）指出，应该在基于人资本投资流动决策模型的基础上，考虑个体特征因素，如年龄、性别、教育程度、职业、就业状况、婚姻状况等。Zhao（1999a）研究发现年龄较大、女性和已婚的农村劳动力外出打工的意愿较低。严善平（2004）利用中国人口流动数据验证了 Rogers（1978、1984）提出的年龄—流动率模型，分析了 20 世纪 90 年代中后期中国流动率与年龄的变化关系，结果发现中国流动人口主要集中在 15—34 岁青壮年层，年龄较大的人口流动概率偏低。李树茁（1993）基于人口抽样调查及人口普查数据的分析表明，男性和女性在流动选择方面存在差异，总的来说，男性人口流动水平高于女性，但男性主要因为经济原因发生流动，女性则以婚姻流动为主流。杨云彦（2001）结合中国女性流动的趋势，提出了在户口制度与性别因素双重作用下的女性主义流动分析框架。婚姻主要通过影响劳动力流动的成本来影响流动决策。Mincer（1978）、Sandefur（1985）等研究表明，未婚者比已婚者流动率高，而已婚未育又比已育者流动率高。Zhao（1999b）研究中国流动数据表明，已婚者的流动率低于平均水平 37.6%。周皓（2006）研究了社会经济因素和个体因素对省际人口流动决策的影响，结果表明在国家宏观投资相同的条件下，男性、已婚和非农业户口的人群更容易发生流动。杨云彦和石智雷（2008）以新流动理论为基础，研究了家庭禀赋如何影响农村劳动力外出务工行为，结果发现，家庭财富和耕地数量与农村劳动力外出概率呈“U”形关系。程名望和史清华（2010）利用 Probit 模型实证分析了个体特征和家庭特征对农村劳动力流动决策的影响，研究发现，男性、非农业户籍和以非家庭经营为主的农村劳动力流动意愿更强。黄宁阳和龚梦（2010）采用农户调查数据对影响农村劳动力跨省流动的个体特征和家庭因素进行分析，结果显示，单位类型为非国有部门的农村劳动力更偏向于跨省流动，打工年限越长的农村劳动力越偏向于跨省流动，家庭收入对农村劳动力跨省流动的影响呈倒“U”形。陶树果等（2015）基于 CGSS 调查数据，考察了个人特征、家庭特征和社会心理特征对农村劳动力乡村流动意愿的影响。结论显示，个人教育水平、有非农工作经历、个人收入以及家庭收入正向影响农村劳动力的流动意愿，而年龄和自我阶层评价对农村劳动力流动意愿的影响为负。

（3）城市规模和房价

劳动力流动决策不仅取决于自身的能力禀赋和家庭背景因素，还受到外部环境的制约。城市作为劳动力集聚的主要空间，在市场竞争和偏好筛选下提供了劳动力区位选择机制（梁琦等，2013）。城市规模越大，劳动力个人就业的概率越大（陆铭等，2012），劳动生产率以及预期工资水平越高（Duranton，2014；踪家峰和周亮，2015；Roca等，2017），公共服务资源也更优质（黄燕芳和张超，2018；韩峰和李玉双，2019），从而构成了影响劳动者流动决策的外部环境。Beaudry等（2014）认为，大城市能够提供更好的公共服务和基础设施，多样化的消费环境，进而吸引更多高学历和高技能劳动力流入并提高了城市工资收入。Xing等（2017）基于居住排序的框架，分析了城市规模对农村劳动力流动行为的影响，发现大城市丰富的教育资源和医疗资源对农村劳动力具有较强的吸引力。高春亮和李善同（2019）通过城市面板数据的实证分析表明，城市规模越大，促进人力资本积累的能力越强，可以吸引人口流入，最终形成城市规模与人力资本增长的累积效应。张文武和张为付（2020）研究发现，城市规模和产业集聚对城市留人的影响显著为正，按区域差异分组回归的结果显示，城市规模越大，专业化集聚程度越高，东部城市越能留住劳动力，中部城市表现为抑制作用，而西部城市的作用不明显。范兆媛（2021）利用实证模型分析了城市规模对流动人口居留意愿的影响。研究发现，随着城市规模的增大，流动人口居留意愿也越强，对个体异质性分析后表明，城市规模对高学历、已婚、年轻一代、女性及非农户籍的流动人口居留意愿的影响作用更大。黄梦琪和金钟范（2021）采用2014—2017年CMDS数据对城市规模影响流动人口居留意愿及其内在机理进行了分析，结果表明城市规模可以通过影响同乡集聚效应和个体稳定就业的概率进而影响流动人口居留意愿。刘旭阳和原新（2022）采用多项Logit模型分析了青年流动人才城市选择的机制，结果表明女性、非农户籍青年流动人才、雇员和职业正规性越好者更偏好大城市。

城市房价决定了劳动者的流动成本，是影响劳动力流动的重要因素。国内外学者对此展开了许多研究，然而，关于房价和劳动力流动之间的关系，目前还没有统一的结论。一些学者认为，房价阻碍了劳动力流动。Helpman（1998）将房价市场因素引入新经济地理学标准模型（Krugman，1991）中，指出某地区房价水平会影响劳动者的相对效用，从而对劳动力在该地区集聚产生抑制作用。随后，学者们对Helpman的理论分析进行了检验。Cameron等（2006）对英国1975—2013年地区数据的研究显示，高房价抑制了人口在城市间流动。Rabe等（2010）基于英国1990—2007年数据的研究同样也验证了较高的房价会制约劳动力跨地区流入。Murphy 等（2006）发现景气的住房市场条件会推动房价相对上升，进而阻止劳动力流入。Jeanty 等（2010）认为，房价上升会导致个人就业和生活压力增大以及企业生产经营成本增加，使劳动力迁出和产业转移。Andrew（2013）研究了美国高学历男性在城市之间的流动决策，结果发现地区高房价和房屋租金均会降低人们流入该地区的概率。高波等（2012）利用动态面板数据模型考察了城市房价对劳动力流动决策的影响，结果表明城市间相对房价提高会引发劳动力迁出；劳动力人数的减少会对低附加值产业产生挤出效应，进而推动产业升级。田丽慧等（2021）基于双重差分模型，从异质性视角考察了房价上涨对流动人口流动意愿的影响，结果显示城市高房价主要阻碍了青年流动人口流入，但增加了中老年人口的居留意愿，优惠的住房政策有助于城市吸纳青年人才。

另有一些学者认为，高房价虽然会带来生活成本增加，但也伴随着更加完善的基础设施、更多的公共资源和就业机会，李超和张超（2015）利用35 个大中城市数据的研究表明，高房价的负向作用被正面效益所抵消，高房价收入比并不会阻碍人口流动。徐腾和姚洋（2018）基于百度迁徙数据的研究表明，劳动力选择某一城市主要取决于流入地和迁出地之间的工资差距以及流动距离的远近，房价对人口流动的副作用并不显著。还有学者认为，房价和劳动力流动之间不是单纯的线性关系。李拓和李斌（2015）研究了房价对人口流动影响的门槛效应，结果发现在 2007 年之前，房价的影响不显著，而 2007 年之后，房价对人口流动产生明显的抑制作用。张莉等（2017）认为房价可看作衡量预期未来收入不确定性的信号，从而对人口流动产生拉力，当房价水平较低时，拉力作用占主导，使得对劳动力流动的影响为正；当房价超过某一临界水平时，阻力作用开始占据主导，从而抑制了劳动力流动。同样地，杨巧和陈诚（2018）采用动态面板考察了 30 个大中城市房价对人口流动的影响，结果显示房价和人口流动之间的关系呈倒“U”形，当房价低于拐点时，房价上升会对人口流动产生促进作用，而当房价低于拐点时，房价上升会抑制人口流动。兰宗敏等（2021）从区域异质性等视角分析了城市房价对劳动力流动决策的影响，研究表明房价对劳动力流入具有“吸引效应”，对劳动力迁出具有“驱赶效应”。分区域看，房价对劳动力流入和迁出影响最显著的为成渝城市群，房价对劳动力迁出影响最弱的为长三角和珠三角城市群。

(4) 城市非经济特征因素

自 Tiebout (1956) 提出“用脚投票”的命题以来，诸多学者对公共服务作用于人口流动的机制展开了研究。Day (1992) 考察了公共财政支出对人口流动的影响，结果表明公共财政支出越高的地区对外来人口的吸引力越强，特别是人均教育支出和人均健康支出越大的地区，人口流入率越高。Borjas (1999)、Fiva (2009) 等研究表明，地方社会福利支出对人口流动具有显著的正向作用。Dahlberg 等 (2012) 研究了公共服务对瑞典人口流动行为的影响，结果发现人们倾向于流入在孩子照顾上公共支出多的地区，特别是对有孩子的家庭更是如此。方大春和杨义武 (2013) 利用动态面板模型分析了城市公共服务如何影响农村劳动力流动，研究表明公共服务的作用机制存在显著的区域异质性，在中部和西部地区，公共服务对农村劳动力流动存在正向效应，但在东部地区则为负向效应。夏怡然和陆铭 (2015) 将城市特征变量与劳动力流动的微观数据相匹配，验证了公共服务对劳动力流动城市选择的影响，结果表明公共服务对劳动力流向具有显著的正向影响，且公共服务对于长期流动的劳动力影响更大。李拓和李斌 (2015) 利用空间计量和门限模型考察了城市公共服务水平对人口流动的影响，结果表明公共服务是影响人口流动决策的重要因素。杨义武 (2017) 采用主成分分析法测度了地方公共品供给指标，并进一步估计了公共品供给对人口流动的影响，研究发现，地方公共品供给水平显著影响了流动人口的流动行为，不同规模的城市公共品供给对流动人口的影响存在差异，当流动人口向中小城市流动时会更看重公共服务水平。李一花等 (2017) 基于 2005—2013 年 285 个城市的数据，考察了公共服务对农村劳动力流动的影响，结果表明，城市公共服务对农村劳动力流动概率有显著的正向影响。分公共服务类型看，城市教育和医疗对农村劳动力流动的影响要大于文化和交通基础设施。Faguet (2004) 认为，“用脚投票”作用于人口流动决策更适合某一特定的公共服务领域，如教育。一些学者主要关注教育资源在人口流动决策中的作用。例如，Fillipa (2011) 认为，外来人口流入会降低流入地的教育质量，使得本地的较高收入阶层选择迁往其他地区。Herold (2003) 发现，美国有部分地区存在着二元化的教育政策，这会影响移民子女的心理健康和移民者的流动决策。Liu 和 Xing (2016) 研究表明，所在地区小学搬迁会对农村居民流动决策产生影响，且对拥有男孩的农村家庭影响更明显。李超等（2018）研究了教育政策改革如何影响农村劳动力流动，城市随迁子女教育政策的改革可以吸引更多的流动人口，改革力度越大，对农村劳动力的吸引力就越大，农村劳动力为了子女教育，会增大流动距离以及牺牲部分工资来换取更稳定的工作。

随着经济的快速发展和人民生活质量的不断改善，人们对自身居住环境的健康安全要求也越来越高，地区的空气质量和自然环境逐渐成为人们流动决策考量的重要因素。学者们开始从宏观角度对环境移民现象展开研究。Banzhaf 等（2008）通过实证分析证实了环境质量确实会影响人口流动决策。研究表明，对于污染物排放量增加的地区，人口下降了 5%—9%，而污染物排放量下降的地区，人口则增加了 5%—7%。Reuveny 等（2009）研究了环境恶化对移民数量的影响，结果显示本地环境退化会导致向发达国家流动的人口增多。Marchiori 等（2011）认为，即便气候的微小变化也会导致长期内世界移民数量的增加。席鹏辉和梁若冰（2015）使用住宅商品房销售面积作为人口流动变动的代理变量，基于国家环境保护模范城市考核指标对人口流动变量进行模糊断点回归，结果表明，城市模范城市称号能够增加当地住房销售面积，对人口流动具有促进作用。肖挺（2016）对中国直辖市及省会城市的面板数据进行实证分析，结果表明，城市污染排放的增加会造成劳动力流出，且这种驱赶效应在经济较发达的城市更明显。一些学者在研究中发现，具有不同个体特征的劳动力对环境质量的反应也存在较大差异，如 Massey 等（2010）发现环境质量对人口流动的影响程度受年龄、性别、学历、收入等变量的作用。Li 等（2017）发现空气污染对男性和年轻劳动力流动决策的影响更大。Xu 等（2016）、Chen 等（2017）、Lu 等（2018）等研究表明，高学历劳动者的流动决策更容易受环境质量的影响，而低学历者对环境质量的反应并不明显。Liu 等（2020）研究发现，经济收入越高的流动者对环境质量的需求也越高。为此，学者们尝试从微观个体角度来研究环境质量对劳动力流动决策的影响。邓曲恒和邢春冰（2018）利用离散选择模型分析了农村劳动力在选择流动目的地时对空气质量的支付意愿，结果表明农民对于城市空气质量提升 1 个单位的支付意愿为 11.37 元。刘欢和席鹏辉（2019）采用双重差分回归对 2013 年以来城市空气质量新标准改革对人口流动的影响进行实证检验，结果发现空气质量改革有效改善了城市空气质量并促进了环境移民的出现，城市人口净流入量显著下降。孙伟增等（2019）利用条件 Logit 模型分析了空气污染对流动人口就业选址行为的影响，通过实证分析得出，当一个城市的 PM2.5 浓度每上升 1μg/m³，流动人口选择该城市的概率就下降 0.39 个百分点。张海峰等（2019）采用中国社会科学院编制的城市生态健康指数数据，通过实证分析验证了城市生态健康对劳动力流动有显著正向作用，劳动力倾向于流入生态建设更好的城市。

2.3.3 代际收入流动性影响劳动力流动研究

2014 年，哈佛大学 Chetty 团队发布了最新的研究成果，他们构造了美国不同地区的代际收入流动水平，展示了美国的“机会地图”。其中，美国南部地区和阿巴拉契亚工业衰退地区的代际收入流动性最低，这些地区往往种族隔离较为严重，教育质量不高，低收入群体容易陷入“贫困代际传递陷阱”，而美国中西部地区如伊利诺伊州、得州、犹他州代际收入流动水平较高，这些地区低收入群体的子女成年后的收入水平会更高，因此也被称为“机会之地”。Mark Partridge 指出，人口增长的城市往往是那些能够吸引外来人口的城市，这些城市象征着机会、多元、进步和改变命运。由此可知，可能存在着人们为了机会公平而流动的机制，有个别学者对此进行了实证检验。但到目前为止，国内外关于代际收入流动影响劳动力流动的研究还较少。Kim 等（2018）基于机会平等项目（Equality of Opportunity Project）的数据，将不同代际收入流动性数据与个人流动所在地相匹配，考察了代际收入流动对国家内部人口流动的影响，结果显示人们会倾向于流入代际收入流动性更高的地区，且这一结论在使用工具变量后仍然稳健。王伟同等（2019）基于被访者个人的社会经济地位和 14 周岁时家庭的社会经济地位等回顾性信息构造了地区代际流动性指标，考察了地区代际流动对人口迁入和迁出的影响。曹晖和罗楚亮（2021）利用 2005 年全国 1% 人口抽样调查数据和流动人口动态监测数据，研究了代际收入弹性对劳动力流入选择的影响，结果表明一个城市的代际收入弹性越高，流动人口选择该城市作为流动目的地的概率越低。分个体异质性看，男性、年龄较大的流动人口受代际收入弹性的影响较小，高中及以上学历的流动人口会更加回避代际收入弹性高的城市。

2.3.4　数字经济发展影响劳动力流动研究

数字经济作为驱动经济增长的核心力量，对劳动力市场的影响日益显著，且在劳动力流动方面，数字经济的影响是多维度的。当前研究主要围绕市场潜能提升、职业结构转换、创业机会、技能需求变迁等维度展开。周天芸（2022）提出数字普惠金融优化了劳动力要素价格，提高可支配收入水平，从而吸引劳动力流动。马述忠和胡增玺（2022）将数字金融普惠指数与全国流动人口监测数据进行匹配，验证了城市数字金融发展水平的提高能够吸引劳动力流入。李衡等（2024）构造了数字经济发展指数，在此基础上，分析了数字经济发展影响劳动力流动的效果，结果发现数字经济发展通过提供更多的就业机会和提升预期收入两条机制来吸引劳动力流入。王辉等（2023）发现数字经济发展能够吸引劳动力流入，并从生产数字化和生活数字化视角阐述了流入劳动力职业结构转型的差异，其中生产数字化能够促进劳动力向技术密集型职业迁移，生活数字化则促进服务型职业需求增长。周世军和陈博文（2023）利用实证模型验证了数字经济通过创业机会和劳动力预期收入吸引劳动力流入的内在机制。熊艳艳和崔雪（2023）聚焦低技能劳动力，基于劳动力推拉理论，验证了线上消费的发展能吸引低技能劳动力流入数字经济发展水平较高的城市。

2.3.5　文献评述

尽管国内外研究已经在代际收入流动性、劳动力流动方面取得了丰富的成果，但目前关于代际收入流动性对劳动力流动影响的研究仍十分少见。本小节将从两个方面对上述文献进行简要评述：代际收入流动的测度和劳动力流动的驱动因素。在此基础上，形成了本书的逻辑起点，阐述了本书的研究启示。

现有文献为本研究提供了理论和实证基础，但仍存在一些不足。从代际收入流动性的测度方面来看：一是大多数文献只关注国家或城乡层面的代际收入流动性，很少有文献详细测量中国不同地区的代际收入流动性；二是绝大部分文献都采用代际收入弹性法进行测度，却忽略了代际收入弹性法存在的多种计量偏误；三是鲜有文献对除代际收入弹性所衡量的相对代际流动性以外的代际流动性，如绝对代际流动性，进行测度，而代际收入流动的内涵非常广泛，应该使用多个指标来分析代际收入流动性。

从劳动力流动驱动因素方面看，相关研究很少关注代际收入流动性对劳动力流动的影响，也较少使用微观个体数据对劳动力流动决策进行研究。国内学者仅有王伟同等（2019）、曹晖和罗楚亮（2021）分别基于回顾性社会地位信息和当年收入水平来构造地区代际流动性，讨论了人口流动的地区代际流动偏好。考虑到农村劳动力拥有城市梦想，对城市机会公平的渴望也尤为强烈。本书在研究视角上以农村劳动力为研究对象，在研究方法上采用25 百分位（即中低收入阶层）绝对代际流动指标作为代际收入流动性的度量，这是因为农村劳动力是城市社会中的弱势群体，更会看重城市中低收入阶层的发展机会。

数字时代下，农村劳动力的空间选择从单一流向发达城市转向在机会公平之地聚集。随着以人为本的新型城镇化不断推进，农村劳动力对代际收入流动水平的敏感度也在不断增强，代际收入流动可能成为农村劳动力流动决策所要考虑的重要因素。本书的研究对农村劳动力有序融入城市具有积极作用。据此得到如下研究启示。

本书在剖析两种代际收入流动测度方法偏误问题的基础上，基于代际位序相关性的统计优势构建绝对代际流动指标，同时采用相对—绝对双重维度指标测度了中国 228 个城市的代际收入流动性，考察了机会环境因素对农村劳动力流动的影响及作用机制。具体而言，本书研究的贡献为：第一，采用代际位序相关性及其构建的绝对代际流动指标，克服了已有文献单用相对代际流动指标度量代际收入流动性的缺陷以及采用代际收入弹性较大偏误的问题；第二，将研究对象下沉至城市层面，经过测算，共得到 228 个城市的代际收入流动性，在此基础上展示了代际收入流动性的空间分布，为进一步分析地区代际收入流动的微观经济效应提供了数据支持；第三，基于条件 Logit 模型揭示了地区代际收入流动性与农村劳动力流动之间的关系，从微观层面研究宏观因素的影响，实现了宏观研究与微观研究的统一；第四，验证了数字经济发展对农村劳动力流动的影响，以及数字经济发展如何作用于地区代际收入流动性的内在机制，进一步解释了农村劳动力空间选择的行为逻辑，为新型城镇化的推进提供有益参考。

第 3 章

农村劳动力流动历程及现状分析

农村劳动力向城市流动有助于优化劳动力市场的配置效率，提高劳动生产率，对促进经济发展和城镇化发挥重要作用。因此，农村劳动力流动一直是众多学者研究的热点问题。根据《农民工监测调查报告》的数据，2008 年，我国农村流动人口数量为 14041 万人，在此之后农村流动人口规模逐年增长，至 2019 年达到 17425 万人。2020 年受疫情原因的影响，农村流动人口数量有所减少，但仍处于较高水平。2020 年农村流动人口规模为 16959 万人，约占总人口比重的 12%。农村劳动力作为城市发展的主力军，为我国经济社会的快速发展和城镇化进程的加速推进作出了巨大的贡献。本章将在梳理与回顾改革开放以来农村劳动力流动历程的基础上，结合全国流动人口动态监测数据，对近年来流入城市的农村劳动力的规模及现状进行描述分析，并利用空间分析技术揭示农村劳动力流动的空间偏好。

3.1 农村劳动力流动的历史阶段

农村劳动力流动的历程与我国城市化的快速发展紧密相关。改革开放之前，我国实行严格的城乡二元管理体制，限制着农业人口向城镇地区的合理性流动。党的十一届三中全会后，我国开始实施经济体制改革，经济发展进入全新的发展阶段。逐步开放的经济政策为城市经济注入了活力，第二、第三产业迅速发展，个体经济、私营经济的规模不断壮大，同时，城镇地区的基础设施建设、实体经济建造等对劳动力的需求量也大幅增加。在此背景下，国家开始逐步放宽对农村劳动力进城的限制，允许农村劳动力在无城市户籍的条件下向城市流动，大量农村劳动力得以进入城市寻找就业机会。自此，市场力量在乡城人口流动过程中发挥着越来越重要的奠基性作用。农村劳动力流动进程可按照时间变化分为如下三个阶段：

第一阶段为1949—1978年，即计划控制阶段。新中国成立初期至改革开放前，农村劳动力流动处于严格的计划控制阶段。新中国成立后，国家面临经济恢复和工业化的双重任务，农村劳动力流动被纳入国家计划经济的整体框架，国家通过计划手段配置资源。这一阶段的劳动力流动完全由政府主导，市场机制几乎不起作用，劳动力流动规模小、波动大，且受政策影响显著。1958年，全国人民代表大会常务委员会第九十一次会议通过的《中华人民共和国户口登记条例》，将人口分为“农业户口”和“非农业户口”，严格限制农村人口向城市迁移，城乡二元结构正式形成，农村劳动力被束缚在农村，劳动力流动主要通过政府计划安排。如20世纪60—70年代，约1700万城市知识青年被派往农村，形成大规模的逆向劳动力流动。在农村内部，劳动力流动主要通过集体化农业生产和水利工程建设等方式实现，流动范围有限。尽管这一阶段的劳动力流动受到限制，但农村积累了大量的剩余劳动力，为改革开放后的劳动力流动提供了潜在动力。

第二阶段为1979—1999年，即改革开放初期的流动。改革开放初期，中国农村劳动力流动进入一个新的阶段。随着经济体制改革的推进，农村劳动力流动逐渐从计划控制转向市场驱动，流动规模迅速扩大，形式日益多样化。这一时期的农村劳动力流动又可以分为两个小阶段。第一个是1979—1983年，1978年12月召开的党的十一届三中全会标志着中国进入了改革开放的新时期。农村经济体制改革（家庭联产承包责任制）使农民成为独立生产者，农民获得土地承包权，调动了农民生产的积极性，大大提高了农业生产效率，农业产量和粮食供给有了大幅提高。党中央于1983年发布了《当前农村经济政策的若干问题》，将联产承包责任制提高到国家层面上来，确认了农村经济体制改革的路线，这进一步增强了农业发展的活力，农产品产量和农业劳动生产率显著增长，释放了大量农村剩余劳动力，从客观上促进了农村劳动力流动。同时，国家鼓励乡镇企业发展，为农村劳动力提供了就地转移的机会。第二个是1984—1999年，1984年开始，中国经济体制改革在城市全面展开，推动了城市经济的快速发展。在对外开放政策的积极影响下，沿海地区“三资”企业和民营中小企业等迅速发展，对劳动力产生了较大需求，为农村劳动力提供了大量就业机会。国家进一步放松对农民进城的限制，大量农村人口流入城市。1984 年，《关于农民进集镇落户问题的通知》文件的发布，为农村人口户籍流动打开了通道，允许农民在集镇落户，户籍制度开始松动，农业人口向城镇地区转移的趋势不断增强。随着中共十四大的召开，中国的对内改革迈入建立起社会主义市场经济体制目标的新阶段。与此同时，国有企业改革也在全面推进，城市中的民营经济发展迅速，尤其是建筑业和餐饮服务业等原来发展相对薄弱的产业迅速崛起，对劳动力需求量猛增。同一时期，农村中的大量剩余劳动力涌入城市与国企职工下岗重合，使得城市就业形势非常紧张。为此，国家出台了相应政策，规范了农业劳动力人口的转移。1993 年，《关于印发〈再就业工程〉和〈农村劳动力跨地区流动有序化——“城乡协调就业计划”第一期工程〉的通知》，提出将工作重点和中心放在转变就业机制以及实现农村劳动力有序流动这两个方面上，并在全国范围内形成了与市场经济体制相适应的劳动力跨地区流动基本制度、市场信息传递系统和业务服务网络。总之，改革开放初期的农村劳动力流动是中国社会经济发展的重要动力。家庭联产承包责任制的实施和户籍制度的松动为劳动力流动创造了条件，乡镇企业的发展和沿海开放战略为农村劳动力提供了大量就业机会。农村劳动力流动规模从 20 世纪 80 年代的数百万人增加到 20 世纪 90 年代的数千万人。劳动力流动规模迅速扩大，形式日益多样化，推动了沿海地区经济的快速发展和城市化进程。从流动原因来看，这一阶段的农村劳动力流动以经济驱动为主，流动主要受城乡收入差距驱动，农村劳动力通过流动寻求更高收入。而外出务工人员将收入汇回农村，也促进了农村经济发展和农民生活水平提高。因此，农村劳动力流动改变了城乡社会结构，推动了城市化进程。尽管农村劳动力通过流动提高了收入，但城乡差距依然显著，农民工在城市面临社会保障缺失、户籍限制等问题。事实上，改革开放初期的农村劳动力流动为后续的市场化与多元化流动奠定了基础。

第三阶段为 2000 年至今，市场化与多元化流动。进入 21 世纪，中国农村劳动力流动进入一个新的阶段。随着经济全球化的深入、城镇化进程的加快以及数字技术的普及，农村劳动力流动呈现出市场化与多元化的特征。2001 年，中国经过多番努力终于加入世界贸易组织后，中国的外贸经济得到迅猛发展，服装、家具、皮革等一些劳动密集型产业带来了更多的就业机会，对劳动力的需求也上升到新的高度。因此顺应时代发展，农村劳动力流动的不合理种种限制被逐渐取消了，并出台了各项惠民利民的措施。党中央、国务院印发《关于做好 2002 年农业和农村工作的意见》中明确强调：要公平公正地对待进城务工的农村劳动力。在 2006 年又发布了《国务院关于解决农村劳动力问题的若干意见》，提出要着力解决农村劳动力工资偏低问题和农民工工资拖欠等问题，切实解决好农村劳动力的社会保障问题，并为农村劳动力提供相应的公共服务，维护农村劳动力权益保障机制等多个方面的要求。同时，全国各地区推出了不同的户籍制度改革措施，农村户籍流入城市的条件也进一步放宽。一些地区直接取消了农业户口和非农业户口类别的区分，实行城乡统一的居民户口。2014 年，国务院发布《关于进一步推进户籍制度改革的意见》，逐步放宽中小城市落户限制，推动农民工市民化。2017 年，党的十九大提出乡村振兴战略，鼓励农村劳动力返乡创业，推动农村经济发展。这一阶段的政策优化为劳动力流动创造了条件，市场机制发挥主导作用。近年来，互联网、移动通信和数字平台的快速发展，深刻改变了劳动力流动的形式和方向。流动形式从传统的“离土离乡”向“离土不离乡”转变，远程工作、灵活就业成为新特征。流动方向也更加多元化，东部沿海城市仍然是主要流入地，但中西部中心城市也逐渐成为重要目的地。部分农村劳动力选择返乡创业，推动本地经济发展。从流动原因来看，这一阶段的农村劳动力流动不仅受经济驱动，还受教育、医疗、生活质量等综合因素影响。此外，新生代农民工成为主力军，对技能和职业发展的要求更高。总之，经济全球化、城镇化进程加快和数字技术的普及深刻改变了劳动力流动的形式和方向。流动规模持续扩大，流动方向多元化，流动形式灵活化，流动群体年轻化与技能化。政策优化和数字技术的发展为农村劳动力流动提供了新机遇，但也带来了数字鸿沟等挑战。未来，随着数字技术的进一步普及和政策的优化，农村劳动力流动将呈现更加多元化和灵活化的特征，为实现共同富裕提供重要支撑。

梳理农村劳动力流动的演变历程，能够帮助理解中国社会经济变迁下农村劳动力的流动趋势和现状，而农村劳动力流动又是城乡关系的重要体现。现有的二元户籍制度限制了农业人口向城镇流动，不利于劳动力资源合理、有效配置，同时阻碍了城镇化进程的进一步发展。随着市场化进程的推进，中国的户籍制度也在逐步改革。中国农村劳动力在经济快速增长的背景下，仍然呈现出大规模向城镇流动的趋势，下一小节将对 2010 年后农村劳动力流动的基本特征和趋势进行分析与梳理。

3.2　农村劳动力流动的现状特征

3.2.1　数据处理

本书采用 2011—2017 年全国流动人口动态监测数据（CMDS）来描述农村劳动力流动现状。全国流动人口动态监测数据是国家卫生健康委针对全国流动人口的年度抽样调查，该调查以 31 个省（区、市）和新疆生产建设兵团全员流动人口年报数据为基本抽样框，采取多种抽样方法调查样本。该调查的主要特点是样本规模大、涵盖信息丰富，调查结果对各级单位都有比较好的代表性，能够为本书分析梳理农村劳动力流动现状提供了良好的数据支持。基于上一章中关于“农村劳动力流动”的定义，本书选取年龄在 15 周岁及以上、户籍为农村且离开户籍所到城市工作一个月及以上的劳动力为农村劳动力流动样本，并以此为数据基础，对我国农村劳动力流动的具体现状进行描述分析。

3.2.2　现状分析

（1）流动样本的规模分布

图 3.1 显示了分年度农村劳动力流动样本数量、流动人口总样本量以及农村劳动力流动样本数占流动人口总数的比例，2011—2017 年全国流动人口动态监测数据库中农村劳动力流动样本量分别为 71300、87714、113566、113180、117208、96933、92947，占流动人口总人数的比例分别为 55.703%、55.321%、57.127%、56.326%、56.897%、57.357%、54.678%，均超过了流动人口样本总数的一半，反映出农村人口的非户籍乡城流动始终是人口流动的主流。同时还发现，各年度农村劳动力流动样本数占流动人口总数的比例稳定在 55% 左右，即全国流动人口中，有 55% 为农村户籍流入城市的流动人口。从时间趋势来看，流动人口及农村劳动力流动样本数量呈现先稳步上升、后小幅下降的趋势。这与官方公开的流动人口数据变动趋势一致，说明全国流动人口动态监测数据能够较好地代表人口流动的总体特征。根据《中国流动人口发展报告 2018》，自 2015 年开始，流动人口规模从此前的持

续上升转为缓慢下降，2015 年全国流动人口总量为 2.47 亿人，比 2014 年下降了约 600 万人；2016 年全国流动人口规模比 2015 年减少了 171 万人，2017 年继续减少了 82 万人。

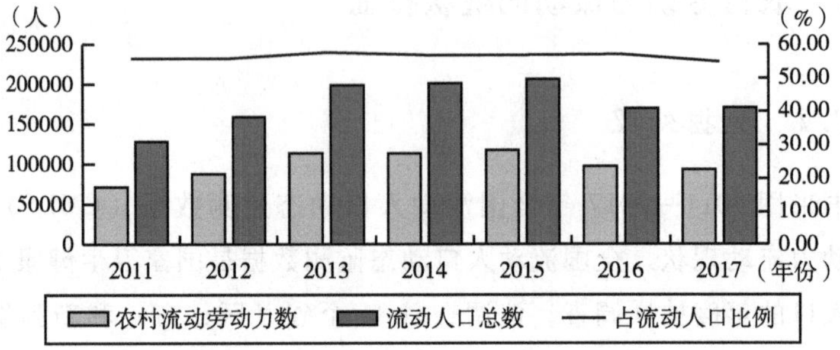

图 3.1　分年度农村流动劳动力数及其占比

从农村劳动力流动样本的省际分布看（见图 3.2），2011 年和 2017 年农村劳动力样本数量最大的均为广东省，但所占比例有所下降，从 2011 年的 9.147% 下降至 2017 年的 6.943%。此外，农村劳动力流动样本数量下降幅度较大的还有山东省，从 2011 年的 4.243% 下降至 2017 年的 1.933%，江西省从 2011 年的 3.837% 下降至 2017 年的 2.492%。而农村劳动力流动样本数量增加幅度较大的有浙江省，从 2011 年的 3.023% 上升至 2017 年的 3.987%；还有江苏省，从 2011 年的 4.564% 上升至 2017 年的 5.465%。

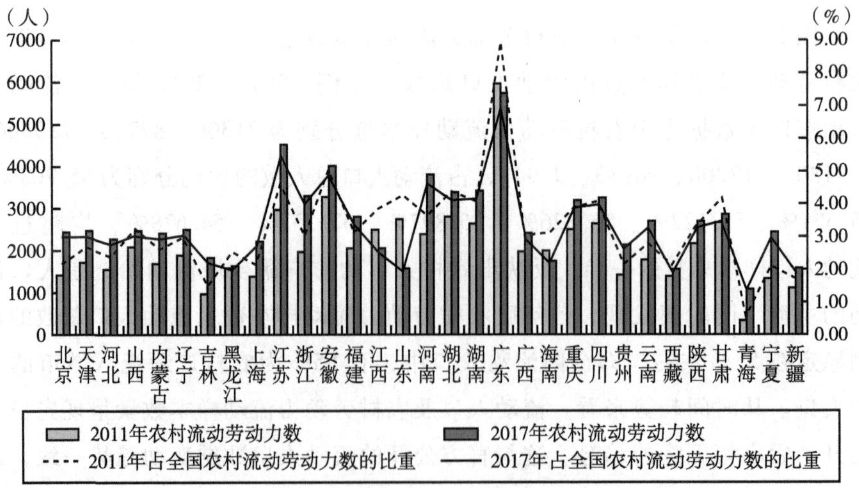

图 3.2　分省份农村流动劳动力数及其占比

如图 3. 3 所示，2011—2017 年根据流动范围的不同，农村劳动力流动样本可分为跨省流动和省内流动两类，其中跨省流动的分年度占比为：45. 493%、50. 552%、46. 840%、44. 330%、44. 497%、43. 155%、44. 776%，所占比例呈现先上升后下降的趋势，与 2011 年相比，2017 年跨省流动者所占比重下降了 0. 717 个百分点。从趋势上看，省内流动所占比重也呈现先上升、后下降的趋势，但总体趋势则有所上升。这一趋势反映了经济、政策和社会多方面的变化。随着东部沿海地区产业升级和成本上升，部分制造业和服务业向中西部地区转移，中西部地区就业机会增加，减少了农村劳动力跨省流动的需求。国家实施的乡村振兴战略和中西部崛起政策，促进了中西部地区的经济发展，提供了更多本地就业机会，吸引农村劳动力留在省内。随着农村劳动力生活水平的提升，与以往只看重工资收入不同，他们开始越来越重视家庭团聚和子女教育，而省内流动可以更好地兼顾家庭和生活质量。事实上，农村劳动力省内流动的增加有助于缩小区域发展差距，促进中西部地区的经济增长。此外，减少跨省流动还有助于增强家庭和社会的稳定性。随着乡村振兴和区域协调发展战略的深入推进，省内流动的趋势可能会进一步加强。

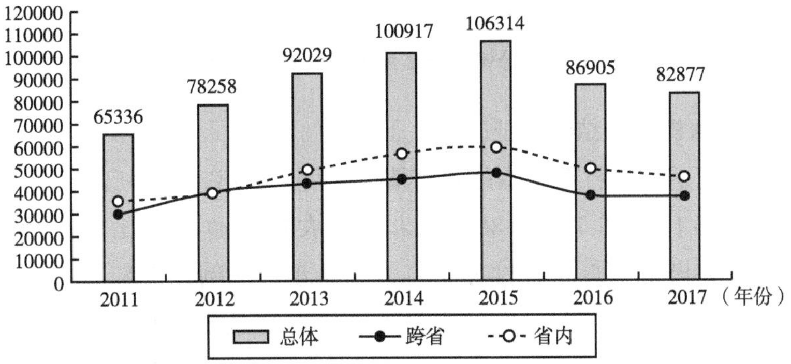

图 3. 3　省内流动和省外流动样本规模

图 3. 4 显示了不同省份跨省流动和省内流动样本规模分布情况，由于流入直辖市的农村劳动力均属于跨省流动，因此图 3. 4 中并未单独列出。2017 年，除直辖市以外，农村劳动力跨省流动样本量排在前三位的是：广东省（3841 个）、江苏省（2901 个）、浙江省（2663 个），与 2011 年农村劳动力跨省流动样本量排名前三位的省份一致，说明除北京、上海、天津和重庆之外，跨省流动的农村劳动力主要流向了这三个省份。2017 年，浙江省农村

劳动力跨省流动占比最高，有 80.599% 的农村劳动力来自外省，广东省和江苏省分别有 66.754% 和 64.054% 的农村劳动力来自外省。与 2011 年相比，浙江省农村劳动力跨省流动样本数增加最多，从 2011 年的 1611 个增加到 2017 年的 2663 个。其次为江苏省，从 2011 年的 2066 个增加到 2017 年的 2901 个。四川、海南和广东农村劳动力跨省流动样本数量则减少较多，与 2011 年相比，2017 年样本数分别减少了 421 个、363 个和 295 个。

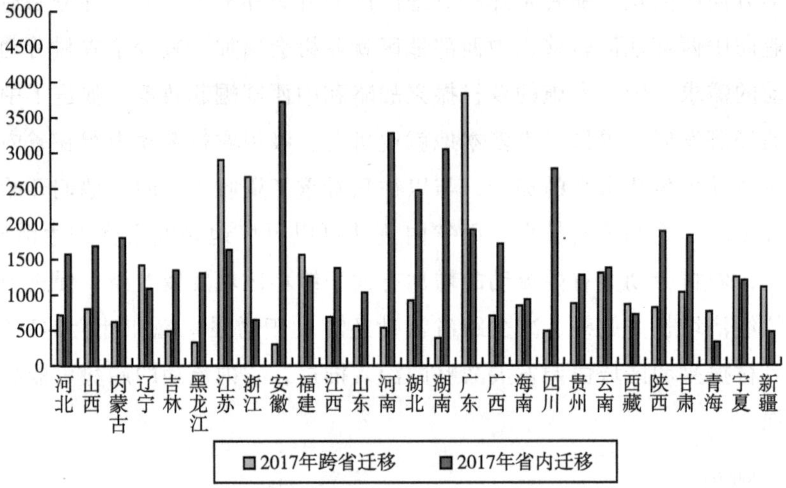

图 3.4 分省份跨省和省内流动样本规模

（2）流动样本的结构特征

图 3.5 显示了农村劳动力的婚育情况，可以看出，已婚已育的农村劳动力占比最高，比例在 70%—80%，未婚的农村劳动力占比较小，比例在 20% 左右，而已婚未育的农村劳动力占比最小，比例在 5%—7%。就演变趋势看，2011—2017 年，未婚的农村劳动力占比呈现先小幅上升、后下降的趋势，占比先从 2011 年的 21.38% 上升至 2014 年的 23.90%，随后下降至 2017 年的 15.59%。已婚已育的农村劳动力占比变动趋势与未婚者相反，占比呈现先下降后上升的趋势，从 2011 年的 73.79% 下降至 2014 年的 70.47%，再逐年上升至 2017 年的 78.83%。与 2011 年相比，已婚已育的农村劳动力占比共提高了 5.04 个百分点。受二孩政策的影响，2014 年后，已婚已育的农村劳动力占比有了明显提高。已婚未育的农村劳动力占比则总体上有所增加，从 2011 年的 4.83% 增加至 2017 年的 5.58%，共提高了 0.75 个百分点。

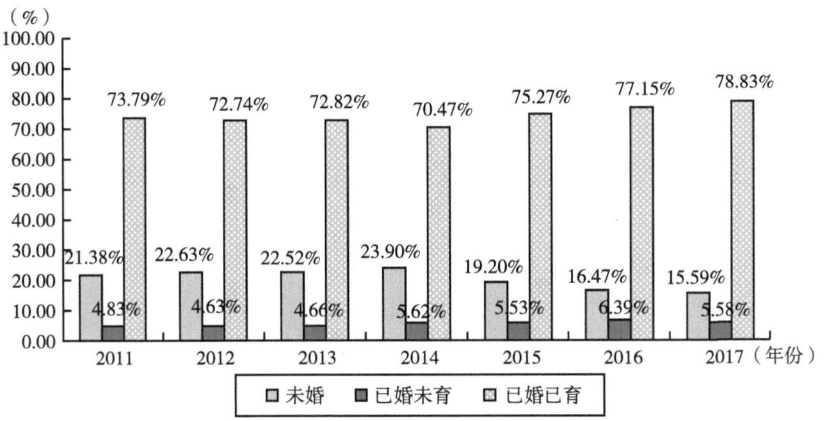

图 3.5　农村劳动力婚育和子女情况

图 3.6 显示了农村劳动力的流动原因。2017 年流动动因排在前三位的分别是务工/工作、经商和家属随迁，占比分别为 58.18%、26.84% 和 8.39%。其余社会型原因而流动的农村劳动力比例不到 7%。与 2013 年相比，2017 年因务工/工作而流动的比例降低了 31.94%，因经商而流动的比例增加了 21.34%，因家属随迁而流动的比例增加了 7.99%，2013—2017 年因为务工和经商而流动的分年度占比为：88.984%、88.304%、85.388%、84.835%、84.504%，年均占比在 85% 以上。务工、经商所占比重呈现逐年小幅下降的趋势。与 2013 年比，2017 年务工、经商所占比重下降了 4.48 个百分点。总的来说，农村劳动力务工/工作和经商等经济型原因而流动的比例有所下降，家属随迁等社会型原因而流动的比例有所提高。随着乡村振兴战略的实施和县域经济的发展，农村地区和非一线城市的就业机会增多，许多农村劳动力选择就近就业，减少了跨区流动。城乡收入差距逐步缩小，农村劳动力外出务工的经济驱动力减弱。随着农村劳动力对家庭生活的重视，越来越多人选择将家属带到工作地，将子女带到城市接受更好的教育，从而因家属随迁而流动的比例增加。这一变化有助于减少农村留守儿童和空巢老人问题，增强家庭稳定性，改善了农村劳动力的生活质量。农村劳动力的流动，也推动了以家庭为单位的新型城镇化进程，提高了城市化的质量。

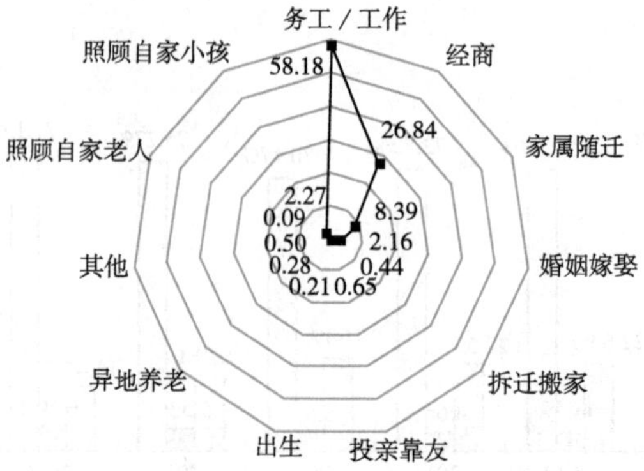

图 3.6　农村劳动力的流动动因分布

图 3.7 显示了农村劳动力的流动时间，农村劳动力流动时间在一年以下的短期流动的比例大幅下降，占比从 2011 年的 13.35% 下降至 2017 年的 6.85%，流动时间在 6 年以上的长期流动的比例则大幅提高，占比从 2011 年的 26.5% 上升至 2017 年的 37.2%，农村劳动力长期流动的趋势日益明显。这一趋势反映了农村劳动力流动的稳定性增强和就业模式的转变。随着家庭随迁趋势的增强，越来越多的农村劳动力选择将家属带到工作地，形成长期稳定的家庭生活模式，推动了长期流动比例的提高。各城市户籍制度改革和公共服务均等化政策，为农村劳动力在城市长期居住提供了保障。新生代农村劳动力更注重职业发展和技能提升，倾向于选择有长期发展空间的工作，而非短期临时性工作。长期流动比例提高有助于减少劳动力市场的波动性，为企业提供更稳定的劳动力供给。农村劳动力在城市长期居住，推动了以家庭为单位的新型城镇化进程，提高了城市化的质量。

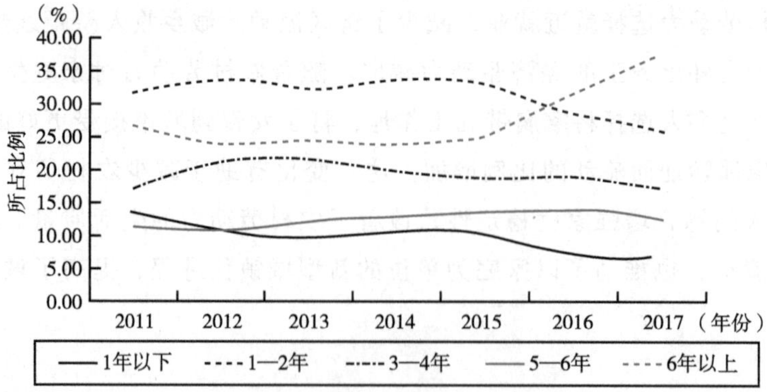

图 3.7　农村劳动力的流动时间分布

图 3. 8 显示了农村劳动力的性别分布图。农村劳动力的性别结构呈现男性略多于女性的特点，且比重趋于稳定。整体来看，男性农村劳动力占比有所下降，不过趋势上表现出了先上升、后下降的特点，占比先从 2011 年的 51. 72% 上升到 2014 年的 57. 56%，随后下降到 2017 年的 50. 73%。女性农村劳动力占比呈现先下降、后上升的趋势，2014 年达到最低值，占比为 42. 44%，2017 年提升到 49. 27%。随着服务业（如餐饮、零售、家电、电商等）的快速发展，女性在农村劳动力市场中的就业机会显著增加。这些行业对体力要求较低，更适合女性参与。随着农村劳动力流动模式的转变，越来越多的女性选择与配偶一起流动，形成家庭化迁移趋势，在城市安家后，更注重家庭与工作的平衡。性别比例平衡有助于劳动力资源的合理配置，满足不同行业对劳动力的需求。

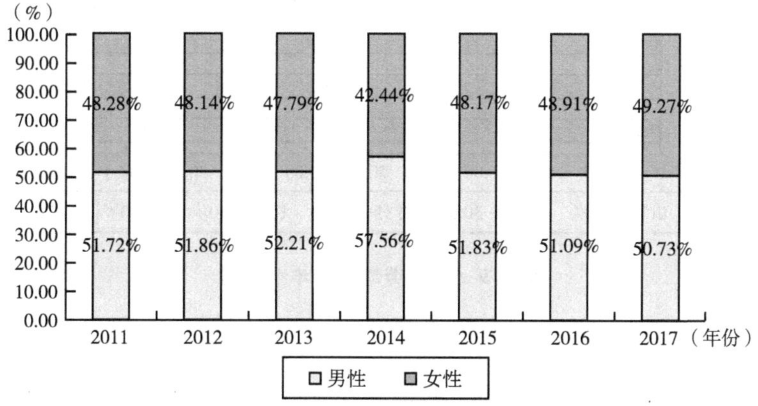

图 3. 8　农村劳动力的性别结构

图 3. 9 显示了农村劳动力的年龄结构分布图。2011—2017 年，农村劳动力的平均年龄由 34 周岁上升至 36 周岁。从年龄分组来看，50 周岁以上农村劳动力占比逐年提高，2017 年 50 周岁以上农村劳动力所占比重为 9. 98%，比上一年提高 1. 78 个百分点，比 2011 年提高 7 个百分点。41—50 周岁农村劳动力占比缓慢上升，2017 年占比为 22. 85%，比 2011 年提高了 2. 88 个百分点。15—20 周岁的农村劳动力占比逐年下降，与 2011 年比，2017 年占比下降了 3. 75 个百分点。21—30 周岁和 31—40 周岁的农村劳动力占比也有所下降，2017 年前者占比为 32. 89%，比 2011 年减少了 1. 46 个百分点；后者占比为 30. 84%，比 2011 年减少了 4. 68 个百分点。随着中国

人口老龄化加剧，50周岁以上人口在农村劳动力中的占比也随之上升。相比老一代农村劳动力，新生代农村劳动力更倾向于从事服务业或自主创业，而非传统的制造业和建筑业，进一步加剧农村劳动力群体的老龄化。老龄化农村劳动力占比增加，可能导致部分行业（如建筑业、制造业）面临“用工荒”问题，给劳动力市场、社会保障和经济发展带来挑战。未来，需要通过政策支持、技能培训和产业升级等措施，缓解老龄化带来的压力，同时推动农村劳动力群体的可持续发展。

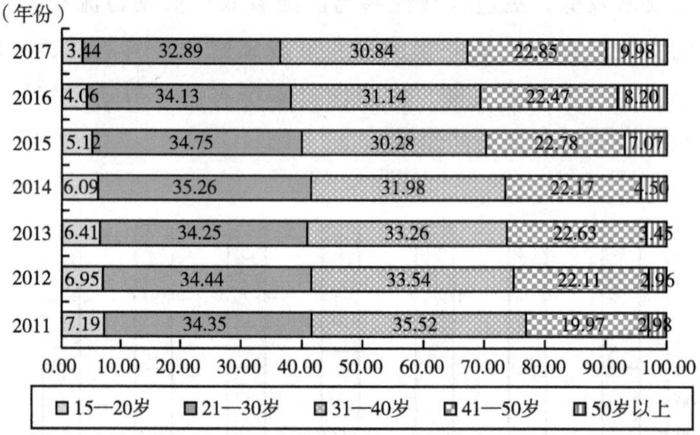

图3.9　农村劳动力的年龄结构

根据分地区年龄分布图3.10，东部地区农村劳动力年龄在15—35周岁的比例明显高于其他地区，而东北地区农村劳动力年龄在50周岁及以上区间的比例明显高于其他地区。按5个年龄分组看，年龄在15—20周岁的比例，最高是西部地区，为5.66%，其次是东部地区，再次是中部地区，分别为4.61%和5.15%，最低的是东北地区，为3.75%；年龄在21—30周岁的比例，最高的为东北地区，达37.43%，其次为东部地区，达34.49%，再次为中部地区，达32.81%，最低的为西部地区；年龄在31—40周岁的比例，最高的是东部地区，为31.78%，其次是中部地区，为31.21%，再次是东北地区，为29.41%，最低的为西部地区，为28.35%。41—50周岁的比例最高为西部地区，达24.70%，其次是中部地区，达23.76%，再次是东北地区，达23.42%，最低的为东部地区，为20.3%。年龄在51周岁及以上的比例，最高依然是东北地区，为11.98%，其次是西部地区，为8.33%，再次是中部地区，为5.90%，最低的为东部地区，为5.29%。显然，分地区看农村劳动力的年龄分布，东北地区的老龄化问题最严重，其次是中部地区，再次是西部地区，最后是东部地区。东北地区人口外流严重，年轻农村劳动力大量流向其他地区，导致地区内的劳动力以中老年为主。东部地区经济发达，吸引了大量年轻农村劳动力流入，尤其是服务业和高新技术产业对年轻农村劳动力需求较大。东部地区产业结构以服务业和高端制造业为主，对体力要求较低，更适合年轻农村劳动力就业。

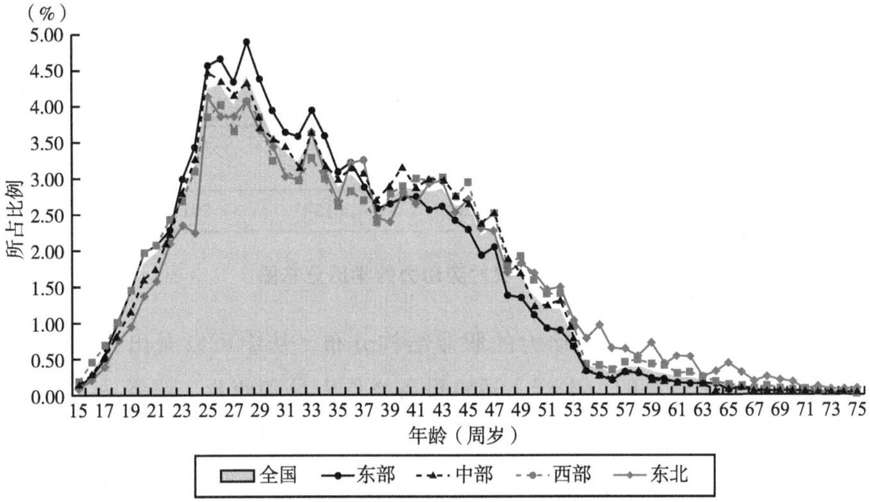

图 3.10 2017 年分地区年龄分布图

图 3.11 显示了 2011—2017 年农村劳动力的学历变化情况，分别选取 2011 年、2013 年、2015 年和 2017 年作为代表年份。从图 3.11 中可以看到，随着时间的推移，农村劳动力整体教育水平呈现上升态势，其中，初中及以下的农村劳动力比例在逐渐下降，高中及以上的农村劳动力比例在逐渐上升。经过计算，初中及以下学历的农村劳动力比例从 2011 年的 74.32% 下降到 2017 年的 64.21%，高中学历的农村劳动力从 2011 年的 16.17% 上升到 2017 年的 22.56%，大专及以上学历的农村劳动力从 2011 年的 9.51% 上升到 2017 年的 13.22%。近年来，虽然大专及以上高学历人口占农村劳动力的比重有所上升，但总的来看，农村劳动力的学历水平仍然以初中及以下为主，学历分布曲线呈右偏型分布。这反映了农村教育资源不足以及经济条件限制的现状。低学历限制了农村劳动力进入高技能、高收入行业的机会，导致其多集中在制造业、建筑业、服务业等低技能岗位。同时，低学历还会

限制农村劳动力的职业发展空间，难以适应产业升级和技术进步的需求。未来，需要通过加强教育投入，推广技能培训和推动产业升级等措施，逐步提升农村劳动力的就业竞争力和收入水平。

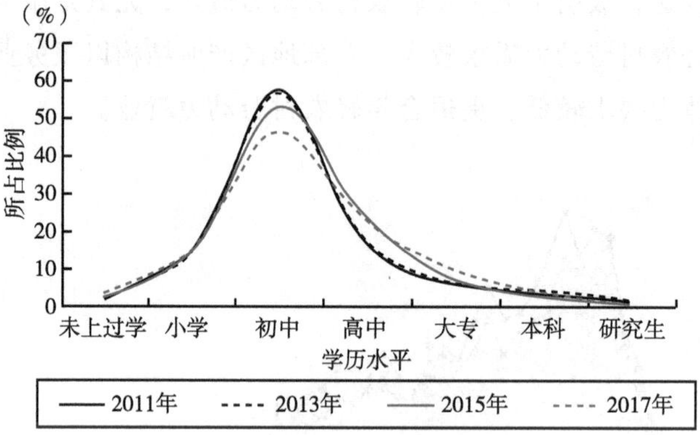

图 3.11　农村劳动力的学历分布图

图 3.12 显示了农村劳动力的职业结构分布，从中可以看出，农村劳动力职业类型占比最高的为生产、运输设备操作人员和商业、服务业人员。尤其在 2011 年，这两类职业所占比例分别为 20.95% 和 63.76%，两者占比之和达到 84.71%。与 2011 年相比，2017 年农村劳动力职业类型为生产、运输设备操作人员的比例略有下降，占比降低了 3.36 个百分点；农村劳动力职业类型为商业、服务业人员的比例则有所上升，占比提高了 4.64 个百分点。农村劳动力从事高端职业的比例较低，其中专业技术人员的占比在 7% 左右，公务员、办事人员和有关人员的占比在 1%—2%，而国家机关、党群组织和企事业负责人所占比例不到 0.5%。当前，传统制造业向自动化、智能化转型，减少了对低技能劳动力的需求，导致生产操作类岗位减少。随着经济结构转型，互联网经济兴起，电商、外卖等新兴行业的快速发展，为农村劳动力提供了灵活就业的机会，尤其是年轻一代的农村劳动力更倾向于从事这些行业。农村劳动力职业类型向商业、服务业倾斜，反映了中国经济结构转型和劳动力市场的变化。这一趋势能够大大提升农村劳动力的收入水平和就业质量。未来，随着服务业的进一步发展和新兴业态的崛起，农村劳动力的就业结构将持续优化。

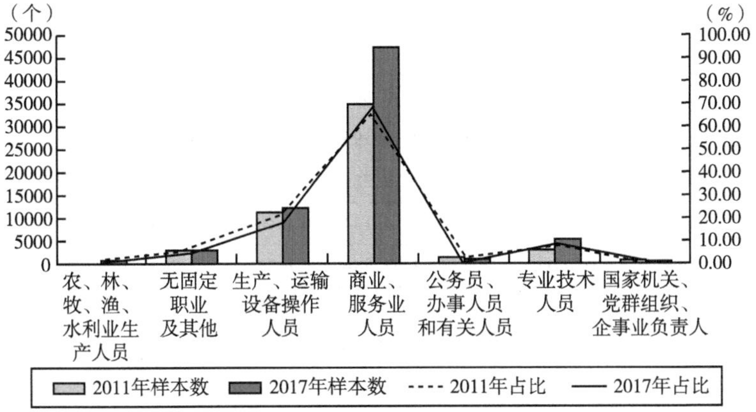

图 3.12　农村劳动力的职业结构

已有文献在研究农村劳动力经济行为特征时，通常把农村劳动力分为两类，出生年份在 1980 年以前的为老一代农村劳动力，出生年份在 1980 年及以后的为新生代农村劳动力。作为改革开放后出生的一代群体，新生代农村劳动力就业观念可能与老一代存在一定的差异。本书中，2011—2017 年分年度新生代农村劳动力占全国农村劳动力总量的比重为：45.021%、48.076%、51.268%、55.427%、56.151%、58.362%、59.347%，占比从 2012 以后均超过一半，1980 年及以后出生的新生代农村劳动力已逐渐成为农村劳动力的主体。本书计算了新生代和老一代农村劳动力在 2011—2017 年行业分布情况，具体如表 3.1 所示。

表 3.1　分年份、出生组农村劳动力行业构成　（单位：%）

出生组	行业分布	2011 年	2012 年	2013 年	2014 年	2015 年	2016 年	2017 年
老一代	农业	1.923	3.191	2.772	4.319	2.428	2.595	2.381
	工业	14.617	13.694	13.180	10.885	12.527	10.278	9.001
	建筑业	13.254	13.129	12.264	10.353	8.847	9.986	9.519
	运输业	5.337	5.087	4.512	4.509	4.081	4.405	3.654
	服务业	64.869	64.899	67.272	69.935	72.117	72.736	75.445
新生代	农业	0.558	1.220	1.253	1.927	0.936	1.112	1.007
	工业	21.740	20.624	19.322	15.301	17.311	14.153	15.205
	建筑业	7.279	7.252	6.982	6.696	5.228	6.145	6.028
	运输业	4.091	4.229	3.767	3.769	3.239	3.807	3.380
	服务业	66.332	66.675	68.676	72.307	73.286	74.784	74.381

续表

出生组	行业分布	2011 年	2012 年	2013 年	2014 年	2015 年	2016 年	2017 年
总体	农业	1.318	2.256	2.001	3.018	1.602	1.738	1.563
	工业	17.776	16.980	16.295	13.286	15.174	12.518	12.691
	建筑业	10.604	10.342	9.585	8.364	6.844	7.765	7.442
	运输业	4.784	4.680	4.134	4.106	3.615	4.059	3.491
	服务业	65.518	65.741	67.984	71.225	72.764	73.920	74.812

就总体农村劳动力从事的行业分布来看，第一大行业为服务业，各年份比值均在 60% 以上，说明服务业已成为农村劳动力就业行业的主体，2011—2017 年服务业所占比例分别为：65.518%、65.741%、67.984%、71.225%、72.764%、73.920%、74.812%，呈现逐年上升的趋势。与 2011 年比，2017 年服务业占比增加了 9.294 个百分点。第二大行业为工业，2011—2017 年占比分别为：17.776%、16.980%、16.295%、13.286%、15.174%、12.518% 和 12.691%，总体呈现递减的趋势，7 年间占比共下降了 5.085 个百分点。第三大行业为建筑业，2011—2017 年占比分别为：10.604%、10.342%、9.585%、8.364%、6.844%、7.765% 和 7.442%，占比也呈递减的趋势。与 2011 年比，2017 年建筑业占比下降了 3.162 个百分点。同样，运输业占比也表现为逐渐下降的趋势，2011—2017 年，共下降了 1.293 个百分点。与其他行业趋势变动不同的是农业，农业占比在时间趋势上表现出先增后减的倒“U”形趋势。总之，农村劳动力的行业分布以服务业、工业和建筑业为主，但工业和建筑业的比重有所下降，而服务业比重逐年上升。

从不同出生组来看，老一代和新生代农村劳动力从事行业分布前三位的均为服务业、工业和建筑业，老一代农业转移人口服务业占比区间为[64.869, 75.445]，新生代农村劳动力服务业占比区间为[66.332, 74.381]，两代农村劳动力服务业占比差距不大，各年度差值波动在 1—3 个百分点，但在工业和建筑业上的占比方面，两代人差距较为明显。其中，老一代农村劳动力在 2011—2017 年的工业占比分别为：14.617%、13.694%、13.180%、10.885%、12.527%、10.278% 和 9.001%，新生代农村劳动力分年度工业占比分别为：21.740%、20.624%、19.322%、15.301%、17.311%、14.153% 和 15.205%。新生代农村劳动力从事工业的比例明显高于老一代农村劳动力，如 2017 年新生代比老一代高 6.204 个百分点。从趋势上，老一代和新生代农村劳动力从事工业的比例在逐渐下降。同样地，老一代和新生代农村劳动力从事建筑业的比例也在逐渐下降，老一代建筑业所占比例由 2011 年的 13.254% 下降至 2017 年的 9.519%，7 年降幅达到 3.734 个百分点。2011—2017 年新生代农村劳动力的分年度占比分别为：7.279%、7.252%、6.982%、6.696%、5.228%、6.145% 和 6.028%，7 年间下降了 1.252 个百分点。总的来说，虽然老一代和新一代农村劳动力从事工业和建筑业的比例均有所下降，但老一代农村劳动力在工业和建筑业方面的选择并无明显差距，而新生代农村劳动力明显更偏好工业，新生代农村劳动力从事建筑业的占比不到工业的一半。

总之，农村劳动力主要集中在建筑业、制造业和服务业等劳动密集型行业，其中，占比最高的为服务业，占比高达 60% 以上，说明服务业已成为农村劳动力就业行业的主体。分人群来看，老一代农村劳动力在工业和建筑业方面的选择并无明显差距，而新生代农村劳动力明显更偏好工业，新生代农村劳动力从事建筑业的占比不到工业的一半。从教育水平来看，老一代农村劳动力学历普遍较低，更多从事体力劳动，无论是工业还是建筑业，工作性质相似，对技能要求不高。而新生代农村劳动力接受的教育水平普遍高于老一代，能够胜任技术要求较高的工业岗位。从就业观念来看，老一代农村劳动力对工作环境的期望较低，更关注收入的持续性，工业和建筑业的收入水平相近，因此选择上没有明显偏好。相比建筑业，工业领域的工作环境相对稳定，劳动强度适中，且通常有较好的福利待遇，工业领域往往还会提供更多的职业培训和晋升机会，符合新生代对工作条件的要求。

（3）流动样本的收入状况

从以上分析已了解农村劳动力流动特征和个体基本特征，那农村劳动力的工资收入如何？不同类型的农村劳动力收入水平之间又存在怎样的差异？根据明瑟收入方程，教育和经验是决定收入水平最重要的因素。此外，性别、就业身份和迁移范围等因素也会影响农村劳动力的工资收入。接下来，本书先后根据教育程度、年龄、性别和就业身份等进行分类，考察农村劳动力工资收入如何受这些因素的影响。

如农村劳动力工资收入与教育程度之间的关系图 3.13 显示，随着农业转移人口学历水平的提升，其工资收入水平明显呈现上升趋势。以 2017 年数据为例，学历水平为小学及以下时，工资水平仅为3440.07元；当学历水平提高到初中时，工资水平也相应升至4160.48元；当学历水平提高到高中时，工资水平会提高到4580.76元；当学历水平进一步提高到大专及以上时，工资水平会升至5111.77元，这一工资水平较小学者高1671.69元，较初中学历者高951.29元，较高中学历者高531.00元。显然，教育在提高农业转移人口工资收入水平方面有着重要的作用。按时间趋势来看，2011—2017年大专及以上学历者工资水平呈现逐年上涨的趋势，分年度收入水平分别为：2517.35元、3235.55元、3311.93元、4084.80元、4648.40元、4816.69元和5111.765元。高中及以下学历者工资水平在2011—2015年稳步上升，但在2016年有一定的下降，其中，小学及以下学历者下降的幅度最大，与2015年比，小学学历者工资水平下降了253.50元。随着时间的推移，不同学历层次间的工资差距在逐渐拉大，2011年大专及以上学历者比小学及以下学历者的工资收入高502.50元，到了2017年，这一差距被拉大至1671.69元，收入差距扩大了3倍以上；2011年大专及以上学历者比高中学历者的工资收入高225.52元，2017年则比其高531.00元，收入差距扩大了两倍以上。高中学历和初中学历者收入差距也在逐年增加，但收入差距在各学历组之间最小，2011—2017年，这一收入差距分别为122.06元、193.17元、139.91元、221.39元、202.21元、296.07元和420.29元。总之，教育不仅在提高农业转移人口工资收入水平方面有着重要的作用，且这一作用随时间的推移越来越重要。从长期看，提高农业转移人口工资收入水平的关键还是要增加受教育年限，从而提高其学历水平。

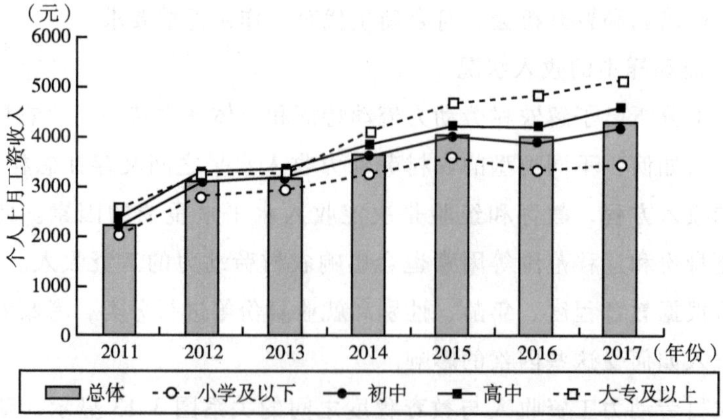

图3.13　分年份农村劳动力工资收入与教育程度的关系

图 3.14 绘制了以 2017 年数据为参考的农村劳动力工资水平与其年龄的关系，从图 3.14 中可以看到，随着年龄的增长，农村劳动力工资水平呈现一种倒“U”形上升的趋势，与生命周期假说相吻合，总体工资水平最高的年龄段出现在 31—35 周岁，为 4057.97 元。在 31—35 周岁年龄组之前，随着年龄的增加，工资水平逐渐上升，但在 31—35 周岁年龄组之后，工资水平呈逐渐下降的趋势。显然，这一下降趋势反映出农村劳动力主要以出卖体力为手段来赚取工资，农村劳动力早在 35 周岁之前就达到工资水平的峰值，而以年龄衡量的工资经验并未在这里体现，说明农村劳动力工作质量偏低，缺乏职业发展和工资增长的空间。分性别来看，男性和女性农村劳动力工资水平最高的年龄段也都是出现在 31—35 周岁，相应工资水平分别为 4525.75 元和 3380.10 元，男性工资比女性高 1145.65 元。同时，在各个年龄段上男性的工资水平也都高于女性，分年龄段的性别收入差距分别为：113.09 元、480.21 元、932.11 元、1145.65 元、1088.74 元、1065.26 元、850.07 元和 780.931 元，性别收入差距随着年龄的增加，呈现出先逐步增加后小幅缩小的趋势，性别收入差距最大的年龄段出现在 31—35 周岁，即当男性和女性处在各自收入高峰处的年龄段内，收入差距也最大。

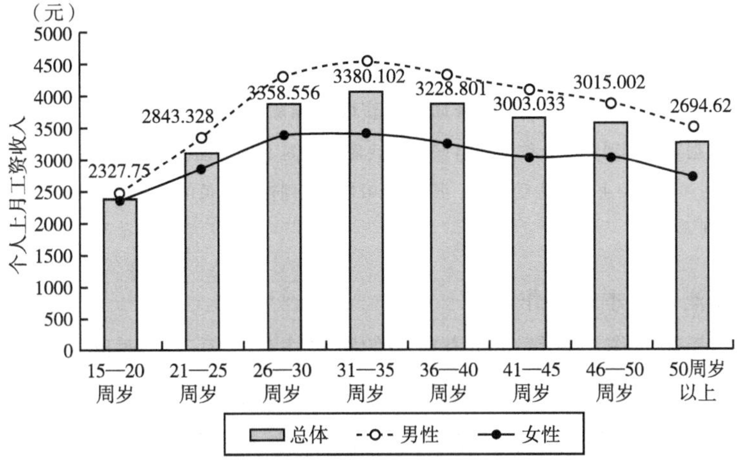

图 3.14　2017 年农村劳动力工资收入与性别的关系

根据图 3.15，农业转移人口在 2012—2017 年取得的月工资收入分别为 3110.091 元、3214.826 元、3691.261 元、4096.486 元、4023.467 元和 4283.579 元，农业转移人口的收入水平呈现稳步上升的趋势。根据就业身份的不同，农业转移人口可分为自雇者和受雇者两类，其中受雇者的分年度占比为：53.776%、54.153%、53.470%、52.255%、52.826%、54.881%，各年份受雇者比例较为稳定，占比大小略高于自雇者。从两类农业转移人口的分年度收入水平看，2012—2017 年自雇者的收入水平要明显高于受雇者，两类农业转移人口的收入差距区间为［987.76，1431.16］。朱志胜（2018）首次对农民工自我雇佣者的收入效应进行了实证检验，结果发现与受雇者相比，自雇农民工的月均收入比前者要高出10%—35%。自我雇佣活动能够为农民工带来更高的收入回报，成为农民工实现向上流动的可行途径之一。

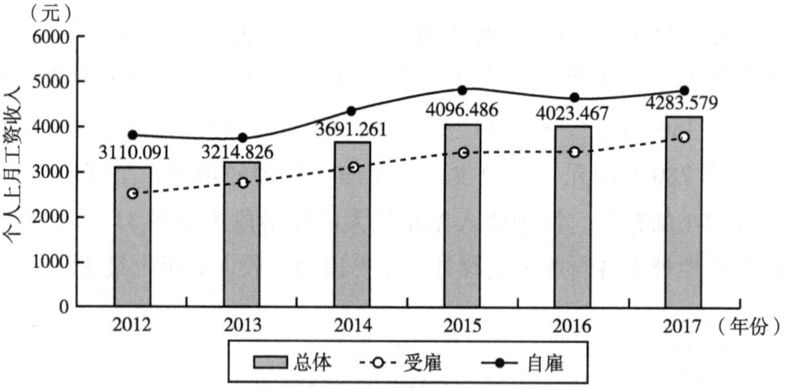

图 3.15　农村劳动力工资收入与就业身份的关系

注：根据联合国和经济合作发展组织对自我雇佣的定义，将雇主和自营劳动者归为自雇者，将有固定雇主和临时雇主者归为受雇者。其中，2011 年仅调查了雇员的收入，缺少自雇者的收入信息，因此未列入图中。

（4）流动样本的工作时间

农村劳动力作为城镇劳动力市场的重要主体，其工作时间过长的问题较为普遍，这在一定程度上损害了其身心健康，降低了工作质量。本书结合劳动法关于劳动时间的规定以及已有文献的做法（郭凤鸣和张世伟，2021等），将农村劳动力的周工作时间分成四组，即周工作时间小于或等于 44 小时、45—50 小时、51—62 小时以及 62 小时以上，对应适度劳动、轻度过度劳动、中度过度劳动和重度过度劳动四种情况。同时，结合农村劳动力的个人属性，分别计算每组工作时间的分布情况。表 3.2 给出了基于 2015—2017 年数据计算得出的农村劳动力工作时间的统计结果。

表 3.2　　分性别、年龄工作时间和小时工资分布

性别	工作时间占比（%）	2015 年	2016 年	2017 年	小时工资（元）	2015 年	2016 年	2017 年
男性	≤44	24.714	25.019	21.473	≤44	41.601	42.961	48.111
	45—50	19.026	17.291	14.578	45—50	21.605	22.854	24.338
	51—62	26.088	24.405	22.914	51—62	19.035	18.963	20.268
	>62	30.173	33.285	41.034	>62	15.802	14.726	15.156
女性	≤44	25.763	28.854	25.958	≤44	30.998	32.708	34.146
	45—50	19.949	17.679	15.700	45—50	16.759	16.777	17.475
	51—62	25.577	23.015	21.696	51—62	14.766	14.577	14.652
	>62	28.711	30.453	36.647	>62	12.721	11.828	11.899
总体	≤44	25.162	26.684	23.424	≤44	36.965	38.147	41.379
	45—50	19.420	17.459	15.066	45—50	19.479	20.184	21.227
	51—62	25.870	23.802	22.384	51—62	17.232	17.122	17.900
	>62	29.549	32.055	39.126	>62	14.523	13.531	13.829

注：关于劳动者周工作时间，不同年份 CMDS 询问方式有所不同。在 2014 年以前，调查的是“平均每周工作时间”，自 2015 年开始，调查问题更换为“这周工作时间”，为了保证数据的一致性，仅选取 2015 年及以后的数据展开分析。

先从总体农村劳动力工作时间的分布看，2015—2017 年，总体农村劳动力的周工作时间分别为 55.46 小时、55.75 小时和 58.46 小时，均属于重度过度劳动，说明中国农村劳动力整体工作状态不容乐观，不仅工作时间过长，而且随着时间推移，工作时间还被继续拉长，与 2015 年比，2017 年整体平均周工作时间提高了 3 小时。分工作时间组来看，2015 年总体农村劳动力工作时间在 62 以上小时的占比最高，为 29.55%，其次是 51—62 小时组，占比为 25.87%，再次为小于等于 44 小时组，占比为 25.16%，占比最低的为 45—50 小时组。随着时间推移，小于等于 44 小时组、45—50 小时组和 51—62 小时组的占比均有所下降，而 62 以上小时组的占比则有所提高，这说明总体农村劳动力工作时间被拉长主要是因为重度过度劳动的比例变大，与 2015 年相比，2017 年重度过度劳动的比例增加了 9.58 个百分点。比较总体农村劳动力不同工作时间组内的小时工资可以发现，小时工资并没有伴随工作时间的提高而增加，反而是随着农村劳动力劳动强度的增加而逐渐递减，即农村劳动力延长时间的工资水平低于基本小时工资水平。结合不同工作时间组不同年份的小时工资看，适度劳动、轻度过度劳动和中度过度

劳动的小时工资均有一定的增加，而重度过度劳动的小时工资却在下降。与2015 年比，2017 年适度劳动组小时工资增加得最多，增加了 4. 41 元，轻度过度劳动组和中度过度劳动组分别增加 1. 75 元和 0. 67 元，重度过度劳动组则下降了 0. 69 元。

分性别来看，2015—2017 年男性和女性周工作时间分别为：55. 64 小时、56. 27 小时、59. 24 小时和 55. 22 小时、55. 09 小时、57. 43 小时，男性周工作时间多于女性。2015 年男性农村劳动力工作时间在 51—62 小时和 62 小时以上组的占比最高，说明男性中度过度和重度过度劳动者所占比重较高，而女性农村劳动力则主要分布在小于等于 44 小时和 62 小时以上组，说明女性劳动时间的分布呈现两极化，舒适劳动和重度过度劳动者占比较高。随着时间的推移，男性农村劳动力工作时间在舒适劳动组、轻度劳动组和中度劳动组的比重均有所下降，其中，轻度劳动组下降的幅度最大，占比下降 4. 45%，舒适劳动组下降了 3. 24%，中度劳动组下降了 3. 17%，而重度劳动组占比则提高了 10. 86%。与男性不同的是，女性舒适劳动组和重度过度劳动组的占比有所提高，与 2011 年比，2017 年分别提高了 0. 20% 和 7. 94%，轻度和中度过度劳动组的占比有所下降，2017 年比 2011 年分别下降了 4. 25% 和 3. 88%。总的来说，男性和女性农业转移人口工作状态都有不同程度的恶化，男性和女性重度劳动者的比例都有增加，但女性舒适劳动者占比有小幅提高，表明仅有少量女性的工作状态得到改善。对比男性和女性小时工资水平，发现男性在各个年份不同工作状态下的小时工资水平均高于女性，其中舒适组的性别收入差距最大，2015 年男性舒适组小时工资比女性高 10. 60 元，且这一差距随时间推移还有所增加，2017 年舒适组性别收入差距提高到 13. 97 元。重度劳动组的性别收入差距最小，2015 年男性重度劳动组小时工资比女性高 3. 08 元，2017 年为 3. 26 元。

由于农村劳动力的个体特征是决定其工作时间的重要因素，本书进一步给出了不同教育程度和年龄段农村劳动力工作时间分组占比的统计结果，并将结果绘制成图 3. 16 和图 3. 17。从图 3. 16 中可以看到，不同学历水平的农村劳动力工作时间分布差距较大。随着学历水平的提升，舒适劳动组所占的比例整体呈现逐渐上升的趋势，而重度过度劳动组所占比例变动趋势正好与舒适组相反，呈现逐渐下降的趋势。农村劳动力的工作时间与教育程度之间满足负相关关系，低学历组重度过度劳动所占比例较大，其中，小学学历重度过度劳动占比为 46. 21%，初中为 50. 06%，高中为 45. 55%，比值均在 45% 以上。高学历组舒适劳动所占比例较大，大专学历舒适劳动占比为 42. 13%、59. 18%、61. 27%。这说明农村劳动力整体工作时间过长的主要原因还是受教育程度偏低，农村劳动力的学历水平仍然以初中及以下为主。各学历组轻度过度劳动和中度过度劳动所占比例的差距并不明显，所占比例波动区间为［10. 83%，23. 724%］。其中，轻度过度劳动占比随学历水平的提高整体呈上升趋势，研究生比小学及以下组高 3. 41 个百分点；中度过度劳动占比随学历水平的提高整体呈下降趋势，研究生比小学及以下组低 10. 35 个百分点。

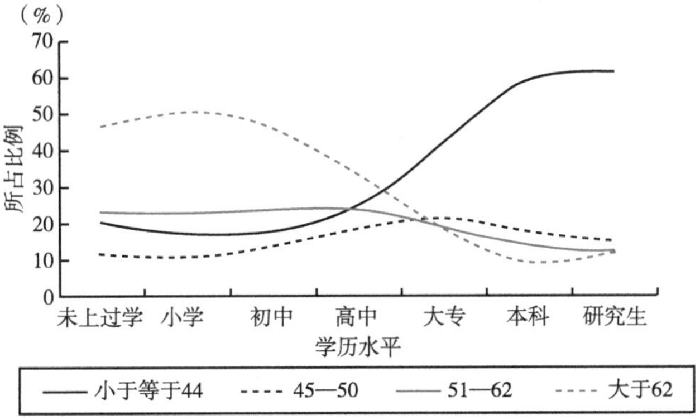

图 3. 16　2017 年分学历组劳动时间所占比例

从农村劳动力不同年龄组来看，各个年龄组重度过度劳动所占比重均是最高的，且随着年龄的增加，重度过度劳动所占比重逐渐提高，与其他劳动时间组别的差距也越来越大。年龄在 41 周岁以上的农村劳动力重度过度劳动所占的比重最高，其中，41—45 周岁年龄组占比为 46. 071%、46—50 周岁年龄组占比为 48. 661%、51 周岁以上年龄组占比为 45. 208%，41 周岁以上年龄组重度过度劳动所占比例均在 45% 以上，即近一半的人口都处于重度过度劳动状态；舒适劳动占比随着年龄增加呈现先增后减的趋势，21—25 周岁和 26—30 周岁年龄组舒适劳动所占的比重最高，分别为 28. 86% 和 28. 69%，31 周岁以后农村劳动力舒适劳动的比例逐渐下降；随着年龄的增加，轻度过度劳动和中度过度劳动所占比例逐渐下降，50 周岁以上年龄组轻度过度劳动所占比例比 15—20 周岁年龄组低 0. 60%，50 周岁以上年龄组中度过度劳动所占比例比 15—20 周岁年龄组低 4. 44%。

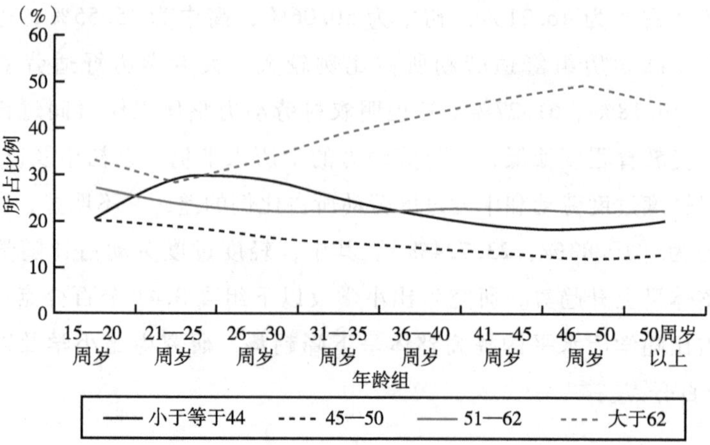

图 3.17 2017 年分年龄组劳动时间所占比例

3.3 农村劳动力流动的空间分布

3.3.1 研究方法

通过计算全局 Moran's I 指数测度省域农村劳动力的全局空间自相关性，从而判断农村劳动力流动与邻近地区空间是否有关。计算公式如下：

$$I = \frac{n\sum_{i=1}^{n}\sum_{j=1}^{n}W_{ij}(x_i - \bar{x})(x_j - \bar{x})}{\sum_{i=1}^{n}(x_i - \bar{x})^2(\sum_{i=1}^{n}\sum_{j=1}^{n}W_{ij})} \tag{3.1}$$

式（3.1）中，I 为全局 Moran 指数；n 为研究省域数量；x_i 、x_j 分别表示省区 i 和 j 的农村劳动力流动数量；W_{ij} 为空间权重矩阵；$\bar{x}$ 为省域农村劳动力流动数量的平均值；I 的取值在 [−1，1]，当 Moran's I >0 时，表示省域农村劳动力流动水平呈空间正相关，农村劳动力在空间上倾向于集聚；当 Moran's I <0 时，省域农村劳动力流动水平为空间负相关，其分布表现为离散状态，I 的绝对值越趋近于 0，表示省域农村劳动力流动趋于随机分布，越接近于 1，说明空间相关性越强。

3.3.2 空间分布特征

为了准确地了解农村劳动力流动在各省市的集聚程度，本书采用莫兰指数分析全国农村劳动力流动的分布情况，图 3.18 和图 3.19 分别为 2011 年和 2017 年农村劳动力流入省份的莫兰散点图。从中可以看出，2011 年和 2017 年省级流入农村劳动力全局莫兰指数分别为 0.031 和 0.007，分别在 1% 和 10% 的水平上显著为正，说明农村劳动力流入省份呈现明显的空间集聚特征，且随着时间的推移，这种空间集聚性有所下降。2011 年，农村劳动力呈现高高集聚的地区有海南、江西、湖南、重庆、河南、云南、四川、湖北、江苏、安徽和广东，形成华南、华东、华中和西南四个集聚地带。呈现低低集聚的主要集中在北方地区，如吉林、内蒙古、黑龙江、山西等。到了 2017 年，农村劳动力呈现高高集聚的地区减少为 8 个，分别是浙江、重庆、四川、湖北、湖南、安徽、云南、河南。呈现低低集聚的仍然以吉林、内蒙古、黑龙江、山西等省份为主。说明近年来，农村劳动力流动地理上的集聚程度有所下降，农村劳动力分布更加分散。这一变化的原因来自多方面：一是政策方面的引导。中小城市已基本放宽落户限制，使农村劳动力更容易在中小城市定居，减少向大城市的过度集中。二是经济结构的调整。部分制造业和服务业从东部沿海向中西部内陆转移，带动农村劳动力向这些地区流动。三是数字技术的普及。随着互联网、数字技术的发展，灵活就业逐渐兴起，减少了农村劳动力对地理集聚的依赖。四是农村劳动力的就业观念发生变化。新生代农村劳动力更注重工作和生活的平衡，不再集中流向少数大城市，而是向多个区域中心城市或城市群分散。农村劳动力流动的地理集聚程度下降，是政策引导、产业转移、数字技术和社会观念变化等多重因素共同作用的结果。这一趋势有助于推动区域经济均衡发展，也缓解了部分超大城市的压力。未来，随着经济的持续发展，农村劳动力流动的空间分布将更加合理和多样化。

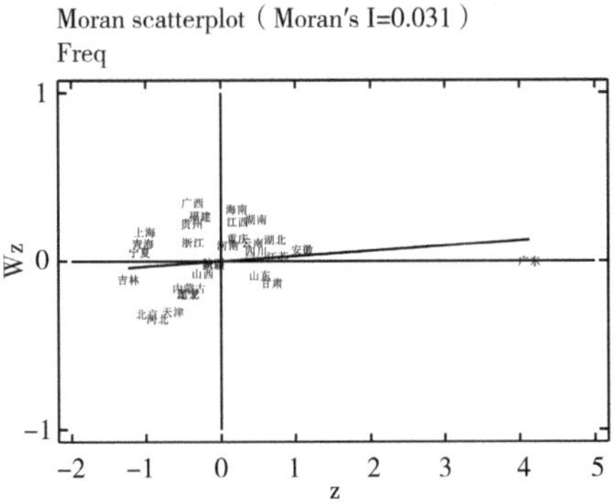

图 3.18　2011 年农村劳动力流动莫兰指数

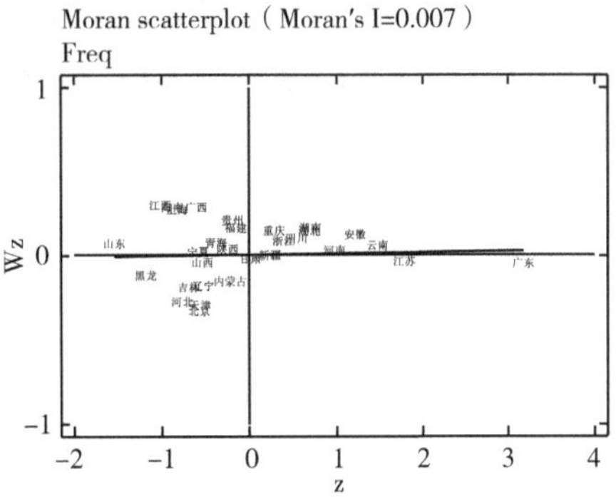

图 3.19　2017 年农村劳动力流动莫兰指数

通过本章研究发现，农村劳动力规模较大，分区域看，农村劳动力主要分布在东部沿海等经济发达地区；选择省内流动的比例高于省外流动，且随着区域经济的发展和交通条件的改善，省内流动比例随着时间推移呈现小幅增加的趋势；已婚已育的农村劳动力占比在70%以上；农村劳动力主要是因为务工/工作和经商而流动，但因社会型因素而流动的比例有所增加；农村劳动力1年以内短期流动的占比下降明显，6年以上长期流动的占比上升趋势显著，与老一辈农民工相比，新生代农民工更倾向于长期流动，而非传统的季节性、短期性流动。近年来，农村劳动力呈现出明显的老龄化的趋势，50周岁以上农村劳动力占比逐年提高；女性农村劳动力的流动比例有所增加，性别比例更趋平衡。新生代农民工（“80后”“90后”）成为流动主力。农村劳动力整体学历水平呈现提高的趋势，但学历水平仍然以初中及以下为主，越来越多的农村流动劳动力完成了高中或中等职业教育，部分人甚至接受了本科或研究生教育。未来，农村流动劳动力对工作环境、薪资待遇和发展机会的期望可能更高。农村劳动力群体从事商业与服务业人员和生产、运输、建筑和其他有关人员的比例最高，从事高端职业的占比较少，反映了农村劳动力技能水平的限制。未来，需要通过加强职业教育、推动管产业升级和政策支持等措施，逐步改善农村劳动力的职业分布，提升其就业竞争力和收入水平。

近年来，农村劳动力流动的地理集聚程度有所下降。2011年，农村劳动力更偏好广东、浙江和江苏等地，到了2017年，流向广东的比例有所降低，流向江浙地区的比例则持续增加。这些地区除了具有较高的工资水平之外，是否还拥有其他方面的优势？这些优势是否是吸引农村劳动力流入的重要因素？接下来，本书将通过测度地区代际收入流动水平来考察这些地区所在城市是否具有机会环境优势，并在此基础上，进一步探究城市代际收入流动性如何影响农村劳动力流入及其影响机制。

第 4 章

地区代际收入流动性测度

在数字时代，信息技术的快速发展深刻改变了社会结构和经济形态，同时也对地区代际收入流动性产生了深远影响。代际收入流动水平代表着一个地区经济机会结构的开放性，对地区的长远发展及个人经济行为有着重要影响。代际收入流动水平越高，意味着父代收入对子代收入的影响越弱，地区社会经济活力越强。代际收入流动水平越低，说明代际收入传导关系越强，一定程度上抑制了经济地位获取机制的公平性和公正性，导致地区经济效率的损失。提升地区代际收入流动性能有效调动社会各阶层尤其是中低收入阶层的积极性，让他们对未来充满希望，增强个人通过努力奋斗改变命运的动力，进而有助于实现人的全面发展。习近平总书记指出，“要为人民提高受教育程度、增强发展能力创造更加普惠、公平的条件”，“要防止社会阶层固化，畅通向上流动通道，给更多人创造致富机会，形成人人参与的发展环境”。新时代共同富裕的发展目标是要增强区域发展的平衡性，合理减少因区域差异所引发的收入分配上的不平等，引导个体和其他生产要素在各区域间自由流动，并在经济运行的各个环节获得较为公平的回报，促进社会公平、正义，实现更平衡、更协调、更包容的发展，为人的全面解放创造社会条件。在数字经济背景下，测度地区代际收入流动性，对于构建合理、公正、畅通、有序的社会性流动格局，释放和增强社会发展活力、促进经济长期发展和实现共同富裕具有重要意义。

已有文献对中国代际收入流动水平及其传递机制进行了大量的研究，阐明了中国整体代际收入流动水平的基本特征。这类研究将国家视为一个同质化的整体，却忽视了国家内部的差异。近年来，代际收入流动研究聚焦于空间维度的异质性（Chetty，2018）。布沙（2021）等揭示了英国代际收入流动的地区差异。国内学者王伟同（2019）、王元超（2024）等利用社会经济地位指标，发现中国代际流动水平也存在显著差异，但尚未有文献从代际收入流动视角进行测度。由于代际收入流动关注收入分配的代际传递，因此更能反映经济层面的机会公平性。中国作为一个大国，不同地区间经济社会结构差异很大。各地区不同的代际收入流动水平可能会对人口流动和经济发展产生重要影响。若仅考察中国整体的代际收入流动状况，则无法了解中国内部地区间代际收入流动的差异，因此准确刻画和认识地区间代际收入流动水平十分重要。

对于代际收入流动性的度量，已有文献虽然普遍使用代际收入弹性法来进行测度，但基于代际收入弹性的流动性研究存在计量偏误等缺陷。包括：第一，子代收入与父代收入之间的关系是非线性的，因而弹性线性模型显然不能很好地拟合现实状况；第二，弹性线性模型无法直接处理收入为零及收入较低的样本，相关文献通常的做法是将这类样本直接删除或者替换为某一固定收入，但在不同的处理办法下，得到的估计值波动幅度较大。Chetty 等（2014）在对零收入和低收入样本采取不同的方法处理后，得到的代际收入弹性估计值在 0.26—0.70，估计结果波动幅度大，很不稳健。Dahl 和 Deleire（2008）提出一种新的方法，称为“代际位序相关性”，即通过估计子代收入位序与父代收入位序在各自收入分布中相对位序的相关性来刻画代际收入流动。代际位序相关性与代际收入弹性统称为“相对流动性指标”，测度的是平均意义上的流动性，即子代收入受父代收入影响的程度。与之相比，绝对代际流动指标表示在给定父代收入位序下，子代未来预期收入位序的大小（Chetty，2014）。绝对代际流动指标不仅经济含义更加明确，还使地区间流动性的比较更具可比性。

基于此，首先，本章在考察代际收入弹性和代际位序相关性统计性质的基础上，利用位序法的优势，构造不同收入阶层的绝对代际流动指标。其次，利用相对代际流动和绝对代际流动指标，测度并分析不同地区代际收入流动水平的差异，揭示代际收入流动的空间分布特征。最后，探索影响地区代际收入流动性的因素，并利用地理加权回归模型分析地区代际收入流动性的空间异质性。本章关于地区代际收入流动水平的测度为后续章节的分析提供了基础。

4.1 方法、模型与偏误比较

4.1.1 传统方法及其偏误

传统的代际收入流动性测度一般基于 Becker 和 Tomes（1979）建立的代理论模型，通过代际收入弹性来衡量：

$$\ln(y_{1i}) = \alpha + \beta\ln(y_{0i}) + \varepsilon_i \tag{4.1}$$

式（4.1）中，$\ln(y_{1i})$ 为第 i 个家庭子代永久收入对数，$\ln(y_{0i})$ 为第 i 个家庭父代永久收入对数，β 为代际收入弹性，表示父代收入每增加 1% 时子女收入相应增加的百分比。根据一般经验估计，β 介于 0 和 1 之间。β 越大，代际收入流动性越低；相反，β 越小，说明子代收入受上一代收入的影响越小，而子女的勤奋和努力程度对其收入的影响可能更为显著，整个社会的机会不平等程度也就越低。

式（4.1）中方程两端的变量应为相应个体的持久收入对数，一方面，收入取对数会剔除零收入的样本；另一方面，从微观调查数据库中获得的收入普遍为截面数据，难以获得个体持久性收入数据，文献通常用单年收入数据作为持久性收入的替代变量，这会引起测量误差，导致估计结果产生偏误。具体而言，传统代际收入弹性法主要存在以下三种偏误。

第一，零收入及低收入偏误。基于双对数模型的代际收入弹性测度，不仅排除了所有收入为零的样本，还对收入较低的样本很敏感。Chetty 等研究表明，当选择父代收入处于分布在 10%—90% 并排除子代收入为零的样本时，代际收入弹性值为 0.45，否则，得到的估计值则为 0.26—0.70。

第二，生命周期偏误。这一偏误在使用截面数据时难以避免，因为在搜集收入数据时，子代往往处于职业生涯早期，父代处于职业生涯晚期，根据莫迪利安尼的生命周期理论，收入随年龄呈倒“U”形变化。Haider 等（2006）根据以下简单模型，讨论了在估计代际收入弹性过程中可能产生的生命周期偏误。设：

$$\begin{aligned} y_{0ia} &= \mu_a y_{0i} + \nu_{ia} \\ y_{1ia} &= \lambda_a y_{1i} + u_{ia} \end{aligned} \tag{4.2}$$

其中，y_{0ia} 和 y_{1ia} 分别表示父代与子代在年龄 a 时的收入，μ_a、λ_a 表示回

归参数，在父子不同的年龄阶段取值不同，ν_{ia} 和 u_{ia} 为随机误差。则代际收入弹性的概率极限为：

$$p\lim\hat{\beta} = \left(\frac{\lambda_a\mu_a \mathrm{var}(y_0)}{\mu_a^2 \mathrm{var}(y_0) + \mathrm{var}(\nu_a)}\right)\beta = \lambda_a\theta_a\beta \tag{4.3}$$

当 $\mu_a = \lambda_a = 1$ 时，偏误等价为衰减因子 $\frac{\mathrm{var}(y_0)}{\mathrm{var}(y_0) + \mathrm{var}(\nu_a)}$，当 μ_a 和 λ_a 随年龄 a 的变化取不同的值时，偏误也随之变动。

第三，暂时性收入偏误。暂时性收入偏误是指用单年收入作为永久收入的替代变量，代际收入弹性会被低估。因为单年收入会受到短期收入波动的冲击，所以包含短期波动的 β 估计值并非真实值 β 的一致估计，得到的代际收入弹性依概率收敛的结果为：

$$p\lim\hat{\beta} = \beta\frac{\mathrm{var}(y_0)}{\mathrm{var}(y_0) + \mathrm{var}(\nu_a)} < \beta \tag{4.4}$$

在存在测量误差的情况下，按照式（4.1）得到的代际收入弹性低于真实值。为了得到更准确的代际收入弹性，已有研究采用收入均值法和工具变量法来降低偏误问题。

（1）收入均值法

Solon（2004）提出，通过利用父代收入面板数据，即使用多年收入的平均收入作为永久收入的代理变量来减少短期因素和测量误差的影响，抑制 $\hat{\beta}$ 向下偏误。此时衰减因子为：

$$\frac{\mathrm{var}(y_0)}{\mathrm{var}(y_0) + \mathrm{var}(\nu_a)/T} \tag{4.5}$$

衰减因子将随收入年数 T 的增加而下降，$\hat{\beta}$ 也随之趋近于 β。但是，短期波动往往具有持续性，几年的收入平均并不能反映一生的收入波动情况，因而 β 估计值仍然下偏。

（2）工具变量法

另一种解决代际收入弹性向下偏误的方法是，利用工具变量估计出父代的永久收入，进而得到无偏的代际收入流动性 β。已有文献，如 Dearden 等（1997）、Irene（2007）等将父代的受教育水平、职业等变量作为父代当期收入的工具变量，用来估计出父代的永久收入，再进行最小二乘估计。与单年收入相比，父代的受教育水平、职业等级等特征不会在短期内发生变化，似乎能够真实地反映永久收入水平。但实际上，这些工具变量不仅会影响父代的永久收入，同时也对子代的永久收入产生较大的影响。因此，这些工具变量仍然受到极大的内生性挑战（Ermisch，2006）。举例来说，以父代的受教育水平为工具变量，采用两阶段最小二次的估计方法得到的代际收入弹性值的收敛结果为：

$$p\lim\hat{\beta}_{IV} = \beta + \hat{\gamma}\sigma_E \frac{1-\lambda}{\lambda\sigma_{y_0}} > \beta \tag{4.6}$$

其中，γ 为父代受教育水平对子代收入的回归系数，σ_E 和 σ_{y_0} 分别为父代受教育水平和子代收入的标准差，λ 为父代受教育水平和子代收入的协方差。从估计值来看，工具变量法会在一定程度上高估代际收入弹性。

4.1.2　代际位序相关法与偏误修正

Dearden 等（1997）认为，代际流动性指的是子代在经济社会地位的分配中所处的位置相对于其父代位置变动的程度。Dahl 和 Deleire（2008）认为，子代收入、父代收入在其各自收入分布上排序之间的关系近似一条直线，因此可以用父子收入位序替代父子收入对数估计代际收入流动性。计算方法如式（4.7）所示。

$$R_{1i} = \alpha + \rho R_{0i} + \varepsilon_{it} \tag{4.7}$$

其中，R_{1i} 为子代 i 在所有子代收入分布中的收入百分位序；R_{0i} 为子代 i 对应的父代在所有父代收入分布中的收入百分位序。通过将子代收入位序对父代收入位序回归，得到的回归系数 ρ 即为代际位序相关性。ρ 值越小，代际收入流动性越高。

代际位序相关性修正上述偏误的机理是：第一，式（4.7）可以利用所有收入样本，不存在零收入及低收入偏误问题；第二，无论是较早年龄区间的收入，还是较晚年龄区间的收入，个体收入的位序一般不会发生明显变化，受生命周期偏误的影响更小；第三，若个体收入发生短期变动，其收入位序的波动幅度小于收入分布的波动幅度，因而代际位序相关性受暂时性偏误的影响小于代际收入弹性。

相对于传统的代际收入弹性法，代际位序相关法得到的估计值统计特性优良，误差更小。为了验证该方法的统计优势及其对代际收入弹性计量偏误的修正，本部分利用 1989—2015 年中国健康与营养调查（CHNS）数据进行模拟分析。CHNS 数据由北卡罗来纳大学人口研究中心、美国国家营养安全与食物安全研究所，以及中国疾病与预防控制中心合作调查完成，历经1989年、1991年、1993年、1997年、2000年、2004年、2006年、2009年、2011年和2015年共十次调查，样本涉及辽宁、江苏、黑龙江、山东、湖南、湖北、河南、贵州、广西、北京、上海和重庆12个省（市、区）约4400户居民。本书采用的收入是指个人年收入，且各年收入均按2015年价格水平进行了调整。基于父亲在家庭收入和决策上占据的支配地位，父代的选择只考虑了父亲，对父亲信息与子女信息进行配对，并将父代与子代的年龄控制在20—65周岁的劳动年龄区间，以减少使用单年收入造成的偏误。

首先，观察子代收入与父代收入之间的关系是否为线性。两者的相关关系可以直观地通过图4.1的联合分布图来反映。对比图4.1（a）、图4.1（b）可见，父子收入对数联合分布的斜率随收入增加而递增，反映出子代收入对数与父代收入对数之间并不满足线性关系，父子收入位序联合分布的斜率则基本保持不变，说明子代收入位序与父代收入位序之间更接近线性相关关系。

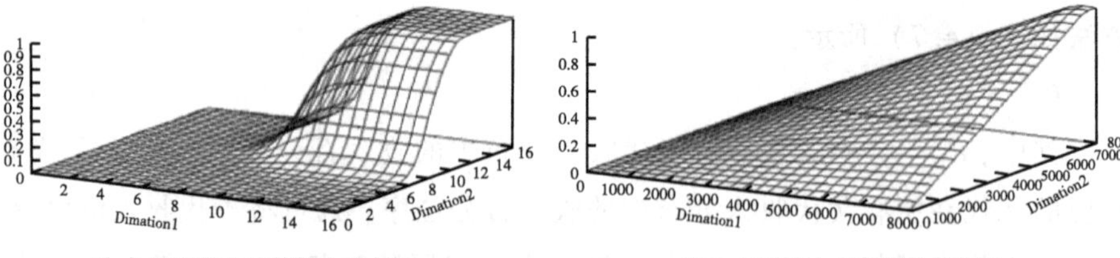

（a）父子收入对数联合分布图　　（b）父子收入位序联合分布图

图4.1　子代收入与父代收入联合分布图

其次，采用代际位序相关法和代际收入弹性法对上述偏误进行模拟比较。表4.1比较了两种测度方法对于零收入、低收入样本的稳定性。共采用了四种处理零收入、低收入的办法，即删除零收入值、将零收入值替换为1、删除父代收入最低1%样本以及删除父代收入最低10%样本。从表4.1可见，在不同零收入、低收入样本条件下，代际收入弹性的变动范围在0.56—0.73，代际位序相关性估计值则稳定在0.6左右。显然，代际位序相关法受零收入、低收入样本的影响较弱，偏误更小。

表 4.1　　零收入、低收入偏误比较

子代收入对数				
变量	删除零收入的样本	将收入零值替换为 1	删除最低 1%后的样本	删除最低 10%后的样本
父代收入对数	0.594 *** (0.015)	0.555 *** (0.019)	0.640 *** (0.012)	0.734 *** (0.013)
样本容量	7428	7478	7376	6708
调整 R^2	0.320	0.268	0.338	0.327
F 统计量	1659.23	859.77	2737.84	3037.50
子代收入位序				
变量	删除零收入的样本	将收入零值替换为 1	删除最低 1%后的样本	删除最低 10%后的样本
父代收入位序	0.600 *** (0.009)	0.594 *** (0.010)	0.604 *** (0.010)	0.633 *** (0.011)
样本容量	7428	7478	7404	6734
调整 R^2	0.360	0.353	0.360	0.345
F 统计量	4000.37	3858.39	4033.53	3556.05

注：*、**、*** 分别表示在 10%、5%、1% 的水平上显著，表中括号内为稳健标准误差。

表 4.2 是对生命周期偏误的比较。将子代年龄≥20 周岁及父代年龄≤65 周岁的样本设定为基准组，再通过改变子代和父代年龄的上下限，选取四个对照组，比较代际收入弹性和代际位序相关性的取值变动情况。表 4.2 上半部分的估计结果显示，以基准组为参考，将父代年龄的下限降低，则代际收入弹性有所提高，从基准组的 0.59 提高至对照组 2 的 0.64；将子代年龄的上限提高，则代际收入弹性逐渐下降，从基准组的 0.59 下降至对照组 3 的 0.57，再下降至对照组 4 的 0.38。说明利用子代职业早期的收入会导致代际收入弹性高估，而采用父代职业晚期的收入则会造成代际收入弹性的低估。从表 4.2 下半部分的结果看，除对照组 4 的估计值略有变动外，其余对照组的代际位序相关性与基准组基本一致，为 0.59 或 0.60。这表明代际位序相关法对不同年龄的收入取值不敏感，与代际收入弹性法相比，生命周期偏误较小。

表 4.2　　生命周期偏误比较

变量	基准组	对照组 1	对照组 2	对照组 3	对照组 4
	子代收入位序				
年龄区间	子代年龄≥20 父代年龄≤65	子代年龄≥20 父代年龄≤59	子代年龄≥20 父代年龄≤46	子代年龄≥32 父代年龄≤65	子代年龄≥40 父代年龄≤65
父代收入对数	0.594 *** (0.015)	0.588 *** (0.017)	0.637 *** (0.034)	0.565 *** (0.045)	0.379 ** (0.152)
调整 R^2	0.320	0.314	0.3660	0.300	0.120
F 统计量	1659.23	1252.05	348.48	156.92	6.20
样本容量	7428	5778	794	877	78
	子代收入对数				
父代收入位序	0.594 *** (0.010)	0.586 *** (0.011)	0.589 *** (0.029)	0.598 *** (0.027)	0.544 *** (0.099)
调整 R^2	0.353	0.344	0.347	0.358	0.296
F 统计量	3858.39	2836.22	421	485.52	30.29
样本容量	7478	5819	802	881	78

注：*、**、*** 分别表示在 10%、5%、1% 的水平上显著，表中括号内为稳健标准误差。

为了比较两种方法暂时性收入偏误的大小，选取 CHNS 数据库中的多年追踪样本，以不同年数收入的平均值测算代际收入流动性，考察代际收入弹性和代际位序相关性的估计值。表 4.3 的估计结果显示，分别采用单年收入、收入的两年平均、三年平均和四年平均，代际收入弹性估计值的波动范围在 0.47—0.63，代际位序相关性的变化范围则在 0.50—0.61。可见，代际位序相关法受暂时性收入的影响更小，结果更稳健。

表 4.3　　暂时性收入偏误比较

变量	单年收入	两年平均	三年平均	四年平均
	子代收入对数			
父代收入位序	0.577 *** (0.019)	0.632 *** (0.032)	0.474 *** (0.056)	0.497 *** (0.110)
样本容量	4824	1165	477	154
调整 R^2	0.300	0.360	0.232	0.235
F 统计量	919.75	383.42	72.02	20.47

续表

子代收入位序				
变量	单年（1）	两年平均（2）	三年平均（3）	四年平均（4）
父代收入位序	0.571*** (0.012)	0.614*** (0.024)	0.504*** (0.041)	0.512*** (0.078)
样本容量	4857	1172	479	154
调整 R^2	0.326	0.377	0.254	0.262
F 统计量	2196.65	655.85	153.55	42.89

注：*、**、*** 分别表示在 10%、5%、1% 的水平上显著，表中括号内为稳健标准误差。

4.1.3　绝对代际流动指标构建

4.1.2 节虽然分析了代际位序相关性相对于代际收入弹性线性拟合程度更好、对零收入及低收入偏误、生命周期偏误和暂时性偏误更不敏感等统计优势。但在刻画代际收入流动性方面，单用代际位序相关性无法揭示代际收入流动特征的全貌。因为代际位序相关性反映的是代际收入流动性大小，并不能判别不同收入阶层的子代社会经济地位的改善程度。需要进一步构建新的指标，从而更精确地刻画代际收入流动特征。

为了深入了解这一状况，本书基于已有研究，利用代际位序相关性的特征及统计优势，借鉴 Dahl 和 Deleire（2008）、Chetty（2014a）等的做法，构建绝对代际流动指标，分析来自不同收入阶层家庭的子代未来的期望收入位序。

绝对代际流动指标能够预测给定某一收入阶层下，子代预期收入地位的情况。特别是，当人们更加关注低收入阶层子代的结果时，绝对代际流动比相对代际流动更符合规范。根据帕累托有效原则，使高收入阶层家庭的子代向下流动来增加相对流动性是无效率的，相反，在其他收入阶层代际流动性不变的情况下，提高低收入阶层绝对代际流动性则能够带来整体福利的增进。绝对流动性计算公式为：

$$\overline{R_q} = \hat{\alpha} + \hat{\rho} q \tag{4.8}$$

式（4.8）中，$\overline{R_q}$ 为绝对流动性，取值为 0—100，表示父代收入处于 q 百分位的子代的期望收入位序，数值越大说明代际收入流动性越强。先利用公式（4.7），估计出全体居民的代际位序相关系数 $\hat{\rho}$ 和截距项 $\hat{\alpha}$，令百分位

q 取［1—100］，再通过公式（4.8）可以分别计算各收入阶层子代的绝对代际流动性。

4.2 数据与变量

4.2.1 数据处理与变量选择

本书采用2005年1%人口抽样调查微观数据来测度地区代际收入流动性。虽然国家统计局已开放了最新的2015年1%人口抽样调查微观数据，但新开放的微观数据库中没有包含本书所需的个人收入信息。本书利用涵盖收入信息的2005年1%人口抽样调查数据库。不过，根据已有文献可知，各地区的代际收入流动性在较长的时间内保持稳定（Chetty等，2014b；Corak，2019）。因此采用2005年的数据展开分析并不会影响估计结果。2005年抽样调查数据包含了个人收入信息和家庭成员代码，为本书提供了足够多的“父代—子代”收入组合，这为估计城市层面的代际收入流动性提供了基础。本书根据城镇样本识别“父代—子代组合”。基于父亲在家庭收入和决策上占据的支配地位，父代的选择主要考虑了父亲，并将父代与子代的年龄控制在20—65周岁的劳动年龄区间，并限定父代和子代的年龄差在16周岁以上。

除了上述匹配方法外，还按照如下标准对数据进行处理：首先，为避免人口迁移的干扰，本书将被调查者户口登记地限制在“本乡（镇、街道）”或“本县（市、区）其他（镇、街道）”，从而更准确地度量代际收入流动性。其次，本书删除了正在上学或没有工作的样本。最后，为保证每个城市有足够多的样本量来估计代际收入流动性，本书剔除了样本量小于30个的城市。最终，本书得到用以估计代际收入流动性的样本组合总数为27457对“父代—子代”组合。在利用“父代—子代”配对样本计算得到代际收入流动性后，再根据城市代码，将其与2005年《中国城市统计年鉴》中的城市特征数据进行匹配。

4.2.2 变量的描述性统计

父代与子代样本个人特征的描述性统计见表4.4，城市特征变量的描述统计如表4.5所示。

表 4.4 父代与子代样本的描述性统计

	定义	均值	标准差	最小值	最大值
子代个人特征变量					
子代收入	年收入（元）	9494.44	8552.96	360	240000
子代性别	男性为 1	0.654	0.476	0	1
子代年龄	2005 - 出生年份	25.423	4.286	20	47
子代教育水平	受教育年限	10.455	2.805	0	19
独生子女	独生子女为 1	0.219	0.413	0	1
父代个人特征变量					
父亲收入	年收入（元）	9852.26	10053.32	360	240000
父亲年龄	2005 - 出生年份	52.795	5.173	37	65
父亲教育水平	受教育年限	8.500	3.162	0	19
母亲收入	年收入（元）	5714.38	6327.66	360	120000
母亲年龄	2005 - 出生年份	49.585	5.218	37	65

注：将学历为文盲、小学、初中、高中、大专、本科和研究生及以上所对应的教育年限分别赋值为 0、6、9、12、15、16 和 19。

由表 4.4 可知，子代的年平均收入为 9494.44 元，父亲的年平均收入高于子代收入，为 9852.26 元，但母亲的年平均收入低于子代收入，为 5714.38 元。父亲和子代收入差距较小，但母亲和子代收入差距较大。子代的平均年龄为 25 岁，父亲的平均年龄为 53 岁，母亲的平均年龄为 50 岁，均处于有效劳动力年龄范围之内。子代的平均受教育年限为 10 年，而父亲则为 8.5 年。本书的子代样本中有 65.4% 为男性，34.6% 为女性；其中独生子女所占的比例为 21.9%，非独生子女占比 78.1%。

表 4.5 变量定义及描述性统计

变量名	变量含义	样本量	均值	标准差	最小值	最大值
绝对代际流动（r25）	代表地区代际收入流动水平的 25 百分位绝对代际流动性	228	34.555	10.624	18.907	70.313
基尼系数	代表地区差距的基尼系数	228	0.404	0.047	0.293	0.581
城乡收入比	代表城乡差距，以城乡均可支配收入比值来衡量	228	2.796	0.753	0.501	6.367
人均 GDP（万元）	代表经济发展水平，以 GDP 与常住人口比值来衡量	228	1.502	1.175	0.273	6.9268

续表

变量名	变量含义	样本量	均值	标准差	最小值	最大值
产业结构	代表工业化程度，以二、三产业占 GDP 比重来衡量	228	82.789	10.300	53.000	99.999
数字化指数	代表数字化程度，以每百人互联网宽带用户数来衡量	228	5.261	6.191	0.141	45.153
创新创业指数	代表创新创业活跃度，以创新创业指数来衡量	228	54.530	27.926	2.048	99.999
市场化指数	代表市场化程度，以市场化指数来衡量	228	6.726	1.738	2.717	10.369
人口密度	代表地区人口分布密集程度，以每平方千米人口数表示	228	410.509	313.005	4.720	2380.280
人均公共教育支出（百元）	代表公共教育情况，以财政教育支出占总人口比重来衡量	228	2.425	1.254	0.491	10.287
人均医生数	代表医疗资源情况，以医生数占总人口比重来衡量	228	15.118	8.196	4.510	67.460

注：基尼系数是根据 2005 年全国 1% 人口抽样调查个人微观数据计算得到；市场化指数依据樊纲市场化各指标，结合地级市相关数据计算得到；创新创业指数则来自北京大学开放研究数据平台。

根据表 4.5，当父代位于收入分布第 25 百分位上时，子代预期收入的平均百分位序为 34.555，这说明城市中低收入阶层的子代平均是向上流动的。基尼系数的平均值为 0.404，超过了国际警戒线，反映出中国城市层面的收入不平等现象较为严重。由人均 GDP、产业结构、数字化指数、市场化指数和创新创业指数为代表的地区经济发展因素，以及由人口密度、人均公共教育支出和人均医生数为代表的社会发展因素的统计结果均表明了不同地区之间存在较大差异。

4.3 测度结果分析

4.3.1 全国层面

本书先从全国层面研究代际收入流动性，除了测度整体的代际收入流动性外，还测度了整体的教育代际流动性作为可能的稳健性检验。为了直观地描述代际位序相关法的拟合程度，根据 Chetty 等（2014b）的方法，把父代的收入按照分位数划分为 100 等份，取每个分位数区间所在的父代收入位序作为横坐标轴，对应的子代收入的平均位序值作为纵坐标轴作散点图，得到父代收入位序与子代收入位序的散点图，如图 4.2（a）所示。类似地，将父代的受教育水平在同代人中的位序划分为 100 等份，取 100 等份中父代教育排名的平均值作为横坐标，对应的子代教育排名的平均值作为纵坐标作散点图，得到父代教育排名与子代教育排名的散点图，如图 4.2（b）所示。

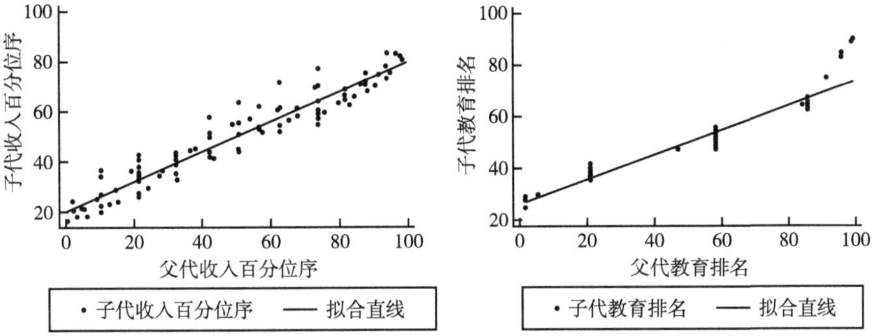

（a）父代与子代收入位序的关系　　（b）父代与子代教育排名的关系

图 4.2　父代与子代之间的收入位序和教育排名关系

图 4.2（a）显示，父代与子代的收入位序呈现出较为明显的线性关系，即父代收入位序越高，子代收入位序也越高；父代收入位序越低，子代收入位序也就越低。图 4.2（b）则显示，父代与子代的教育排名在 0—90 分位保持较为稳定的线性关系，但是在最高 10% 组，父代与子代教育排名之间的线性关系更强，说明相对于其他学历组别，高学历组的教育代际传递程度明显更高。

本书从收入和教育两个角度测度了全国层面的代际流动性。表 4.6 分别报告了基于收入位序和教育排名的两组代际流动回归方程。其中方程（1）仅用父代收入位序对子代收入位序进行回归，得到的即为代际位序相关性 IRA。IRA 越低，说明子代收入受上一代收入的影响越小，代际收入流动性越高。相反，IRA 越高，说明代际收入流动性越低，社会阶层固化程度也就越高。方程（2）则从教育的视角考察社会的代际流动程度。具体来说，首先求出子代（父代）在其所有子代（父代）中受教育年限的排名，然后将子代教育排名对父代教育排名进行回归，得到的估计系数为教育的相对代际流动性。在方程（3）和方程（4）中，除了控制父代的收入位序及教育排名变量以外，还控制了子代年龄及其平方项、父代年龄及其平方等变量。由于本书的这一部分是测度全国层面的代际流动性，所以方程中并没有控制地区和城市变量。考虑到 IRA 作为相对代际流动指标，测度的只是平均意义上的流动性，并不能区分流动的方向。进一步，表 4.6 还计算了 25 百分位、50 百分位和 75 百分位绝对代际流动性，分别代表中低收入阶层、中等收入阶层和中高收入阶层的绝对代际流动水平。

表 4.6　　　　基准回归

	收入位序（1）	教育排名（2）	收入位序（3）	教育排名（4）
父代收入位序	0.598 *** (0.005)		0.610 *** (0.005)	
父代教育排名		0.477 *** (0.005)		0.472 *** (0.005)
常数项	20.115 *** (0.290)	26.130 *** (0.277)	-164.424 *** (11.281)	-259.754 *** (10.490)
个人特征变量	NO	NO	YES	YES
样本量	27457	27457	27457	27457
调整 R^2	0.358	0.240	0.386	0.266
F 统计量	15341.14	9227.55	3695.97	2114.74
绝对代际流动				
r25	35.058	38.065	35.058	38.065
r50	50.001	50.001	50.001	50.001
r75	64.944	61.936	64.944	61.936

注：*、**、*** 分别表示在 10%、5%、1% 的水平上显著，表中括号内数字为稳健标准误差。

表 4.6 中回归（1）和回归（3）父代收入位序的估计系数即为本书测度的代际收入位序相关性 IRA。平均来说，当父代收入位序提高 10 个百分位时，其子代的收入位序大约提高 6 个百分位，且这一结果在控制了个体特征变量后仍然相当稳定。与 Chetty 等（2014a）根据美国人口普查数据计算得到的代际位序相关性 0.341 相比，中国的代际位序相关性相对较高，说明中国父代收入对子代收入的影响较大，社会代际收入流动性较低。回归（2）和回归（4）同样采用位序法估计了教育的代际流动性，结果表明父代教育排名的估计系数约为 0.5，即当父代教育排名增加 10 个百分位时，子代教育排名将增加 5 个百分位。由此可以看出，不论基于收入还是教育测算

代际流动性，均表明中国社会存在一定的代际传递现象。

从绝对流动性指标来看，当父代位于收入分布第 25 百分位上时，子代预期收入位序将达到子代收入分布的第 35 百分位，而美国第 25 百分位的绝对代际流动值为 44，中国中低收入阶层的代际流动水平低于美国 9 个百分位。当父代位序收入分布在第 75 百分位上时，子代预期收入位序为 65。平均来说，中高收入阶层的子代是向下流动，而中低收入阶层的子代是向上流动，绝对代际流动性通常也被用来衡量不同收入阶层绝对向上流动的能力。教育绝对代际流动指标显示，当父代位于教育分布 25 百分位、50 百分位和 75 百分位时，子代预期教育排名分别为 38 百分位、50 百分位和 62 百分位。可见，中低教育阶层的绝对代际流动性略高于收入绝对代际流动性，而中高教育阶层的绝对代际流动性略低于收入绝对代际流动性，这说明代际教育的相关性小于收入的相关性。

为了得到更为稳健的研究结论，本书选择了不同的样本，并采取不同的方法来定义父代收入变量，在基准回归的基础上，进行了一系列稳健性检验，结果见表 4.7 至表 4.9。其中，表 4.7 中方程（1）、方程（2）和方程（3）汇报了三种父代定义方式下的基准回归的估计结果。

表 4.7　稳健性检验 1

因变量：子代收入位序						
	基准 (1)	基准 (2)	基准 (3)	子女年龄 30—40 周岁 (4)	子女年龄 30—40 周岁 (5)	子女年龄 30—40 周岁 (6)
父亲收入位序	0.598 *** (0.005)			0.613 *** (0.012)		
父母收入最高者收入位序		0.608 *** (0.008)			0.600 *** (0.023)	
父母收入合计收入位序			0.619 *** (0.007)			0.611 *** (0.022)
常数项	20.115 *** (0.290)	19.592 *** (0.457)	19.075 *** (0.460)	24.262 *** (0.634)	25.133 *** (1.118)	24.756 *** (1.127)
样本量	27457	10989	10989	4696	1637	1637
调整 R^2	0.358	0.370	0.384	0.344	0.303	0.307
F 统计量	15341.14	6314.38	6875.42	2587.90	665.54	742.11

续表

绝对代际流动						
	基准（1）	基准（2）	基准（3）	子女年龄 30—40 周岁（4）	子女年龄 30—40 周岁（5）	子女年龄 30—40 周岁（6）
r25	35.058	34.792	34.550	39.589	40.133	40.031
r50	50.001	49.992	50.025	54.916	55.133	55.306
r75	64.944	65.192	65.500	70.243	70.133	70.581

注：*、**、*** 分别表示在 10%、5%、1% 的水平上显著，表中括号内数字为稳健标准误差。

如表 4.7 所示，在分别以父亲收入位序、父亲和母亲收入最高者的位序、父亲和母亲收入之和的位序作为父代解释变量下，基准回归代际位序相关系数的估计值始终在 0.6 左右，25 百分位、50 百分位和 75 百分位的绝对代际流动取值也基本不变，说明在不同父代定义方式下的估计结果比较稳健。下面以子代个体的不同特征对不同样本的代际收入流动性展开讨论。

①Haider 和 Solon（2006）估计了一生收入轨迹中每个年龄段的生命周期偏误，发现使用 30 周岁早期至 40 周岁中期的实际收入估计偏误最小，这一年龄段的收入最接近一生的平均收入。为此，本书选择了子女年龄在 30—40 周岁的样本，以检验生命周期偏误所带来的影响。表 4.7 中的方程（4）、方程（5）和方程（6）呈现了在不同父代收入位序变量定义下，限制子代样本年龄后的估计结果，以父亲收入位序作为解释变量时计算得到的 IRA 为 0.613，与基准回归的估计结果 0.598 相差不大。这也反映出代际位序相关法的统计优势，表明 IRA 受生命周期偏误的影响较小。在不同父代变量定义方式下，代际位序相关性在［0.600，0.613］时，变动幅度较小。30—40 周岁子女的 25 百分位、50 百分位和 75 百分位绝对代际流动水平均高于基准回归，说明子女年龄在 30—40 周岁的低收入阶层、中等收入阶层和中高收入阶层向上流动的能力更强。

②Chadwick 和 Solon（2002）发现，女儿在代际收入传递过程中受到的影响要小于儿子。本书将子代样本按性别划分为男性样本和女性样本，分别对其进行回归，测算并比较儿子和女儿的代际流动性。比较表 4.8 中男性子代和女性子代的估计结果发现，不论在哪种父代收入位序变量的定义下，父代—儿子的代际位序相关系数均小于父代—女儿，说明中国父代收入对女儿收入的影响大于父代对儿子的影响。结合绝对流动性指标来看，男性子代

25 百分位绝对代际流动性比女性子代高出 7.90—9.24 个百分位序，男性子代 50 百分位绝对代际流动性比女性子代高出 6.91—7.91 个百分位序，而男性子代 75 百分位绝对代际流动性比女性子代高出 5.92—6.59 个百分位序。这说明中国父代—女儿的代际收入流动性较低主要是因为女性收入水平较低，而向上流动性不足。

表 4.8　　稳健性检验 2

因变量：子代收入位序						
	男性 (1)	男性 (2)	男性 (3)	女性 (4)	女性 (5)	女性 (6)
父亲收入位序	0.594 *** (0.006)			0.634 *** (0.008)		
父母收入最高者收入位序		0.608 *** (0.009)			0.645 *** (0.013)	
父母收入合计收入位序			0.614 *** (0.009)			0.667 *** (0.012)
常数项	22.635 *** (0.359)	22.001 *** (0.558)	21.793 *** (0.562)	13.743 *** (0.468)	12.632 *** (0.747)	11.225 *** (0.747)
样本量	17951	7420	7420	9506	3569	3569
调整 R^2	0.351	0.363	0.370	0.402	0.424	0.458
F 统计量	9752.83	4167.96	4428.16	6613.11	2628.65	3063.47
绝对代际流动						
r25	37.490	37.201	37.143	29.587	28.757	27.900
r50	52.345	52.401	52.493	45.432	44.882	44.575
r75	67.199	67.601	67.843	61.276	61.007	61.250

注：*、**、*** 分别表示在 10%、5%、1% 的水平上显著，表中括号内数字为稳健标准误差。

③根据 Becker 等（1973）提出的“人口数量与质量的替代理论”，当家庭面临预算约束和信贷市场失灵时，若父母在对待子女方面一视同仁，在家庭资源稀缺的情况下，子女数量越多会导致父母对每个子女的人力资本投资越少，因此家庭中子女数量和子女质量之间存在着负相关关系。中国的计划生育政策实施以来，出现了大量的独生子女。由于没有兄弟姐妹之间的竞争，独生子女能够获得的人力资本、社会资本等普遍要高于非独生子女。为

此，本书将子代样本按照是否是独生子女进行区分，通过比较独生子女和非独生子女的代际收入流动性，进一步深入了解我国代际收入流动特征。对比表4.9中的方程（1）和方程（3）、方程（2）和方程（4）、方程（3）和方程（6），不论是以父亲收入位序、父母收入最高者收入位序还是以父母收入合计收入位序作为解释变量，结果均表明独生子女的代际位序相关性高于非独生子女，说明独生子女的收入受其父代收入的影响更大。在以父亲收入位序作为解释变量下，独生子女25百分位绝对代际流动性为40.91，而非独生子女25百分位绝对代际流动仅为34.54，低于独生子女6.6个百分位序。此外，独生子女中等收入阶层和中高收入阶层的代际流动水平也都显著高于非独生子女，且随着收入阶层的提高，独生子女绝对代际流动比非独生子女高出的位序也更多。这说明独生子女更容易继承父代的优势资源，能够积累更高的人力资本和社会资本（康传坤和文强，2019），最终降低了代际收入流动性。

表4.9　　　　稳健性检验3

因变量：子代收入位序						
	独生子女 (1)	独生子女 (2)	独生子女 (3)	非独生子女 (4)	非独生子女 (5)	非独生子女 (6)
父亲收入位序	0.590*** (0.012)			0.559*** (0.006)		
父母收入最高者收入位序		0.632*** (0.020)			0.574*** (0.009)	
父母收入合计收入位序			0.638*** (0.020)			0.588*** (0.009)
常数项	26.150*** (0.864)	22.434*** (1.592)	21.669*** (1.601)	20.304*** (0.312)	20.186*** (0.488)	19.631*** (0.492)
样本量	6010	1954	1954	21447	9035	9035
调整 R^2	0.332	0.385	0.405	0.313	0.320	0.332
F统计量	2628.95	972.37	1011.86	9671.30	4065.39	4483.26
绝对代际流动						
r25	40.905	38.234	37.619	34.291	34.536	34.331
r50	55.661	54.034	53.569	48.277	48.886	49.031
r75	70.417	69.834	69.519	62.264	63.236	63.731

注：*、**、***分别表示在10%、5%、1%的水平上显著，表中括号内数字为稳健标准误差，全书统一。

基准回归估计得到的代际位序相关系数为刻画代际收入流动的程度提供了一个平均意义上的参考，25 百分位、50 百分位和 75 百分位的绝对代际流动性则大致反映了中低、中等和中高收入阶层绝对代际流动水平。为了进一步判断不同收入阶层流动的方向，深入分析代际收入流动变动的内在原因，本书依据一阶马尔科夫定理，构造了十分位数的代际收入流动矩阵，具体见表 4.10。

表 4.10　　　　十分位数代际收入流动矩阵

	子代									
父代	1	2	3	4	5	6	7	8	9	10
1	0.512	0.108	0.081	0.059	0.062	0.049	0.046	0.031	0.034	0.019
2	0.194	0.299	0.125	0.081	0.074	0.061	0.051	0.051	0.042	0.022
3	0.101	0.246	0.219	0.098	0.094	0.072	0.062	0.042	0.047	0.020
4	0.065	0.117	0.213	0.182	0.113	0.099	0.069	0.063	0.048	0.030
5	0.039	0.072	0.113	0.171	0.156	0.113	0.106	0.091	0.072	0.067
6	0.030	0.054	0.083	0.120	0.160	0.174	0.131	0.097	0.091	0.060
7	0.021	0.039	0.063	0.094	0.121	0.155	0.170	0.137	0.110	0.091
8	0.021	0.033	0.048	0.095	0.099	0.114	0.143	0.201	0.128	0.117
9	0.012	0.021	0.038	0.059	0.075	0.107	0.142	0.145	0.230	0.171
10	0.006	0.011	0.018	0.040	0.047	0.056	0.079	0.141	0.198	0.405

在十分位数代际流动矩阵中，对角线上的值表示父代处于某一收入阶层，子代仍然处于该收入阶层的可能性。由表 4.10 可见，矩阵对角线上的值基本上都是每行或每列的最大值，说明中国居民各收入阶层均在不同程度上存在固化现象，其中，最高收入阶层和最低收入阶层两极固化现象严重。对于父代处于最高 10% 收入阶层的子代，仍处于最高 10% 收入阶层的可能性为 40.5%；对于父代处于最低 10% 收入阶层的家庭，子代有 51.2% 的可能性仍留在最低 10% 阶层。这表明富裕阶层的孩子有相当一部分仍然位于富裕阶层，而贫困阶层超过一半的孩子也仍然处于贫困阶层，即代际收入存在着“马太效应”。父代所处的收入阶层在很大程度上决定了子代未来的收入阶层，来自贫困家庭的子代未来也更容易落入贫困阶层。对于父代处于最低 10% 阶层的子代，其上升至 20% 阶层的概率为 10.8%，但上升至其他更高收入阶层的概率均不足 10%。类似地，对于父代处于 20% 阶层的子代，

其上升至30%阶层的概率为12.5%，但再往上的概率也均不足10%。而父代处于收入最低10%阶层和20%阶层的子代，跃升至最高10%阶层的概率都仅为2%。这说明中国底层居民向上流动的空间十分有限，存在明显的“天花板效应”。

为了更清晰地呈现收入低层和收入顶层代际流动的差异，图4.3直观地给出了父代分别处于最低收入阶层（10%）和最高收入阶层（100%）时子代收入阶层的概率分布图。

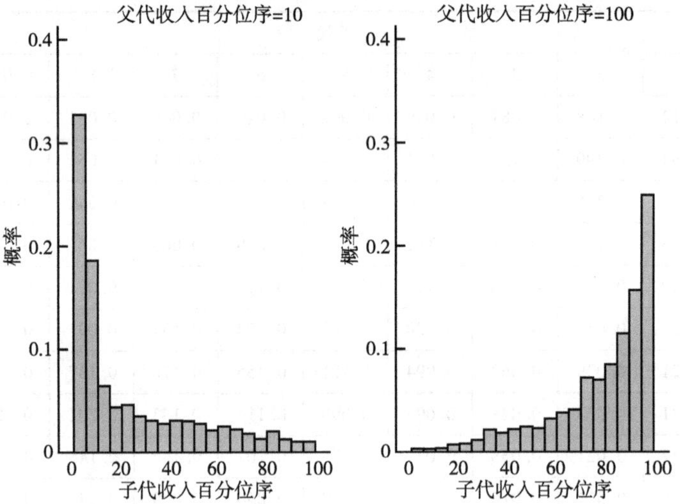

图4.3 收入底层和顶层子代位序的条件概率分布

图4.3显示，最低10%收入阶层子代的条件概率分布呈现右偏分布，而最高10%收入阶层子代的条件概率分布则呈左偏分布，但明显可以看出，最低10%收入阶层峰值更高，说明最低10%收入阶层的固化程度要高于最高10%收入阶层。最高10%收入阶层的子代从高到低分布在其他收入阶层的概率较为平缓，流动距离主要在0—40个百分位。但最低10%收入阶层的子代流动距离以0—20个百分位为主。表明贫困群体不仅容易陷入代际传递陷阱，且贫困家庭的子女也难以实现远距离的流动，贫困群体的代际流动质量偏低。

由表4.10和图4.3已知，中国不同收入阶层的代际流动性存在较大差异，收入顶层和收入底层的代际流动性明显较低。因此，家庭背景是导致子代收入差距的重要原因。那么又该如何解释同一家庭背景下（即同一收入阶层内部）子代的收入差距呢？考虑到中国不同地区经济发展水平和社会文化特征差异较大，本书尝试将地区因素纳入基准回归模型中，通过实证分析检验地区因素在代际收入流动性中的作用。为此，本书对父代每个百分位上的子代收入位序单独进行回归（共运行了 100 个回归方程）。具体来说，将影响子代收入位序的变量分为两类：一是城市虚拟变量；二是子代和父代的个人特征变量，包括子代年龄、性别、婚姻状态、受教育年限、就业身份；父代年龄、父代婚姻状态、父代受教育年限、父代就业身份。本书根据 100 个仅包含城市虚拟变量和同时包含这两类控制变量回归估计得到的调整 R^2 绘制折线图，见图 4.4。

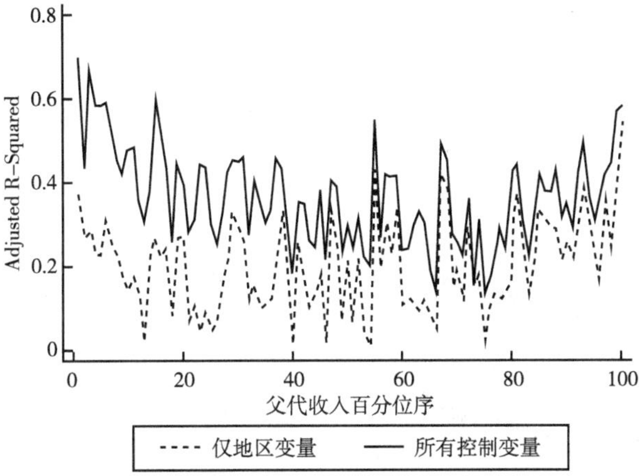

图 4.4　100 个父代收入位序回归方程的调整 R^2

根据图 4.4 可知，包含所有控制变量的方程解释了子代收入位序组内变差的 40% 左右，而仅包含城市虚拟变量的方程解释了子代收入位序组内变差的 20% 左右。即城市虚拟变量解释了子代收入位序组内所有能够解释的变差的一半，也就是说地区差异是导致同一家庭背景下子代不同收入状况的重要因素，但已有代际收入流动文献却缺少关于地区差异的讨论。接下来，本书将着重分析中国不同地区的代际收入流动性。

4.3.2　城市层面

在测算代际收入流动性之前，本书首先对各城市父代和子代收入位序的关系进行线性趋势验证。图 4.5 和图 4.6 分别显示了相对代际收入流动性最高和最低 9 个城市的代际收入位序关系，可以看出，在城市层面，父代收入位序和子代收入位序之间的线性关系非常明显，父代和子代收入位序的线性关系是代际收入流动性指标的构建基础。对比图 4.5 和图 4.6 发现，对于相对代际流动性高的城市，其子代收入位序主要聚集在直线的右上方，大多位于第 50 百分位以上，而对于相对代际流动性低的城市，子代收入位序并没有明显的聚集趋势。这也在一定程度上反映出相对代际流动性和绝对代际流动性的关系。在相对代际收入流动性越高的地区，子代预期收入位序水平也越高，子代较容易实现向上流动，但在相对代际收入流动性低的地区，子代向上流动能力未必会低。当一个地区的高收入阶层存在明显的向下流动的机制时，同样会表现出较高的相对代际流动性。总之，相对代际流动性的经济含义并不明确，只有形成一个中低收入阶层向上流动的机制时，才能促进社会全体成员的福利最大化。

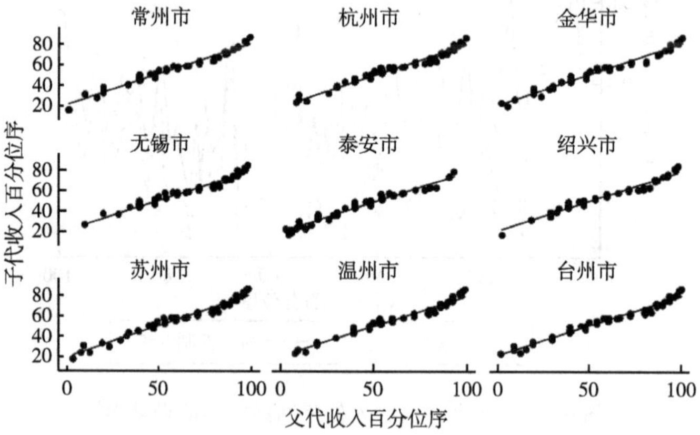

图 4.5 IRA 最高的 9 个城市子代和父代收入位序关系图

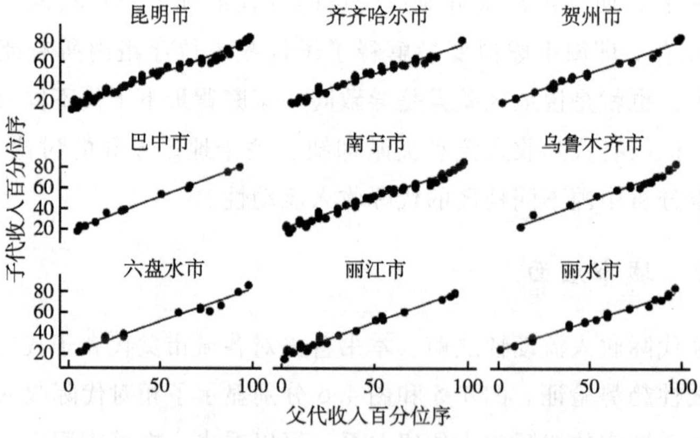

图 4.6 IRA 最低的 9 个城市子代和父代收入位序关系图

本小节仍然采用相对代际流动和绝对代际流动两类指标来测度城市层面的代际收入流动性。具体包括代际位序相关性（IRA）、第 25 百分位绝对代际流动性（r25）、第 50 百分位绝对代际流动性（r50）和第 75 百分位绝对代际流动性（r75）四个指标。按照式（4.1）和式（4.8）进行回归可以得到城市层面代际收入流动性的估计结果。本书剔除了 β_c 不具有统计显著性的 19 个城市，最终保留了 228 个城市的代际收入流动性，覆盖了全国 31 个省份。限于篇幅，仅给出了代际收入流动性排名前十名和后十名城市的测算结果（见表 4.11）。

表 4.11　城市代际收入流动性前十名和后十名测算结果

	城市	IRA	城市	r25	城市	r50	城市	r75
前十名城市	常州	0.129	杭州	70.313	杭州	74.743	上海	82.514
	杭州	0.177	绍兴	68.595	苏州	73.849	深圳	80.071
	金华	0.181	苏州	68.338	绍兴	73.830	苏州	79.360
	无锡	0.198	常州	68.112	温州	72.664	杭州	79.173
	泰安	0.205	温州	67.066	上海	72.656	绍兴	79.065
	绍兴	0.209	无锡	66.541	无锡	71.493	北京	78.529
	苏州	0.220	宁波	65.177	常州	71.340	温州	78.262
	温州	0.224	上海	62.799	宁波	71.245	宁波	77.313
	台州	0.228	南京	60.109	南京	68.057	无锡	76.446
	镇江	0.235	金华	59.756	北京	67.819	南京	76.006
后十名城市	南阳	0.661	新乡	21.868	柳州	34.361	漯河	44.969
	昆明	0.672	濮阳	21.724	菏泽	34.175	三门峡	44.787
	齐齐哈尔	0.676	昭通	21.604	商洛	33.749	商洛	44.572
	贺州	0.678	梧州	21.139	钦州	33.682	亳州	44.339
	巴中	0.685	亳州	20.571	三门峡	33.626	聊城	44.023
	南宁	0.688	周口	20.467	临沧	33.366	平顶山	43.346
	乌鲁木齐	0.717	贵港	19.612	亳州	32.455	钦州	42.813
	六盘水	0.767	保山	19.601	蚌埠	31.143	周口	41.559
	丽江	0.768	柳州	19.541	周口	31.013	贵港	40.245
	丽水	0.772	临沧	18.907	贵港	29.929	蚌埠	39.162

表 4.11 显示，不论相对代际流动还是绝对代际流动，均呈现出较大的地区差异特征。从相对流动性指标来看，代际位序相关性排名前十的城市分

别为常州（0.129）、杭州（0.177）、金华（0.181）、无锡（0.198）、泰安（0.205）、绍兴（0.209）、苏州（0.220）、温州（0.224）、台州（0.228）、镇江（0.235），排名前十的城市中有9个城市来自浙江或江苏，说明相对代际流动性高的城市主要集中在江浙地区。排名后十位城市的代际位序相关性取值范围在［0.661，0.772］，与前十位城市的差距较大。从相对代际流动后十位的地区分布来看，相对代际流动性与城市经济发展水平并不完全相匹配，但相对代际流动性较低的城市主要还是分布在西部地区。西部地区因为自然条件恶劣，教育事业普遍落后，经济发展水平较低，所以贫困人群数量较多，贫困代际传递现象也较为严重。卢盛峰和潘星宇（2016）利用GIS技术揭示了中国贫困代际传递在地理上的空间分布特征，结果显示贫困代际传递严重的地区主要集中在经济落后的西部地区。

结合绝对代际流动指标看，25百分位绝对代际流动性排名前十的城市分别为杭州（70.313）、绍兴（68.595）、苏州（68.338）、常州（68.112）、温州（67.066）、无锡（66.541）、宁波（65.177）、上海（62.799）、南京（60.109）金华（59.756）。50百分位绝对代际流动性排名前十的城市分别为杭州（74.743）、苏州（73.849）、绍兴（73.830）、温州（72.664）、上海（72.656）、无锡（71.493）、常州（71.340）、宁波（71.245）、南京（68.057）、北京（67.819）。75百分位绝对代际流动性排名前十的城市分别为上海（82.514）、深圳（80.071）、苏州（79.360）、杭州（79.173）、绍兴（79.065）、北京（78.529）温州（78.262）、宁波（77.313）、无锡（76.446）、南京（76.006）。可以发现，随着收入阶层的增加，绝对代际流动性的高值区除了集中在江浙地带外，还包含了北京和上海两个大都市。其中，江浙地区核心城市的相对代际流动性和绝对代际流动性均处于较高水平。江浙地区作为我国最早开放的区域之一，在改革发展过程中抓住了机遇，个体民营经济得以快速发展和壮大。江浙地区具有良好的营商环境，市场化程度高，且民间资本活跃。已有文献表明，市场化进程对代际流动性具有积极的贡献（阳义南，2018），良好的创新创业环境也有助于加快代际流动（侯瑜和谢佳松，2018）。此外，江浙地区自古以来文化底蕴浓厚，也是人才辈出的地方。在我国两院院士中，籍贯为江浙地区的人数最多。郭丛斌和闵维方（2007）在分析城镇居民代际收入流动的特点时指出，教育是一种重要的代际流动机制，具有较强的促进代际收入流动的功能。江浙地带的相对代际流动水平较高，社会机会结构更为开放，这为当地的经济增长提供了正向的激励，鼓励社会成员凭借自身的能力和努力获取更高的收入水平。比较不同收入阶层绝对代际流动排名最后的十个城市，可以得到 25 百分位绝对代际流动性的波动范围在［18.907，21.868］，50 百分位则在［29.929，34.361］，而 75 百分位绝对代际流动性分布在［39.162，44.969］。排名靠后的十个城市不同收入阶层的绝对代际流动性均未超过父代所处的收入阶层，说明绝对代际流动性较低的城市实际上是缺乏向上流动的机会。随着收入阶层的递增，不同城市间绝对代际流动性的差异也在增加。比较绝对代际流动性排名前十和排名后十的城市名单，发现绝对代际流动性与城市经济发展水平基本上是匹配的。根据式（4.8），绝对代际流动性的大小取决于斜率和截距两项，其中，斜率为代际位序相关性，依赖于城市内部社会阶层固化的程度，而截距项衡量的是收入底部家庭子代所能达到的预期收入水平，这一项则依赖于城市经济发展水平。从表 4.11 的结果可以发现，地区绝对代际流动性的大小更多地取决于截距项的大小，因此绝对代际流动性与地区经济发展水平关系更为紧密。

考虑到省会城市人口众多，经济发展水平更高，教育、医疗等公共服务资源也相对丰富，且省会城市多为区域中心城市，对外来人口具有较强的吸引力，省会城市发展的机会公平性也就更受人关注。因此，本书进一步分析和计算了 31 个省会城市的代际收入流动性，具体计算结果见表 4.12。

表 4.12　省会城市代际收入流动性测算结果

城市	IRA	r25	r50	r75	城市	IRA	r25	r50	r75
北京	0.428	57.109	67.819	78.529	南宁	0.688	25.017	42.220	59.423
天津	0.252	57.775	64.075	70.374	呼和浩特	0.437	49.908	60.844	71.781
石家庄	0.382	33.502	43.059	52.617	重庆	0.587	32.799	47.463	62.128
上海	0.394	62.799	72.656	82.514	成都	0.533	38.717	52.052	65.388
南京	0.318	60.109	68.057	76.006	贵阳	0.444	36.956	48.053	59.151
杭州	0.177	70.313	74.743	79.173	昆明	0.672	26.967	43.761	60.555
福州	0.435	50.153	61.039	71.925	拉萨	0.564	31.464	45.555	59.647
济南	0.554	36.408	50.266	64.123	西安	0.548	32.968	46.656	60.344
广州	0.552	46.658	60.459	74.260	兰州	0.541	27.664	41.184	54.704
海口	0.615	30.562	45.936	61.310	西宁	0.487	26.999	39.175	51.351

续表

城市	IRA	r25	r50	r75	城市	IRA	r25	r50	r75
南昌	0.553	38.139	51.952	65.764	银川	0.427	36.356	47.019	57.681
太原	0.323	42.963	51.029	59.096	乌鲁木齐	0.717	25.872	43.802	61.732
合肥	0.359	45.294	54.257	63.220	沈阳	0.356	41.674	50.574	59.475
郑州	0.452	30.733	42.021	53.310	长春	0.482	36.553	48.612	60.671
武汉	0.532	37.693	50.997	64.302	哈尔滨	0.521	32.799	45.834	58.870
长沙	0.352	47.316	56.124	64.932					

表4.12显示，相对代际收入流动性最高的省会城市是杭州（代际位序相关性为0.177），最低的是乌鲁木齐（0.717）。其中，代际位序相关性低于0.3的省会城市有杭州和天津；处于0.3—0.6的有长沙、沈阳、合肥、石家庄、上海、银川、北京、福州、呼和浩特、贵阳、郑州、长春、西宁、哈尔滨、武汉、成都、兰州、西安、广州、南昌、济南、拉萨、重庆；高于0.6的省会城市有海口、昆明、南宁、乌鲁木齐。分四大区域来看，西部地区省会城市的相对代际流动性普遍偏低，东北地区哈尔滨的相对代际流动性最低，中部地区省会城市之间相对代际流动性差异不大，但东部地区省会城市之间相对代际流动差异很大。如海口的代际位序相关性为0.615，而杭州市代际位序相关性仅为0.177。

根据25百分位绝对代际流动指标，发现对于各个省会城市，给定父代收入位序在25百分位下，所有省会城市子代的预期收入位序均大于25，这说明位于省会城市的中低收入阶层都具有显著的向上流动机会。通常来说，省会城市的教育资源更加优质，在中国的高校分布版图中，绝大部分的全国重点大学也都分布在省会城市。林相森和李湉湉（2019）的研究发现，教育水平的提高能够改变个人的知识技能与学习能力，进而有助于提高低收入家庭子女阶层向上流动的机会。省会城市丰富的教育资源为处在社会底层的人们提供了通过自身努力改变命运，实现社会阶层跃升的机会。

目前，中国共有四个直辖市，分别为北京、上海、天津和重庆。相较于其他城市，直辖市往往人口规模大，经济活力强，教育、医疗、就业等资源也更加丰富。为了更深层次地了解代际流动性的地区差异，本书把比较的范围进一步控制在直辖市层面，着重比较了四个直辖市的代际收入流动水平。图4.7绘制了四个直辖市两两比较下的代际位序相关图，具体构建方法如下：先将父代收入组按照分位数划分为50等份，然后取每个分位数区间中的父代收入平均百分位序作为横坐标轴，对应子代收入平均百分位序作为纵坐标轴作箱式散点图，并在图形中添加拟合回归线，最后分城市进行绘制，最终得到图 4.7 中的代际位序相关图。

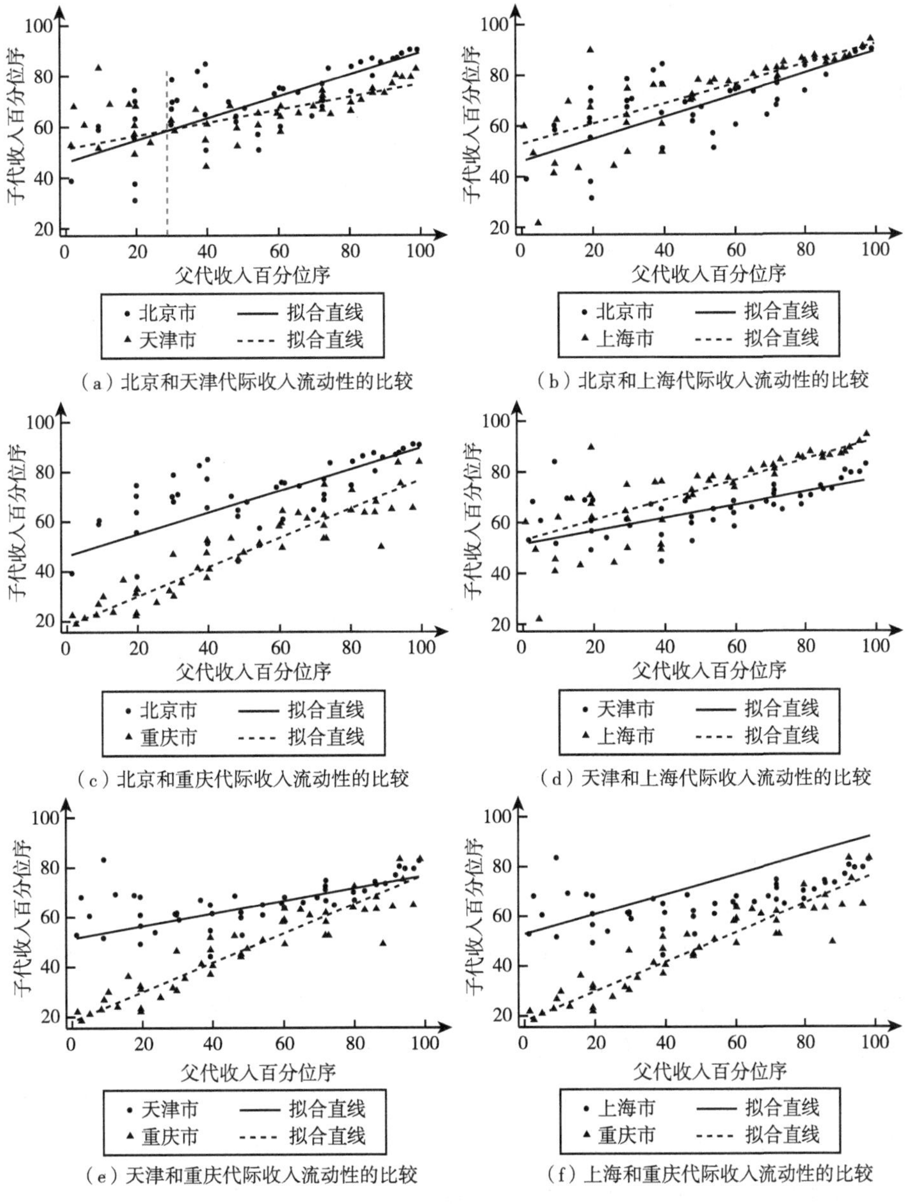

（a）北京和天津代际收入流动性的比较　（b）北京和上海代际收入流动性的比较

（c）北京和重庆代际收入流动性的比较　（d）天津和上海代际收入流动性的比较

（e）天津和重庆代际收入流动性的比较　（f）上海和重庆代际收入流动性的比较

图 4.7　四个直辖市代际收入流动性的比较

根据图 4.7，四个直辖市展现出不同的代际收入流动特征，北京代际位序相关性为 0.428、上海为 0.394、天津为 0.252，重庆为 0.587，即天津相对代际流动性最高，社会机会结构最为开放，而重庆的相对代际流动性最低，社会阶层固化现象最为明显。北京、上海、天津和重庆的 25 百分位绝对代际流动性分别为 57.109、62.799、57.775、32.799；50 百分位绝对代际流动性分别为 67.819、72.656、64.075、47.463；75 百分位绝对代际流动分别为 78.529、82.514、70.374、62.128。可见，不论是中低、中等还是中高收入阶层，上海的绝对代际流动水平都是最高的，而重庆是最低的。重庆经济发展水平在四个直辖市中最低，较低的经济发展水平制约了该地居民所能取得的收入水平。此外，重庆教育资源也是在四个直辖市中最为薄弱的。京津沪不仅基础教育资源丰富，其拥有的高等教育资源更是遥遥领先全国其他地区。早在 2004 年，京津沪高等教育毛入学率就超过 50%，成为高等教育普及化地区。教育又是促进社会代际流动的重要渠道。因此，重庆市不仅绝对代际流动性低于其他直辖市，相对代际收入流动性也是最低的。接下来，具体分城市来加以分析。

图 4.7（a）呈现的是北京和天津的代际收入流动性水平，从图 4.7（a）中可以看到，天津代际位序相关性高于北京（图 4.7（a）中直线斜率更大），说明天津的相对代际流动性更高，城市整体的流动机会更加公平，但天津相对代际流动性高并不意味子代预期收入位序也更高。图 4.7（a）中两条拟合直线交点处的横坐标为 28.7，即当父代收入位序低于 28.7 时，天津的绝对代际流动水平高于北京；但当父代收入位序高于 28.7 时，天津的绝对代际流动水平低于北京。这说明天津中低收入阶层向上流动的机会高于北京，但天津中高收入阶层向上流动的能力低于北京。不过，虽然北京处于 28.7 百分位以下收入阶层的绝对代际流动水平低于天津，但差距较小。而两个直辖市在收入分布顶端的差距较明显，天津处在收入位序最高 1% 的家庭，其子代预期收入位序低于北京 12.57 个百分位序。

根据图 4.7（b），北京和上海相对代际流动性和绝对代际流动性的差异均较小。北京代际位序相关性为 0.428，上海则为 0.394，而北京和上海各收入阶层绝对代际流动的差异也不超过 7 个百分位。2020 年上海 GDP 为 38700 亿元，连续多年成为中国 GDP 排名最高的城市，北京 GDP 为 36102 亿元，排名第二。北京和上海作为中国最为发达的两大都市，在基础设施和公共服务资源方面，也相差无几。因此，在四个直辖市中，北京和上海的代际收入流动特征最相近，上海的相对代际收入流动性和绝对代际收入流动性均略高于北京。

从图 4.7（c）中能发现北京和重庆代际流动差异显著，北京不仅相对代际流动水平高于重庆，且各收入阶层的绝对代际流动水平也均高于重庆，特别是对于低收入阶层来说，差距更为明显。北京最低 1% 收入阶层绝对代际流动水平为 46.399，而重庆仅为 18.135，北京最低 1% 收入阶层子代预期收入位序高出重庆 28.264 个百分位序。

天津和上海虽然同为直辖市、沿海城市，但天津经济发展水平要落后于上海。从图 4.7（d）中可以看出，天津的相对代际流动性高于上海，说明天津阶层固化现象没有上海明显。从绝对代际流动性看，天津低收入阶层绝对代际流动水平与上海差距较小，而高收入阶层绝对代际流动水平与上海差距较大。其中，天津收入位序最高 1% 家庭的子代预期收入位序比上海低 15.698 个百分位序。

作为四个直辖市中经济发展较低的天津和重庆，相比于北京、上海，天津和重庆在经济总量上相差较小，但在代际收入流动性方面的差异却很明显。根据图 4.7（e），在相对代际流动性方面，天津市是四个直辖市中最高的，而重庆却是最低的。在绝对代际流动性方面，天津市中低收入阶层的绝对代际流动显著高于重庆，但在高收入阶层处，天津市绝对代际流动性与重庆市差异较小。在收入位序顶端处，天津市的拟合直线与重庆市的拟合直线相交，表明天津最高收入阶层的绝对代际流动性和重庆市水平相当。但在收入位序底端处，天津最低 1% 收入阶层绝对代际流动性高于重庆 33.341 个百分位序。这说明天津比重庆相对代际流动性高主要是因为天津市中低收入阶层具有较强的向上流动能力。重庆在近年来发展迅速，在经济总量方面已经超过了天津，但重庆代际收入流动状况却远不如天津。与天津相比，重庆人口规模更大，但城市公共服务资源却较为匮乏，重庆中低收入阶层缺乏向上流动的路径。

从图 4.7（f）中可以看到，上海不仅相对代际流动性高于重庆，且各收入阶层的绝对代际流动性也都高于重庆。随着父代收入位序的递增，上海子代预期收入位序与重庆子代预期收入位序的差距在逐渐缩小。总的来说，上海和重庆绝对代际收入流动性的差距在上述直辖市之间的比较中是最大的。上海处于收入位序最低 1% 的家庭，子代预期收入位序比重庆高 34.806

个百分位序。上海处于位序最高1%的家庭，子代预期收入位序比重庆高15.589个百分位序。说明重庆整体向上流动的能力较低，且低收入阶层向上流动能力的更低。

总的来说，相对代际流动性由东向西呈递减趋势，相对代际流动性的高值区主要分布在中东部地区，低值区则主要分布在西部地区。与相对代际流动性相比，绝对代际流动性虽然也呈现由东向西递减的趋势，但空间分布集聚性更强。25百分位、50百分位和75百分位绝对代际流动性的高值区均聚集在东部沿海地区，江浙沪一带的绝对代际流动水平超领全国平均水平。相比于其他地区，西部和东北地区中低、中等和中高收入阶层的绝对代际流动均较低，但差距由低收入阶层向高收入阶层逐渐收敛，这也解释了西部和东北地区相对代际收入流动性偏低的主要原因在于中低收入阶层难以实现向上流动。

4.4 空间异质性分析

根据4.3节的测度结果可知，中国各地区代际收入流动性存在显著差异，这种异质性通常是由经济发展水平、数字化程度、教育资源分布、产业结构等多种因素共同作用的结果。那么，如何促进不同地区的机会公平性？本节将结合地区代际收入流动性的测度结果，利用空间分析技术，对地区代际收入流动性进行空间异质性分析，从而为提升各地区代际收入流动性，实现整个社会的良性发展提供经验证据。

4.4.1 核密度估计

图4.8是228个城市代际收入流动性的核密度分布图。城市代际位序相关性的平均值为0.461，最小值为0.129，最大值为0.772，说明城市相对代际收入流动性存在较大差距。IRA核密度峰值出现在0.5左右，反映出城市整体相对代际流动水平不高，意味着城市中子代的收入地位很大程度上依赖于父母的收入地位。城市25百分位绝对代际流动性的平均值为34.555，最小值为18.907，最大值为70.313，说明城市中低收入阶层绝对代际流动水平存在较大的空间差异。r24核密度峰值出现在30左右，反映出城市中低收入阶层有一定的向上流动性。从分布延展性看，整体分布曲线呈现出右拖尾的特点，这意味着有部分城市绝对代际流动性方面表现突出，25百分位

绝对代际流动水平超越了全国平均水平，说明这些城市中低收入阶层向上流动的空间较大。

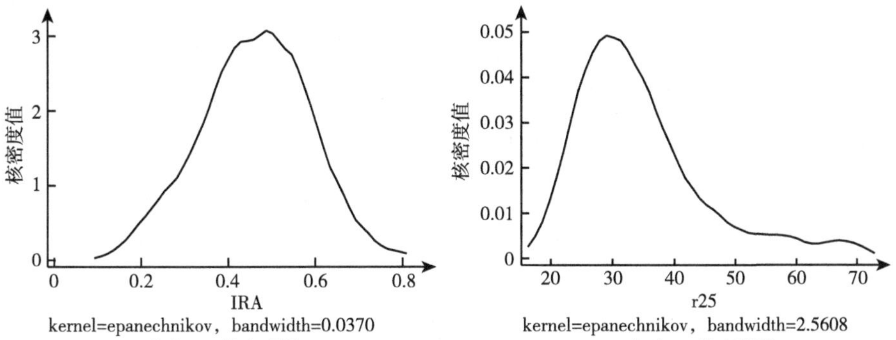

（a）IRA核密度图　　（b）r25核密度图

图 4.8　地区代际收入流动性核密度分布图

4.4.2　空间自相关分析

在对地区代际收入流动空间异质性进行分析前，首先对城市代际收入流动水平的空间分布进行空间相关性检验。以地理距离作为空间权重，分别选取 228 个城市代际位序相关性和 25 百分位绝对代际流动性为解释变量进行空间自相关性分析。根据图 4.9，代际位序相关性的莫兰指数为 0.098，Z 值为 14.028，P 值为 0.000；25 百分位绝对代际流动性的莫兰指数为 0.192，Z 值为 27.011，P 值为 0.000。由此可知，城市代际收入流动水平的空间分布呈现出较强的空间依赖性，城市代际收入流动水平之间存在显著的正向关系。这为后面利用空间计量模型进行影响因素的异质性分析提供重要依据。

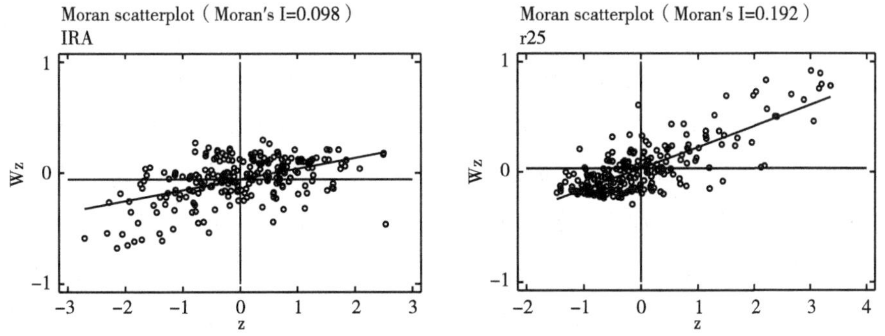

（a） IRA莫兰指数散点图　　（b）r25莫兰指数散点图

图 4.9　地区代际收入流动性莫兰指数散点图

为进一步了解代际收入流动性局域的空间集聚特性。笔者从图 4.9 中调出 LISA 空间聚类图，并将其按照四个象限对 228 个城市代际收入流动水平进行聚类划分，结果见表 4.13，其中，以 IRA 为划分基准，有 130 个城市不显著。云南省的丽江市、昆明市、昭通市，贵州省的六盘水市，广西壮族自治区的南宁市、贺州市等城市属于“高—高”聚类，表明这 32 个城市不仅自身代际位序相关性较高，且周边城市的代际位序相关性也较高。即这些主要来自西部地区的城市及其周边城市均呈现较低的相对代际流动水平。浙江的宁波市、杭州市、温州市、台州市、绍兴市、金华市和江苏的镇江市、苏州市、无锡市、常州市等城市属于“低—低”聚类，表明这 43 个城市不仅自身代际位序相关性较低，且周边城市的代际位序相关性也较低。即江浙地区的城市及其周边城市均呈现较高的相对代际流动水平。河南的南阳市、濮阳市、新乡市，湖南的岳阳市，山西的忻州市，辽宁的大连市，安徽的淮北市等城市属于“高—低”聚类，表明这 19 个城市本身代际位序相关性较高，但周边城市的代际位序相关性较低。即一些中部地区城市内部虽然相对代际流动水平较低，但其周边城市有较高的相对代际流动性。广西壮族自治区的钦州市、百色市，四川省的遂宁市和陕西省的安康市属于“低—高”聚类，说明这 4 个城市本身代际位序相关性较低，但周边城市的代际位序相关性较高。这 4 个城市的代际位序相关性分别为 0.388、0.365、0.365 和 0.269，IRA 值均低于全国平均水平，但周边城市玉林市、南宁市、德阳市和汉中市的代际位序相关性均超过 0.4，表现为较低的相对代际流动性。

以 r25 为基准，有城市 127 个不显著。对比 IRA 基准的聚类结果，发现 r25 聚类城市空间集聚性更强，属于“高—高”聚类的有 41 个城市，以北、上、广、深和江浙地区经济发达城市为主，即这 41 个城市及其周围城市均具有较高的绝对代际流动水平。属于“低—低”聚类的有 55 个城市，以西部省份欠发达城市为主，即这 55 个城市及其周围城市中低阶层向上流动的能力较弱。属于“高—低”城市的只有 3 个，黑龙江省的大庆市、内蒙古自治区的呼和浩特市和山西省的太原市，这 3 个城市分别是东北地区和华北地区重要的中心城市，尽管自身的绝对代际流动水平较高，但由于处于北方地区，周边城市经济发展机会较小，使得 25 百分位绝对代际流动水平表现为空间负相关。属于“低—低”城市的只有 2 个，分别为福建省的南平市和安徽省的蚌埠市，25 百分位绝对代际流动性分别为 29.240 和 23.124，即这两个城市本身绝对代际流动水平较低，但周围城市绝对代际流动水平高。如南平市的周边城市丽水市、福州市的 r25 分别为 53.377 和 50.153，蚌埠市的周边城市南京市、合肥市的 r25 分别为 60.109 和 45.294。

表 4.13　城市类型划分

IRA 基准	城市列表	r25 基准	城市列表
高—高（HH）	丽江市、六盘水市、乌鲁木齐市、南宁市、巴中市、贺州市、昆明市、昭通市、肇庆市等 32 个城市	高—高（HH）	北京市、深圳市、广州市、上海市、珠海市、杭州市、常州市、苏州市、绍兴市、无锡市等 41 个城市
高—低（HL）	南阳市、岳阳市、忻州市、大连市、濮阳市、新乡市、淮北市、南平市、济南市等 19 个城市	高—低（HL）	大庆市、呼和浩特市、太原市
低—高（LH）	遂宁市、钦州市、百色市、安康市	低—高（LH）	南平市、蚌埠市
低—低（LL）	扬州市、泉州市、宁波市、镇江市、台州市、温州市、苏州市、绍兴市、泰安市、无锡市等 43 个城市	低—低（LL）	昭通市、保山市、固原市、白银市、榆林市、柳州市、临沧市、贵港市、濮阳市、新乡市等 55 个城市

由于 25 百分位绝对代际流动指标的空间集聚性更强，且相对代际位序相关性指标，25 百分位绝对代际流动指标经济意义也更加明确，本书接下来的分析将以 25 百分位绝对代际流动指标来衡量地区代际收入流动性。

为了详细比较城市代际收入流动水平的局域空间自相关性，在 LISA 空间聚类的基础上，通过 Stata 软件调取出局域莫兰指数及其检验 P 值，结果如表 4.14 所示。局域莫兰指数为正且在 1% 水平上显著的有乌鲁木齐市等 31 个城市，在 5% 水平上显著的有六盘水等 28 个城市，在 10% 水平上显著的有固原市等 7 个城市。局域莫兰指数为负值在 1% 水平上显著的有太原市，在 5% 水平上显著的有大庆市和呼和浩特市，在 10% 水平上显著的有南平市和蚌埠市。这些数值表现出的空间特征与表 4.13 LISA 空间聚类情况是一致的，同时进一步验证了图 4.9 中 Moran 散点图的有效性。

表 4.14　局域莫兰指数及其显著性

城市	LISA_I	城市	LISA_I	城市	LISA_I	城市	LISA_I	城市	LISA_I
六盘水	0.044 **	河池	0.003 ***	景德镇	0.000 ***	眉山	0.072 *	宁德	0.000 ***
乌鲁木齐	0.000 ***	拉萨	0.049 **	宜宾	0.094 *	中山	0.000 ***	蚌埠	0.001 ***

续表

城市	LISA_I	城市	LISA_I	城市	LISA_I	城市	LISA_I	城市	LISA_I
南宁	0.006***	玉林	0.089*	鹤壁	0.012**	金昌	0.015**	南京	0.000***
巴中	0.002***	广州	0.003***	青岛	0.002***	汕头	0.085*	湖州	0.000***
昆明	0.035**	渭南	0.021**	汉中	0.000***	邯郸	0.095*	南通	0.000***
南阳	0.007***	兰州	0.021**	咸阳	0.092*	上海	0.000***	淮安	0.000***
昭通	0.000***	长治	0.089*	东营	0.033**	佛山	0.000***	连云港	0.046**
保山	0.000***	驻马店	0.088*	菏泽	0.072*	十堰	0.031**	天津	0.028**
固原	0.057*	盐城	0***	洛阳	0.02**	安阳	0.064*	扬州	0.000***
白银	0.002***	大庆	0.016**	三门峡	0.011**	宣城	0.000***	泉州	0.000***
榆林	0.019**	曲靖	0.001***	江门	0.015**	漯河	0.048**	宁波	0.000***
天水	0.058*	日照	0.056*	许昌	0.08*	滁州	0.000***	镇江	0.000***
庆阳	0.000***	武威	0.026**	思茅	0.002***	钦州	0.033**	台州	0.000***
深圳	0.000***	珠海	0.001***	呼和浩特	0.014**	百色	0.019**	温州	0.000***
濮阳	0.012**	平凉	0.012**	福州	0.000***	安庆	0.038**	苏州	0.000***
新乡	0.003***	张掖	0.022**	商洛	0.001***	合肥	0.000***	绍兴	0.000***
防城港	0.078*	崇左	0.001***	广元	0.02**	烟台	0.069*	无锡	0.000***
柳州	0.001***	宝鸡	0.001***	北京	0.059*	潍坊	0.029**	金华	0.000***
陇南	0.001***	焦作	0.048**	周口	0.027**	唐山	0.045**	杭州	0.000***
南平	0.002***	西宁	0.005***	贵港	0.002***	太原	0.07*	常州	0.000***
临沧	0.000***	47.316	0.003***	—	—	—	—	—	—

根据以上分析可知，城市代际收入流动性存在明显的空间效应，且各城市代际收入流动性空间差异明显，因此，在探讨其影响因素时，不能再使用普通 OLS 回归，而应该采用空间回归模型。此外，各城市代际收入流动性空间差异明显，为此，还应采用局域空间参数回归模型。接下来，本书进一步探讨哪些因素影响了城市代际收入流动性，为不同城市提供针对性的代际流动提升建议，优化整体代际流动水平的空间布局。

4.4.3 影响因素的空间异质性

已有文献主要从微观层面探讨了代际收入流动的影响机制，如家庭背景因素，包括社会资本和家庭教育投资等。本书旨在利用地区代际收入流动数据，从宏观层面考察影响地区代际收入流动性的主要因素。其中，地区代际收入流动数据来源于之前测度的城市层面 25 百分位绝对代际流动性。在影响因素的选取上，借鉴相关文献的做法，将相关潜在因素主要分为三个维度，从收入差距、经济发展和社会发展等维度选取 10 个变量构建了地区代际收入流动影响因素的指标体系。代际收入流动是经济学领域的核心议题之一。迈尔斯·克拉克提出著名的盖茨比曲线，揭示了国家层面收入的高度不平等与低代际收入流动性之间的关系。Becker 和 Tomes 将人力资本纳入代际收入流动模型中，强调了教育和健康因素的重要作用。经济发展能够提高居民的教育水平和健康状况，经济发展还会伴随着产业结构转型，技术进步，创造更多就业机会，为低收入群体提供更多向上流动的机会。社会发展中的公共政策能够影响城市的机会结构，如公共教育、医疗服务，能够补充低收入家庭人力资本投资的不足，促进城市的代际收入流动性。可见，地区代际收入流动性是收入差距、经济发展和社会发展等三种因素综合作用的结果。为此，本书的地区代际收入流动影响因素包含三类：一是收入差距因素，选取收入 Gini 系数（gini）和城乡可支配收入比（urr）来进行度量；二是地区经济发展因素，选取人均 GDP（pergdp）、产业结构（industry）、数字化程度（digit）、市场化程度（market）和创新创业活跃度（innovate）；三是地区社会发展因素，选取人口密度（density）、人均公共教育支出（perfee）和每万人医生数（perdoctors）。

图 4.10 绘制了 25 百分位绝对代际流动性与多个城市特征变量之间的相关系数。其中，人均 GDP、产业结构、数字化程度、市场化程度、创新创业活跃度、人口密度、人均公共教育支出和每万人医生数与绝对代际流动性有显著的正相关性，而收入基尼系数和城乡收入比与地区绝对代际流动性有显著的负相关性。收入基尼系数与地区绝对代际流动性的相关系数为 -0.195，系数值在 1% 的水平上显著。从指标系数大小来看，人均 GDP、产业结构、数字化程度、创新创业活跃度、人均公共教育支出与绝对代际流动性的相关系数均在 0.5 以上，说明城市经济发展水平、数字化程度、创新创业活跃度、公共教育投入与绝对代际流动性的相关性较强。

本书采用 OLS、SAR 和 SEM 三个模型对地区代际收入流动的影响因素进行常参数估计，得到全域估计的结果，如表 4.15 所示，其中权重矩阵采用构造的经济地理距离空间权重矩阵。构造方法是先得到行标准化后的地理距离矩阵和人均 GDP 经济距离矩阵，然后再将两者相乘并进行标准化处理。

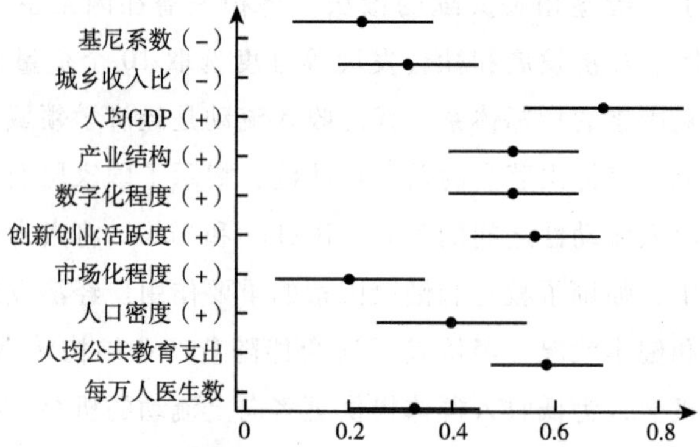

图 4.10 绝对代际流动性与各其他城市特征的相关性

表 4.15 地区代际收入流动影响因素的全域估计

变量	OLS	SAR	SEM
常数	21.283*** (5.804)	10.815* (5.584)	22.401*** (5.532)
gini	-29.07* (12.117)	-22.101** (11.027)	-22.781** (11.060)
urr	-0.825 (0.752)	-0.600 (0.681)	-1.295* (0.724)
pergdp	2.788*** (0.845)	1.623** (0.793)	2.588*** (0.816)
industry	0.158** (0.067)	0.086 (0.062)	0.142** (0.064)
digit	0.180 (0.135)	0.219* (0.122)	0.249** (0.126)
innovate	0.086*** (0.024)	0.074*** (0.022)	0.089*** (0.022)
market	0.294 (0.275)	0.222 (0.249)	0.201 (0.254)
density	0.002 (0.002)	0.002 (0.002)	0.001*** (0.002)
pefee	3.393*** (0.679)	3.053*** (0.617)	3.120*** (0.630)

续表

变量	OLS	SAR	SEM
perdoctors	-0.306*** (0.085)	-0.244*** (0.078)	-0.235*** (0.081)
ρ	—	0.476*** (0.087)	
λ	—		0.464*** (0.104)
Adj R - squared	0.578	0.599	0.573
Log - L	—	-745.530	-749.868
AIC	1538.641	1517.059	1525.736
BP	23.070	19.800	34.435
LR	—	29.997	19.944
LMERR	15.241***	15.327***	20.737***
LMLAG	27.022***	18.118***	31.868***
R - LMERR	3.873**	0.144	2.8311*
R - LMLAG	15.653***	2.935*	13.9614***

根据表 4.15，从 R - squared、AIC 等指标来看，SAR 模型和 SEM 模型的拟合优度均优于 OLS 模型，且 OLS 模型的 BP 检验结果在 1% 的水平上显著，说明存在异方差问题，更适合采用纳入空间效应的 SAR、SEM 模型。在模型选择方面，按照 Anselin 和 Florax（1995）提出的判断准则，在 SAR 模型中，由于 LMLAG 统计量值比 LMERR 统计量值更大，即 LMLAG 更显著，且 R - LMLAG 显著而 R - LMERR 不显著，因此选择 SAR 模型。从估计结果来看，地区代际收入流动性的空间效应系数为 0.476，且在 1% 的水平上显著，说明城市间代际收入流动性存在正向的空间相关性，即周边城市的代际收入流动性向同方向集聚，这与 LISA 空间聚类分析的结果一致，接下来对影响因素逐一分析。

首先，从收入差距因素来看，gini 系数值为 -22.101，且在 5% 的水平上显著，说明地区代际收入流动性与 gini 系数关系呈反方向变动。“了不起的盖茨比曲线”揭示了国家层面的收入差距与代际收入流动性之间满足负相关关系。Corak（2013）验证了美国内部代际收入流动与收入差距之间的负相关关系。本书通过构建城市层面的代际流动性指标，验证了盖茨比曲线规律在中国地区内部也同样适用。其中基尼系数是根据 2005 年全国 1% 人口抽样调查个人微观数据计算得到，基尼系数取值介于 0 和 1 之间，gini 系数越大说明城市内部收入差距也越大。实际上，城市内部收入差距拉大，会导致教育资源、社会资本分配不均，资源主要集中在高收入群体，低收入群体难以获得优质教育和社会资源，从而限制代际收入流动。此外，收入差距还会影响低收入家庭的健康和生活条件，进而影响子女的发展机会，导致代际流动能力减弱。

其次，从经济发展水平因素来看，人均 GDP（pergdp）的系数为 1.623，且在 5% 的水平上显著，表明城市经济发展水平与代际收入流动性之间存在正向的互动机制。其机制有三，一是经济发展水平较高的地区，产业结构和职业选择呈现多样化特征，为劳动者提供更多的就业机会，增强代际收入流动性。二是经济发展水平较高的地区，政府和社会对教育的投入也更大，优质教育资源更加普及，低收入群体的子女更容易获得良好的教育机会，从而提升未来的收入水平，实现阶层的跃升。三是经济发展水平较高的地区，社会保障体系更加完善，通过社会保障政策，低收入群体的子女能够获得更多社会支持，如更好的营养、健康和教育条件，减少贫困的代际传递。因此，经济发展水平较高的地区，通常拥有更多的就业机会和更高的收入水平，社会资源分配相对公平，低收入家庭的子女更容易通过教育、就业和社会支持实现向上流动，从而提高了地区代际收入流动性。而较高的地区代际收入流动性，意味着个人能力能够得到充分发挥，居民人力资本投资意愿高，有助于激发创新力和生产力，推动经济长期增长。经济发展因素中，数字化程度（digit）系数为 0.219，且在 10% 水平上显著。数字经济的发展催生了大量新业态和新职业，降低了信息获取的门槛，为中低收入群体提供了更多的就业机会，还能使低收入家庭更便捷地获取就业、教育和创新信息，从而提升代际收入流动性。创新创业活跃度（innovate）系数值为 0.074，且在 1% 水平上显著。创新创业活跃度高的城市往往具有更开放的经济环境，能够吸引资本流动和人才流动，创造大量就业机会，提升资源利用效率，帮助更多人实现经济地位提升，这有助于打破阶层固化，促进代际收入流动。

最后，从与社会发展因素来看，人均公共教育支出（pefee）和每万人医生数（perdoctors）系数值分别为 3.053 和 -0.244，均在 1% 水平上显著。

国内外学者均强调了教育在代际收入流动中的重要作用。Mayer 和 Lopoob（2008）通过实证研究发现，公共教育支出高的国家代际收入流动性也更强。陈琳（2014）将不同等级的地方教育支出与 CHNS 微观数据进行匹配，回归结果表明，幼托和初中阶段的公共教育支出能够显著促进代际收入流动，而高等教育支出的作用并不显著。公共教育作为促进代际收入流动的一种重要机制，能够缓解低收入群体人力资本投资的信贷约束，缩小不同收入群体子女的教育差距，提升地区整体人力资本水平，进而改善代际收入流动性。表 4.15 的实证结果从城市层面佐证了上述理论，即较高的公共教育支出意味着地区代际收入流动性也越高。地方医疗资源作为公共服务的重要组成部分，直接影响居民健康水平，进而影响人力资本积累和代际收入流动性。健康的人力资本是收入增长的重要基础，尤其对于低收入群体子女而言，健康改善能显著提高其未来收入潜力。另外，充足的医疗资源能够避免低收入群体因病致贫或因病返贫，为其子女提供更好的教育和就业机会。但表 4.15 中，每万人医生数系数为负，这与传统意义上理解存在偏差。事实上，医疗资源在区域间的分配不均，是导致地区代际收入流动性差异的重要因素之一。中国整体医疗水平依然较为薄弱，医疗资源供给仍不均衡，人均医疗支出差距大，医疗改善对地区代际收入流动的正向促进作用还没有体现出来。总之，公共教育作为社会发展的基础因素，能显著增加教育投资，提升人力资本的质量，而人力资本的提升能够增加个体就业机会和职业发展空间，特别是低收入群体，更有可能突破家庭背景的限制，实现收入向上流动，提升地区代际收入流动性。

SAR 模型考虑了地区代际收入流动性的空间相关性，但系数估计为常参数，展现了全域特征，无法揭示不同地区代际收入流动性的差异。为此，我们进一步采用 GWR 模型对上面显著的影响因素进行局域变参数估计。相比传统模型，GWR 模型能够直接估计出不同空间位置的作用系数，呈现影响因素在不同城市中的异质性影响。在具体进行 GWR 估计时，采用高斯核函数，选择 adaptive 法使 AICc 最小的带宽进行局域估计。通过计算可得最优宽带是 0.035，CV 得分为 8347.54。从模型诊断结果来看，Quasi - global R^2 超过 0.8，说明采用 GWR 模型是合适的。GWR 模型可计算各因素对每一空间单元的影响，为了研究方便，表 4.16 中详细统计了各因素对地区代际收入流动影响程度的最小值、25% 分位数、中位数、75% 分位数和最大值。

具体来看，各变量的系数均有正有负，且系数值大小各异，不同分位数上的估计值差异明显，可见收入差距、经济发展和社会发展因素对地区代际收入流动性的影响存在空间异质性，各因素在不同城市的影响作用并不一致。为揭示三类影响因素在不同城市内部作用程度和方向的差异，接下来以 gini 系数、人均 GDP 和公共教育支出分别代表收入差距、经济发展和社会发展水平，展开具体的空间异质性分析。

表 4.16　　GWR 模型估计

变量	最小值	25%分位数	中位数	75%分位数	最大值
常数项	-6.161	18.739	26.517	37.386	62.757
gini	-124.308	-34.785	-13.500	0.208	77.389
pergdp	-1.582	1.188	2.403	4.000	8.365
digit	-1.380	-0.352	-0.114	0.257	0.760
innovate	-0.049	0.032	0.067	0.145	0.302
pefee	-3.280	0.135	1.240	2.729	11.182
perdoctors	-0.982	-0.198	0.018	0.271	1.227
Quasi - global R^2 = 0.893；AIC = 1307.482；AIC_c = 1542.479					

由表 4.16 可知，收入差距对地区代际收入流动性的影响系数最小值为 -124.308，最大值为 77.389，具有明显的空间异质性。那么，这种空间异质性在城市层面如何分布呢？表 4.17 是根据 GWR 模型计算的收入差距影响系数及对应的 t 统计量，限于篇幅，仅列出了系数值排名前 15 和后 15 测算结果的空间分布格局。

表 4.17　　收入差距对地区代际收入流动性的影响

排序	城市	系数	t 统计量	排序	城市	系数	t 统计量
1	通化市	77.389	2.262	214	揭阳市	-92.673	-3.526
2	抚顺市	76.682	2.062	215	汕尾市	-92.771	-3.109
3	四平市	73.880	2.140	216	佛山市	-92.980	-2.533
4	铁岭市	59.961	1.877	217	梅州市	-92.998	-3.144
5	长春市	58.013	1.940	218	深圳市	-93.073	-2.745
6	本溪市	56.235	1.672	219	中山市	-95.576	-2.668
7	松原市	55.998	1.737	220	汕头市	-97.343	-3.549
8	常德市	55.617	1.537	221	江门市	-97.693	-2.631

续表

排序	城市	系数	t 统计量	排序	城市	系数	t 统计量
9	岳阳市	50.733	1.545	222	潮州市	-97.893	-3.462
10	益阳市	48.582	1.437	223	温州市	-98.694	-2.815
11	长沙市	47.333	1.295	224	丽水市	-98.744	-3.030
12	辽阳市	46.033	1.378	225	福州市	-98.847	-4.346
13	沈阳市	45.420	1.512	226	漳州市	-100.324	-4.130
14	吉林市	41.663	1.429	227	宁德市	-106.616	-4.047
15	鞍山市	38.766	1.169	228	泉州市	-124.308	-4.466

从收入差距影响系数来看，系数不仅大小不同，符号也有正有负，表明收入差距对地区代际收入流动的影响作用和影响方向均是不同的。228 个城市中，有 170 个城市 gini 系数小于 0，58 个城市 gini 系数大于 0。通化、抚顺、四平、铁岭、长春等东北城市收入差距对代际收入流动性的影响为正，但大部分城市收入差距对代际收入流动的影响为负。从空间分布来看，回归系数呈现由东北向东南逐步递减的同时向西北递减，即收入差距对温州、丽水、福州、漳州、宁德等东部沿海城市代际收入流动性的抑制作用最显著，对中西部城市的负向影响较小，而对东北部城市的影响为正。东部沿海城市经济发展水平较好，但如果内部收入差距大，会直接影响低收入群体的发展机会，降低代际收入流动性。近年来，中部崛起战略、产业转移等政策有效促进了中部地区的经济发展，城镇化进程较快，就业机会增加，很大程度上缓解了中部地区收入差距对代际收入流动的抑制作用。西部城市由于整体收入水平较低，内部收入差距相对较小，西部大开发战略、精准扶贫等政策，大幅改善了西部地区教育、医疗等设施条件，提升了低收入群体的发展机会，一定程度上缓解了本地收入差距对代际收入流动的抑制作用。东北城市收入差距的正相关系数表明盖茨比曲线规律在这些城市内部并不适用。这与东北城市长期以来的发展结构有关。由于东北地区长期以重工业为主导，产业结构单一，新型产业发展不足，就业机会较少，人力外流现象尤为突出。一方面，单一的产业结构使行业间收入差距较小；另一方面，年轻劳动力外流，导致高收入群体相对较少，使收入差距进一步减小。而传统产业增长空间有限，就业机会较少，人口老龄化结构，使本地经济活力不足，抑制了代际收入流动性。从 t 统计量来看，尽管东北部城市 gini 系数值具有促进代际收入流动性的作用，但系数值仅在通化、抚顺、四平、铁岭、长春、本溪、

松原等7市显著，在其他城市并不显著。而东部沿海15个城市不仅gini系数为负，且均在1%水平上显著。

表4.18是根据GWR模型计算的经济发展影响系数及对应的t统计量，限于篇幅，仅列出了系数值排名前15和后15测算结果的空间分布格局。228个城市中，仅临沂、蚌埠、徐州和淮南等19个城市人均GDP系数为负，其余均为正。不过，这19个城市的负系数都不显著。说明经济发展在城市层面主要发挥正向的作用，但这种促进作用在不同城市并不一致。系数为正的城市中，排名后10位的分别为绍兴、洛阳、深圳、丽水、温州、聊城、固原、宣城、南京、惠州。人均GDP回归系数的空间分布较为复杂，经济发展的影响总体上呈现由西向东逐渐递减的态势，但在东北地区系数值相对较高，形成了一个局部的高值区。即经济发展水平对四川省的绵阳、南充、遂宁、成都，广西壮族自治区的北海、玉林等西部城市代际收入流动的促进作用最强，系数值在5.8以上。在浙江省的绍兴、丽水、温州，广东省的深圳等地，经济发展水平的影响程度较小，系数值在0.5以下。东北部的伊春、佳木斯、鹤岗、牡丹江、绥化、哈尔滨等城市的影响系数介于3—5，影响程度相对较高。传统理论认为，经济发展水平的提高能够促进地区代际收入流动性。许多国内外的经验研究也证实了，经济发展水平的提高，代际收入流动性会显著增强。如北欧国家通过高福利政策和完善的教育体系，实现了较高的代际收入流动性。中国东部沿海地区由于经济发展水平较高，代际收入流动性也显著高于中西部地区，进一步验证了经济发展水平对代际收入流动性的促进作用。从空间分布看，经济发展对代际收入流动性的促进作用在不同地区存在显著差异，这与各地区的基础条件、经济结构、政策支持和社会环境等密切相关。首先，经济发展对西部城市代际收入流动性的促进作用更大。西部地区经济基础较弱，近年来国家政策支持力度较大，经济发展水平显著提升，西部地区通过产业升级和多元化创造了更多就业岗位，大量政策支持和资金的投入也促进了基础设施建设和教育、医疗等公共服务的发展，为中低收入群体的子女提供了更多的发展机会。其次，经济发展对东北部城市代际收入流动性的促进作用较大。随着经济发展水平的提高，东北部城市通过经济转型和新型产业发展，为中低收入群体提供了更多高收入岗位。此外，该地区还面临严重的人口外流问题，经济发展水平的提高能够吸引人才回流，增强经济活力。为此，经济发展水平较大幅度提升了东北部

城市的代际收入流动性。最后，经济发展对东部城市代际收入流动性的促进作用较小。由于东部城市经济发展水平较高，代际收入流动性也相对较高，因此，经济发展水平的进一步提升对代际收入流动性的边际促进作用较小。

表 4.18　　经济发展水平对地区代际收入流动性的影响

排序	城市	系数	t 统计量	排序	城市	系数	t 统计量
1	绵阳市	8.365	1.195	214	南阳市	-0.183	-0.061
2	南充市	7.835	1.331	215	东营市	-0.234	-0.184
3	遂宁市	7.555	1.068	216	平顶山市	-0.245	-0.065
4	成都市	7.209	1.121	217	白银市	-0.453	-0.163
5	德阳市	6.971	1.207	218	潍坊市	-0.722	-0.549
6	广元市	6.872	1.417	219	淮北市	-0.762	-0.465
7	北海市	6.627	2.157	220	济南市	-0.763	-0.553
8	海口市	6.568	2.690	221	济宁市	-1.011	-0.601
9	湛江市	6.494	2.562	222	泰安市	-1.042	-0.756
10	玉林市	6.432	2.400	223	滁州市	-1.151	-0.641
11	眉山市	6.409	1.083	224	枣庄市	-1.204	-0.853
12	内江市	6.145	0.873	225	淮南市	-1.214	-0.636
13	茂名市	5.853	2.367	226	徐州市	-1.280	-0.831
14	桂林市	5.821	2.940	227	蚌埠市	-1.552	-0.809
15	巴中市	5.801	1.524	228	临沂市	-1.582	-0.955

表 4.19 是根据 GWR 模型计算的公共教育支出影响系数及对应的 t 统计量，限于篇幅，仅列出了系数值排名前 15 和后 15 测算结果的空间分布格局。228 个城市中，仅铁岭、怀化、长春和贺州等 52 个城市公共教育支出系数为负，其余均为正，且这 52 个城市的负系数均不显著，说明公共教育支出在城市层面主要发挥正向的作用，但这种促进作用在不同城市并不一致。正影响系数中，排名后 10 位的分别是陇南、宜宾、汉中、鹤岗、牡丹江、保山、三亚、无锡、思茅、湖州。公共教育支出对城市代际收入流动的正向影响以中部城市为核心向外逐渐减弱，且向西减弱的程度要大于向东。即在安徽的淮南、蚌埠、阜阳、合肥，湖北的黄冈、黄石等中部城市，公共

教育支出能够明显提高代际收入流动性，影响系数均在6以上，在福建省的福州、南平，山东的临沂、泰安，江苏的扬州、镇江，广东的潮州、汕头等东部城市，公共教育支出能够较大幅度地提高代际收入流动性，影响系数在2.5—6，而在黑龙江的鹤岗、牡丹江，云南的保山、思茅市，四川的眉山、宜宾市等西部城市，公共教育支出对代际收入流动性的促进作用较小，影响系数不足0.25。与其他地区相比，中部城市的公共教育资源分配相对均衡，教育质量整体较高，教育的回报率也较高。中部城市公共教育支出的增加，为更多低收入群体的子女提供了改变命运的机会，提高了他们的社会资本和人力资本，同时提高了教育的回报率，使个体未来收入得到显著提升，大大促进了地区代际收入流动性。东部城市经济相对发达，教育资源也更加丰富，其公共教育支出对代际收入流动性的提升也具有较大的作用。然而，有东部城市教育质量普遍较高，尤其是民办学校和外语、双语中小学等，教育竞争激烈，课外辅导和家庭背景对教育质量的影响较大，限制了部分公共教育促进代际收入流动的作用，使其影响效果不如中部城市明显。西部城市公共教育投入相对较低，教育和经济发展都较为滞后，尽管近年来，国家加大了对西部地区的教育投入，但整体上教育资源仍然不足。因此公共教育支出对西部城市代际收入流动性的影响较小，仍有很大的提升空间。

表4.19　　　　公共教育支出对地区代际收入流动性的影响

排序	城市	系数	t统计量	排序	城市	系数	t统计量
1	淮南市	11.182	6.037	214	铁岭市	-1.188	-0.489
2	蚌埠市	11.181	5.669	215	怀化市	-1.209	-0.825
3	阜阳市	10.712	5.242	216	长春市	-1.296	-0.566
4	合肥市	8.986	6.072	217	贺州市	-1.383	-0.754
5	淮北市	8.407	5.373	218	上海市	-1.388	-0.734
6	滁州市	8.267	4.106	219	抚顺市	-1.541	-0.531
7	六安市	8.204	6.638	220	桂林市	-1.593	-0.884
8	徐州市	7.801	4.984	221	通化市	-1.671	-0.631
9	亳州市	6.712	3.716	222	四平市	-1.706	-0.660
10	黄冈市	6.454	4.632	223	肇庆市	-1.760	-0.678
11	泉州市	6.299	4.605	224	郴州市	-1.807	-1.120

续表

排序	城市	系数	t 统计量	排序	城市	系数	t 统计量
12	黄石市	6.285	4.391	225	云浮市	-2.031	-0.806
13	安庆市	6.245	5.529	226	娄底市	-2.142	-0.883
14	池州市	6.136	5.206	227	邵阳市	-3.196	-1.383
15	九江市	6.000	4.269	228	永州市	-3.280	-1.828

4.5　本章小结

本章共有 4 节，4.1 节从零收入及低收入偏误、生命周期偏误和暂时性偏误等方面，深入剖析了传统代际收入弹性和代际位序相关性的偏误程度；4.2 节介绍了用于地区代际收入流动测度的数据来源，详细描述了如何匹配“父代—子代”收入数据处理过程，并对相关变量进行描述性分析；4.3 节首先估计了中国整体的代际收入流动水平，然分别从地级市、省会城市及直辖市三个级别，对城市代际收入流动水平进行了估计和比较；4.4 节先利用核密度分析直观地揭示了 IRA 相对代际流动性和 25 百分位绝对代际流动性的分布情况，然后借助空间地理分析技术，展示了 228 个城市代际收入流动性的空间集聚特征及 LISA 聚类情况，最后从收入差距、经济发展和社会发展三个方面，分析了地区代际收入流动性形成机制的空间异质性。通过估计城市层面的代际收入流动性，为下一步构建理论模型，探讨其外在经济影响提供了数据基础。通过统计测度，本章主要得出如下结论。

第一，相对于代际收入弹性，代际位序相关性更符合线性相关性的性质；代际收入弹性法排除了收入为零的样本且对收入较低样本的估计结果很不稳健，而代际位序相关法能够直接包含零收入和收入较低的样本，且估计结果受低收入样本的影响较弱，偏误更小；由于收入位序受年龄和短期波动冲击的影响要小于收入值，因此代际位序相关性生命周期偏误和暂时性偏误更小。

第二，从整体上看，我国总体代际收入流动性偏低，其中代际位序相关性为 0.610，25 百分位、50 百分位和 75 百分位绝对代际流动性分别为 35.058、50.001 和 64.944；中国不同收入阶层的代际流动性差异明显，收入顶层和收入底层的代际流动性偏低。地区差异能够解释各个收入阶层组内可解释变差的 50%。

第三，城市间代际收入流动水平差异很大。其中，相对代际流动性最高的城市为常州（IRA 为 0.129），最低的城市为丽水（IRA 为 0.772）。中低、中等和中高收入阶层绝对代际流动性最高的地区均分布在江浙沪一带。省会城市中相对代际流动性最高的是杭州（IRA 为 0.177），绝对代际流动性最高的是上海（r25 为 62.799、r50 为 72.656、r75 为 82.514）。四大直辖市中，天津的相对代际流动性最高，上海的绝对代际流动性最高，而重庆相对代际流动和绝对代际流动均最低，相比其他三个直辖市，重庆阶层固化现象最为严重，中低收入阶层绝对代际流动水平较低。中国的代际收入流动性在空间分布上呈现由东向西递减的趋势，且相比于相对流动性，绝对流动性的空间集聚性更强。

第四，代际收入流动性存在较大的空间差异，空间分布呈现出较强的正向空间依赖性。SAR 回归模型的结果表明，gini 系数与地区代际收入流动性呈现反向变动关系，人均 GDP、数字化程度、创新创业活跃度和公共教育支出与地区代际收入流动性呈现正向变动关系。从空间分布看，在不同城市，影响因素对代际收入流动的影响方向和影响程度均存在较大差异。具体而言，收入差距的影响系数由东北向东南逐步递减的同时向西北递减。经济发展的影响总体上呈现由西向东逐渐递减的态势，但在东北地区有一个局部高值区。公共教育支出的影响则表现为以中部城市为核心向外逐渐减弱。

第 5 章

地区代际收入流动性对农村劳动力流入的影响

农村劳动力向城市流动的最终目标是追求个人效用的最大化。除了工资收入能够增进个人效用水平之外，城市代际收入流动性所反映的机会公平也能够带来效用水平的提升。城市代际收入流动水平越高，经济机会结构也就更加开放。个体发展差距是市场竞争的结果，而不是机会不均等造成的，其收入水平主要依靠自致性因素而更少依赖父代收入等家庭环境因素，因此通过个人努力创造更好未来的机会较高。从城市代际收入流动性影响农村劳动力流动行为的基本逻辑看，一方面，受农村封闭社会结构的阻碍（李增元和葛云霞，2014），农村劳动力难以获得与其努力和能力相匹配的社会经济地位，会有更强的流向高代际收入流动性城市的动机。另一方面，农村劳动力通常出身于社会经济地位较低的家庭，经济资本和社会资本匮乏，意味着其主要凭借个人能力谋求发展，因此城市代际收入流动性越高，农村劳动力流入的概率也就越大。在机会公平的影响下，城市代际收入流动性可能成为吸引农村劳动力流入的重要因素。在现有研究的基础上，本章综合考虑了职工平均工资、就业率、产业结构和人口规模等变量后，重点关注城市代际收入流动性对农村劳动力流入的影响。这会为现有农村劳动力流动研究提供有益的补充。为此，本章将第 4 章测算出的城市层面代际收入流动数据以及相关城市变量与农村劳动力个人样本进行匹配，实证检验城市代际收入流动性对农村劳动力流入的影响，为全面把握农村劳动力流动的动机提供新的依据。具体而言，首先，基于随机效用理论来构建理论模型；其次，通过实证检验城市代际收入流动性对农村劳动力流入地选择的影响，评估农村劳动力选择流入地时对代际收入流动性、工资水平的相对权重；再次，从更换核心解释变量、考虑测量误差等多个角度对基准结果进行稳健性检验；最后，将农村劳动力按学历、是否有子女以及是否为新生代等个人特征进行区分，探讨在机会公平与工资水平双重影响下，不同类别的人群又会如何做出权衡取舍？

5.1 影响农村劳动力流入的理论分析

农村劳动力会在一系列不同的备选城市中选择要流入的城市，在随机效用函数框架下，令 $i = 1, \cdots, N$ ，表示第 i 个农村劳动力个体，$j = 1, \cdots, J$ ，表示第 i 个农村劳动力个体决定所要流入的城市 j ，个体效用函数如下：

$$U_{ij} = \beta Z_{ij} + \varepsilon_{ij} \tag{5.1}$$

其中，Z_{ij} 是由农村劳动者 i 的个体特征和城市 j 的特征所组成的特征向量，ε_{ij} 为随机误差项。农村劳动力 i 在 J 个备选城市中选择城市 j 作为流入地需要满足以下条件：

$$\begin{aligned} P(choice_{ij} = 1) &= P(U_{ij} > U_{ik}) = P(\beta Z_{ij} + \varepsilon_{ij} > \beta Z_{ik} + \varepsilon_{ik}) \\ &= P(\varepsilon_{ik} < \beta Z_{ij} - \beta Z_{ik} + \varepsilon_{ij}) \end{aligned} \tag{5.2}$$

麦克法登（1974）证明了当随机误差项 ε_{ij} 满足独立同分布的 I 型 Gumbel 分布时，农村劳动者 i 选择流入至城市 j 的概率为：

$$P(choice_{ij} = 1) = \frac{\exp(\beta Z_{ij})}{\sum_{j=1}^{J} \exp(\beta Z_{ij})} \tag{5.3}$$

其中，$choice_{ij}$ 是取值为 0、1 的被解释变量：当农村劳动者 i 选择城市 j 作为流入地时，$choice_{ij}$ 取值为 1；当农村劳动者 i 选择其他城市作为流入地时，$choice_{ij}$ 取值为 0。

农村劳动力个体的效用水平取决于 Z_{ij} ，由可选城市的特征和农村劳动力个体特征构成。$Z_{ij} = [X_j, P_h]$ ，其中，X_j 为城市特征向量，P_h 为农村劳动者的个体特征向量。故，

$$P(choice_{ij} = 1) = \frac{\exp(\alpha X_j + \beta P_h)}{\sum_{j=1}^{J} \exp(\alpha X_j + \beta P_h)} = \frac{\exp(\alpha X_j)}{\sum_{j=1}^{J} \exp(\alpha X_j)} \tag{5.4}$$

由于农村劳动力的个体特征 p_h 不会因城市选择的不同而发生变化，因此在模型中被排除。

农村劳动者在选择流入目的地时所获得的效用水平取决于预期收入和流入地的城市特征。把工资收入和流入地城市特征同时纳入效用方程时，工资收入边际效用满足递减的性质，目的地城市特征带来的效用的相对重要性应满足随工资收入增加而提高的性质。

为此，假定农村劳动者 i 流入城市 j 时的效用函数满足线性齐次性，即：

$$U_{ij} = w_{ij}^{\alpha} q_j^{1-\alpha} ; 0 < \alpha < 1 \tag{5.5}$$

工资收入的边际效用随着工资收入的增加而递减，故

$$\frac{\partial U_{ij}}{\partial w_{ij}} > 0 \text{ ,且 } \frac{\partial^2 u_{ij}}{\partial w_{ij}^2} < 0 \tag{5.6}$$

城市特征的边际效用的相对重要性则随着工资收入的增加而增加，故

$$\frac{\partial U_{ij}}{\partial q_j} \bigg/ \frac{\partial U_{ij}}{\partial w_{ij}} = \left(\frac{1}{\alpha} - 1 \right) \frac{w_{ij}}{q_j} > 0 \tag{5.7}$$

将式（5.5）取对数后代入式（5.4），可得

$$P(choice_{ij} = 1) = \frac{\exp(\alpha \ln w_{ij} + (1-\alpha)\ln q_j)}{\sum_{j=1}^{J} \exp(\alpha \ln w_{ij} + (1-\alpha)\ln q_j)} \tag{5.8}$$

式（5.8）为本章的实证模型奠定了基础。

5.2　模型与变量

5.2.1　模型设定

考虑到理论模型（5.8）中的 w_{ij} 和 q_{ij} 难以准确度量，为此本书的实证模型设定如下：

$$P(choice_{ij} = 1) = P(U_{ij} > U_{ik}) = \frac{\exp(\alpha AM_{pj} + \beta W_{ij} + \gamma X_{ij})}{\sum_{j=1}^{J} \exp(\alpha AM_{pj} + \beta W_{ij} + \gamma X_{ij})} \tag{5.9}$$

其中，AM_{pj} 度量了城市 j 不同社会阶层 p 的绝对代际流动性；W_{ij} 表示农村劳动力 i 可选城市 j 的工资变量；X_{ij} 表示农村劳动力 i 可选城市 j 的其他特征向量；ε_{ij} 为随机误差项。本章采用 Mcfadden（1974）发展的条件 Logit 模型估计式（5.9）中的变量系数 α、β、γ，系数值大小反映了各变量对城市

被选概率的影响。

在本书中，代际收入流动性是核心指标，式（5.9）中的估计系数 $\alpha > 0$，表示城市代际收入流动性越高，农村劳动力流入该城市的概率越大；反之，如果 $\alpha < 0$，说明城市代际收入流动性越高，则会降低农村劳动力选择该城市作为流动目的地的可能性。由于每个农村劳动力都面临选择 J 个备选城市，因此，实际样本数量为个体数量与可选城市数量的乘积（$N \times J$）。

本书除了研究城市代际收入流动性等城市特征对农村劳动力流入的影响外，还研究这些影响的个体异质性。在条件 Logit 模型中，城市特征影响的个体异质性需要通过构造城市特征和个体特征的交互项来实现。本书重点考察代际收入流动性和工资影响农村劳动力流入的个体异质性，具体模型如式（5.10）所示，

$$P(choice_{ij} = 1) = P(U_{ij} > U_{ik}) = \frac{\exp(\alpha AM_{pj} + \theta AM_{pj}H_i + \beta W_{ij} + \lambda W_{ij}H_i + \gamma X_{ij})}{\sum_{j=1}^{J}\exp(\alpha AM_{pj} + \theta AM_{pj}H_i + \beta W_{ij} + \lambda W_{ij}H_i + \gamma X_{ij})} \tag{5.10}$$

考虑到条件 Logit 模型并非线性模型，故不能将系数估计值直接解释为边际影响。为了得到变量系数的边际作用大小，本书进一步计算得到平均概率弹性。农村劳动力选择城市 j 作为目的地城市的概率弹性由当地社会经济特征向量（X_{ij}）和农村劳动力自身特点所决定。根据弹性公式：

$$E_{ij} = \frac{\partial P(j)}{\partial X_{ij}} \frac{X_{ij}}{P(j)} = \gamma_j[1 - P(j)] \tag{5.11}$$

城市特征 X_j 的平均概率弹性可通过加总所有的概率弹性得到，

$$AE_j = \sum_{i=1}^{N}\sum_{j=1}^{J} E_{ij} = \gamma_j \frac{J-1}{J} \tag{5.12}$$

式（5.12）中 J 是流动人口家庭备选城市集的数量，γ_j 为待估计参数。因此，在本书回归结果中，需要将所得到的参数乘以 $\frac{J-1}{J}$ 来计算自变量对于因变量的边际影响。

5.2.2 数据与变量

根据上述理论分析，本书将农村劳动力流动的个体数据与城市代际收入

流动性及其他特征变量匹配，为实证分析提供数据支持。本部分采用的个体数据来源与第 3 章一致，即全国流动人口动态监测（CMDS）数据。本书的研究对象为流入城市的农村劳动力，在实证分析中需要被调查者流动前后所在地的信息，但 2011—2016 年的 CMDS 数据库中关于被调查者的户籍地址信息仅涉及所在省份，而 2017 年 CMDS 数据库公开了个体户籍所在地的县级地址代码，因此本书选用 2017 年 CMDS 数据展开分析。此外，选择 2017 年的数据也能够更好地捕捉农村劳动力近期的流动机制。城市层面的控制变量来自《中国城市统计年鉴》。

（1）被解释变量的定义

CMDS 数据覆盖了全国 31 个省份，包括城镇地区和农村地区在内的 15 周岁及以上的流动人口数据。本书主要考察农村劳动力的流动行为，因此采用数据集中调查地点为居委会且户口性质为农业户口的个人样本，考虑到城市代际收入流动性是基于 2005 年数据测算得到，为避免时间上的因果关系的干扰，本书仅保留了 2005 年后流入本地的农村劳动力样本，并将个体的年龄区间限制在 15—64 周岁，即处于有效劳动年龄区间。2017 年 CMDS 数据还询问了个体流动的原因，主要包括：务工/工作或经商、家属随迁和嫁娶等。本书只保留了因务工/工作、经商而流动的样本，因其他（例如，工作调动、分配录用、学习培训、拆迁搬家、婚姻迁入、投亲靠友、寄挂户口、出差等）而外出的农村劳动力，其流动行为可能受到更多特殊的个人和家庭因素的影响，这将使城市特征影响农村劳动力流动决策的机制发生变化。

经过数据清洗，本书成功识别出 40622 个农村劳动力流动样本，根据个人样本调查所在地的城市代码，与第 4 章测算所得的 228 个城市的代际收入流动数据相匹配，但应当注意的是农村劳动力所在城市并非与代际收入流动数据一一匹配。例如，部分有代际收入流动数据的城市却没有出现在农村劳动力流动样本中，而农村劳动力所在的城市也不一定都有代际收入流动数据。本书所构建的城市集只包含了有代际收入流动数据且城市特征变量数据完整的 213 个城市，剔除了流入这 213 个城市之外的农村劳动力，最终回归模型中包含了 35939 个农村劳动力流动样本。表 5.1 报告了农村劳动力流动样本的个人特征，农村劳动力流动样本个人的平均年龄在 33 周岁，男性比例略多于女性，学历水平为初中的占比最高，新生代农村劳动力占到总样本人口数 70.3%，近一半的农村劳动力个体有子女。

表 5.1　　农村劳动力个人特征的描述性统计

变量	均值	标准差
年龄（岁）	33.442	9.412
性别（男性比例,%）	0.540	0.498
小学及以下学历（%）	0.120	0.325
初中学历（%）	0.428	0.495
高中学历（%）	0.253	0.435
大专及以上学历（%）	0.199	0.399
新生代占比（%）	0.703	0.457
有子女占比（%）	0.497	0.500

（2）核心解释变量的定义

结合第 4 章关于地区代际收入流动性测度研究的结论，本章以城市的 r25 绝对代际流动指标作为核心解释变量，主要基于以下两点的考虑：一是绝对代际流动指标更具规范性，人们普遍偏好绝对向上流动性更好的地区，而相对流动指标只能够揭示平均意义上的流动性，无法识别流动方向。二是农村劳动力往往是城市里的弱势群体，所以也就更加关注城市中低收入阶层的绝对代际流动水平。因此，本书以城市的 r25 绝对代际流动为主，并以 r10、r30、r40 和 r50 其他中低收入阶层绝对代际流动作为替代指标进行稳健性检验，从而保证回归结果的稳健性。

（3）城市特征变量

2017 年 CMDS 数据库中，农村劳动力样本涉及地级市的数量为 284 个，由于部分城市相关变量数据缺失，最终包含在本书农村劳动力选择集中的城市数量为 213 个。这 213 个城市是农村劳动力流入的主要城市，流入这 213 个城市的农村劳动力占总农村劳动力样本的比例为 88.472%，同时，这 213 个城市分布在全国 31 个省份，因此本书将这 213 个城市作为农村劳动力流入地选择集，具有较好的代表性。

本书对影响农村劳动力流动的城市变量进行了说明，见表 5.2。具体包括：①职工平均工资，职工平均工资水平能够在一定程度上反映出当地劳动力的平均收入水平，职工平均工资水平越高，农村劳动力流入该地的可能性也越高；②就业率，就业率越高，农村劳动力更愿意流入该城市寻找就业；

③产业结构，第三产业占比越高，说明服务业发展水平越高，对农村劳动力的吸纳能力也越强；④人口规模，人口规模越大，消费市场潜力越大，就业机会也就越多；⑤房价工资比，房价工资比既可以衡量城市居住成本，也可作为城市特征信号，通过降低未来预期收入的不确定性从而吸引人口流入（张莉，2017）；⑥公共服务，本书重点选择了公共服务资源中的基础教育和医疗服务，控制了公共服务水平对农村劳动力流动的影响；⑦流动距离，衡量流出地城市和流入地城市之间的距离；⑧流动范围，即农村劳动力是否跨省流动。研究发现，农村劳动力在流动时往往要兼顾家庭子女和老人的照料，在工资水平等其他条件相同的情况下，农村劳动力更倾向流入较近的城市，且更偏好省内流动。Zhang 和 Zhao（2013）的研究表明，要使农村劳动力的离家距离增加 10%，工资必须相应提高 15%。因此，在分析农村劳动力流入时，应当控制距离因素。

表 5.2　城市特征变量

变量	定义
代际收入流动性	25 百分位绝对代际流动性
职工平均工资	全市职工年平均工资（千元）
就业率	1 - 失业率
产业结构（%）	第二、第三产业产值（万元）/GDP（万元）
人口规模	年末户籍人口数据（万人）的对数
房价工资比	全市商品房销售价格（千元）/工资水平（千元）
基础教育	中学数（所）/在校中学人数（万人）
医疗资源	医院数（所）/人口规模（万人）
是否省会	农村劳动力备选城市是否为省会
流动距离（100 千米）	农村劳动力流出地与各备选城市的地理距离（百万米）
是否跨省	农村劳动力流出地与各备选城市是否跨省
落户门槛指数	城市落户难度的综合得分数，数值越大表示落户门槛越高

注：到港口的距离和流动距离均根据城市中心经纬度计算得到，落户门槛指数来自张吉鹏和卢冲（2019），表中其他数据来自 2005—2015 年的《中国城市统计年鉴》。

最后，本书还控制省份的固定效应，以避免文化、历史、气候等不可观测的省际差异影响农村劳动力的流动决策。表 5.3 报告了城市特征的描述性统计，其中与时间相关的经济变量为 2005—2015 年年度数据的平均值，并根据 2005 年为基期的消费物价指数进行调整。以城市经济变量多年平均值作为控制变量，可以有效避免因数据缺乏和流动时间分散而造成的样本量损失（刘毓芸等，2015）。同时，城市代际收入流动性是基于2005年1%的人口抽样调查微观数据计算得到，这能在一定程度上避免代际收入流动性与农村劳动力流动的内生性偏误。

表5.3　　　　城市基本特征的描述性统计

变量	观测量	均值	标准差	最小值	最大值
绝对代际流动（r25）	213	34.585	10.820	18.907	70.313
职工平均工资（千元）	213	22.678	6.091	14.057	51.514
就业率（%）	213	93.120	3.098	75.657	99.014
产业结构	213	0.405	0.524	0.130	7.916
人口规模（对数）	213	5.960	0.627	3.850	8.083
房价工资比（%）	213	10.973	4.457	4.301	39.533
基础教育	213	44.026	10.227	25.486	124.093
医疗资源	213	16.907	8.643	4.941	82.283
是否省会	213	0.131	0.339	0	1
流动距离（百万米）	7655007	9.964	4.703	0	19.995
是否跨省	7655007	0.957	0.203	0	1
落户门槛指数	89	0.696	0.356	0.133	2.496

本书将代际收入流动性信息同城市层面的其他变量信息一同匹配到农村劳动力个人样本中，并生成条件Logit模型所需要的长数据格式，得到用于回归分析的基础样本。经过匹配后共得到35939个农村劳动力样本，对于每个潜在个体，有213个目的地选择相对应，共产生了$35939 \times 213 = 7655007$个观测值。条件Logit模型的数据结构格式如表5.4所示：第一，每个农村劳动力i与其备选城市j是该数据的一个样本，即总共有$\sum_i^I J_i$个样本，其中I代表农村劳动力总数；第二，对于以农村劳动力i为核心的J_i个样本，只有农村劳动力i的实际就业所在城市j对应的choice变量取值为1，其他样本的choice变量均取值为0；第三，核心解释变量是随城市j变化的变量，与i无关；第四，控制变量中既包含城市层面的变量，也包括随个人变动的变量。

表 5.4　　　　　　　　　　条件 Logit 模型的数据结构

样本	流动人口 i	城市选择集 j	选择结果 $choice_{ij}$	代际流动 AM_j	控制变量 X_{ij}
1	1	1	1		
2	1	2	0		
…	…	…	0		
J_1	1	J_1	0		
J_1+1	2	1	0		
J_1+2	2	2	1		
…	…	…	0		

5.3　影响农村劳动力流入的实证分析

5.3.1　基准回归结果

本部分运用条件 Logit 模型来分析城市代际收入流动性对农村劳动力流入的影响，为了使变量系数解释起来更加直观，在接下来的实证分析中直接报告各个解释变量的平均概率弹性，即回归结果中的变量系数均为边际效应，其含义为城市特征变化——单位对农村劳动力选址概率的影响。为了比较不同城市特征对农村劳动力流入地选择概率影响，本章还将所有城市特征变量通过 Z - score 方法进行标准化，这时的回归系数可解释为某一城市特征每变动一个标准差，该城市被选择概率变动的倍数。基准回归的估计结果见表 5.5。

表 5.5　　　　　　　　　　基准回归结果

变量	回归（1）	回归（2）	回归（3）	回归（4）	回归（5）
绝对代际流动（r25）	0.119*** (0.001)	0.081*** (0.001)	0.052*** (0.001)	0.053*** (0.001)	0.567*** (0.016)
职工平均工资		0.091*** (0.001)	0.021*** (0.002)	0.022*** (0.002)	0.132*** (0.011)
就业率		0.124*** (0.004)	0.083*** (0.004)	0.083*** (0.004)	0.258*** (0.013)
产业结构			0.112*** (0.019)	0.116*** (0.018)	0.061*** (0.009)

续表

变量	回归（1）	回归（2）	回归（3）	回归（4）	回归（5）
人口规模			0.648*** (0.016)	0.615*** (0.016)	0.385*** (0.010)
房价工资比			0.059*** (0.002)	0.059*** (0.002)	0.260*** (0.009)
基础教育			-0.025*** (0.001)	-0.026*** (0.001)	-0.263*** (0.012)
医疗资源			0.045 (0.001)	0.046*** (0.001)	0.399*** (0.013)
是否省会			0.558*** (0.022)	0.533*** (0.022)	0.180*** (0.008)
流动距离				-0.069*** (0.001)	-0.323*** (0.007)
是否跨省				-4.272*** (0.017)	-0.865*** (0.003)
省固定效应	控制	控制	控制	控制	控制
Chi2	34853.82	44352.36	53494.04	108231.38	108231.38
$PseudoR^2$	0.090	0.109	0.1393	0.401	0.401
样本容量	7655007	7655007	7655007	7655007	7655007
城市数量	213	213	213	213	213
个体数量	35939	35939	35939	35939	35939

注：*、**、***分别表示在10%、5%、1%的置信水平上显著，下表同样。

回归（1）中仅考虑城市代际收入流动性对农村劳动力流入地选择行为的影响，结果显示绝对代际流动系数在1%的水平上显著为正，说明城市代际收入流动性对农村劳动力流入具有正向影响。回归（2）在回归（1）的基础上控制了当地职工平均工资水平和就业率，结果发现城市代际收入流动性对农村劳动力流入的正向影响依然高度显著，但概率弹性有所下降。回归（3）在回归（2）的基础上加入人口规模、产业结构、房价工资比、基础教育、医疗服务、是否省会等城市特征变量，发现绝对代际流动系数依然显著为正，且概率弹性依旧下降。回归（3）的结果表明农村劳动力在决定流入哪个城市时，除了要考虑当地工资水平、公共服务等之外，还会考虑城市的代际收入流动性，而且工资水平高和就业机会多的城市，往往机会公平性也更好，因此在控制了职工平均工资和就业率后，绝对代际流动的系数明显下降。考虑到农村劳动力个体流动的交通成本和心理成本，回归（4）在回归（3）的基础上进一步加入流动距离以及是否跨省流动的个人层面的控制变量，发现绝对代际流动系数依然显著。据此判断，农村劳动力在选择流入目的地时，不仅会寻找更高的工资水平，同时还会看重当地的代际收入流动水平。绝对代际流动的影响系数表明，平均来看，城市绝对代际流动性每增加 1 个百分位序将导致农村劳动力流入该城市的概率提高 0.053 个百分点。同时职工平均工资的影响系数表明，城市职工平均工资每增加 1000 元，农村劳动力流入该城市的概率将显著上升 0.022 个百分点。为了比较不同城市特征尤其是代际收入流动与职工平均工资对农村劳动力流动决策的相对作用大小，回归（5）对所有变量进行标准化处理，然后再对标准化变量进行条件 Logit 模型估计。结果显示，城市代际收入流动对农村劳动力影响系数最大，城市绝对代际流动性平均每增加一个标准差，农村劳动力选择这个城市作为流入地的概率将提高 0.567 倍，而职工平均工资平均每增加一个标准差，农村劳动力选择这个城市的概率上升 0.132 倍，小于代际收入流动所带来的影响，因此，政策制定者不能低估城市机会公平环境对农村劳动力集聚的重要作用。

从其他城市特征变量来看，产业结构和人口规模的系数在 1% 水平上显著为正，表明较高的经济发展水平和更大的城市规模能够显著提升城市对农村劳动力的吸引力，产业结构每增加一个标准差，城市被选中的概率增加 0.061 倍，人口规模每增加一个标准差，城市被选择的概率增加 0.385 倍；房价工资比的影响系数在 1% 的水平上显著为正，房价工资比较高的城市一般为经济发展水平更好的大城市，对农村劳动力也更具吸引力，房价工资比每增加一个标准差，城市被选择的概率增加 0.260 倍；公共服务因素中医疗资源的影响系数为正，但基础教育的影响系数为负。通过对数据的检查发现，大城市人口规模太大可能导致基础教育变量数值偏小。省会城市凭借其拥有的资源优势，发展速度普遍比其他地级城市更快，因此也更容易吸引农村劳动力流入；流动距离代表了农村劳动力流动的成本，从流动距离变量和是否跨省变量的系数来看，在其他条件相同的情况下，农村劳动力更倾向于选择离户籍所在地距离近的城市。与其他省份的城市相比，农村劳动力更倾向于选择同一省份内的城市，说明距离仍是限制农村劳动力流动的一大障碍。流动距离每增加 1 个标准差，城市被选择概率下降为原来的约 1/3。

5.3.2 稳健性检验

（1）更换核心解释变量

由于农村劳动力中多数属于中低收入阶层，所以本书在基准回归中采用25百分位即中低收入阶层的绝对流动指标。接下来，本书将考虑不同中低收入阶层的绝对流动指标对农村劳动力流动行为的影响，结果如表5.6中回归（1）至回归（4）所示，在分别以10百分位、30百分位、40百分位和50百分位的绝对代际流动指标作为核心解释变量时，结果均表明城市代际收入流动性对农村劳动力流入具有显著的正向影响。从不同中低收入阶层绝对流动指标估计结果来看，10百分位、30百分位、40百分位和50百分位绝对流动系数分别为0.044、0.056、0.059、0.060，即随着收入阶层的递增，绝对流动系数估计值也越大。不过，系数增加的幅度也随着收入阶层的递增而逐渐下降，在30百分位后，绝对代际流动系数基本稳定在0.06，这也反映出农村劳动力主要关注城市中低收入阶层代际流动水平的事实。

（2）考虑测量误差

本书关于城市代际收入流动性的测度是排除所有外来迁入者，仅以本地户籍居民的收入信息来计算，这样做的目的是避免人口迁入对代际流动产生的干扰（王伟同，2019）。在我国，农村劳动力主要流向经济发达的东部地区，如广州、深圳、北京、上海等一线城市，长期以来外来人口比重居高不下，可能会对本地的代际收入流动性产生影响。因而仅用本地人口来测度代际收入流动性有可能会导致这部分城市的估计值有着较大的测量误差。为此，本书参照2010年人口普查数据，删除了人口迁入率最高的十个城市，包括广州、上海、北京、深圳、东莞、苏州、佛山、天津、成都和宁波，重新计算城市代际收入流动性，再与劳动力个人微观数据进行匹配，实证得到的结果如表5.6的回归（5）所示。城市绝对代际流动系数仍然在1%水平上高度显著，反映潜在测量误差并不影响本书的基准估计。

表5.6　稳健性检验

变量	r10	r30	r40	r50	测量误差
	回归（1）	回归（2）	回归（3）	回归（4）	回归（5）
绝对代际流动（r25）	0.044*** (0.001)	0.055*** (0.002)	0.059*** (0.002)	0.060*** (0.002)	0.030*** (0.001)

续表

变量	r10	r30	r40	r50	测量误差
	回归（1）	回归（2）	回归（3）	回归（4）	回归（5）
职工平均工资	0.026*** (0.002)	0.020** (0.002)	0.017** (0.002)	0.015*** (0.002)	0.061*** (0.002)
就业率	0.085*** (0.004)	0.082*** (0.004)	0.081*** (0.004)	0.081*** (0.004)	0.044*** (0.004)
房价工资比	0.060*** (0.002)	0.058*** (0.002)	0.057*** (0.002)	0.057*** (0.002)	0.072*** (0.002)
基础教育	-0.026*** (0.001)	-0.026*** (0.001)	-0.026*** (0.001)	-0.027*** (0.001)	-0.001*** (0.002)
医疗资源	0.048*** (0.001)	0.046*** (0.001)	0.045*** (0.001)	0.046*** (0.001)	0.069*** (0.002)
产业结构	0.122*** (0.018)	0.112*** (0.018)	0.100*** (0.018)	0.082*** (0.019)	0.080*** (0.017)
人口规模	0.620*** (0.016)	0.611*** (0.016)	0.601*** (0.016)	0.587*** (0.016)	0.925*** (0.021)
是否省会	0.527*** (0.023)	0.536*** (0.022)	0.545*** (0.022)	0.554*** (0.022)	0.348*** (0.024)
流动距离	-0.069*** (0.001)	-0.069*** (0.001)	-0.069*** (0.001)	-0.069*** (0.001)	-0.091*** (0.002)
是否跨省	-4.272*** (0.017)	-4.272*** (0.017)	-4.272*** (0.017)	-4.272*** (0.017)	-4.331*** (0.019)
省固定效应	控制	控制	控制	控制	控制
Chi2	107664.40	108462.15	108962.60	109420.77	91320.49
Pseudo R^2	0.401	0.401	0.401	0.401	0.449
样本容量	7655007	7655007	7655007	7655007	5807676
城市数量	213	213	213	213	204
个体数量	35939	35939	35939	35939	28469

（3）工具变量检验

考虑到代际收入流动性和农村劳动力流动之间可能存在反向因果，即本地的代际收入流动水平不仅会影响农村劳动力的流动决策，大量农村劳动力流动后也可能会导致本地的机会公平环境发生改变。为了避免这种反向影响，本书在测算城市代际流动时仅选取没有离开过户籍所在地的样本，而模型中分析的被解释变量为所有发生流动的农村劳动力，即核心解释变量和被解释变量基本不存在交集。此外，本书核心解释变量是基于 2005 年 1% 人口抽样调查估计得到，被解释变量则来自 2017 年全国流动人口动态监测数据，时间上的间隔也能够在一定程度上避免了这种反向因果关系。不过，本书仍然采用工具变量法讨论地区代际流动性对农村劳动力流动行为的影响。

由于在条件 Logit 模型中无法使用 2SLS，本书参照 Hilbe（2011）两步法，利用工具变量法进行二阶段 Possion 回归和负二项回归。在实际回归中，本书将代际收入流动性作为内生变量，参考曹晖等（2021）的做法，选取了各省 2005 年职工中国有职工所占的比例作为代际收入流动性的工具变量。选这一工具变量的可行性在于，国有部门进入壁垒高，且一些国有部门内部还存在子代接替父代职业的传统，所以国有部门就业人员的比例高会影响地区代际收入流动性，但因为该指标是省级层面数据，而本书的代际收入流动性来自城市层面，所以反向因果性可能较小。国有职工所占比例的数据来自《新中国六十年统计资料汇编》。

表 5.7 中的模型（1）和模型（2）分别报告了两类计数模型的回归结果。Possion 回归和负二项回归中的地区代际流动性系数与基准回归中的结果一致，即绝对代际流动估计系数为正，且在 1% 的水平下显著，这进一步证实了城市代际收入流动对农村劳动力流入具有正向影响。本部分利用 Hilbe 两步法进行工具变量回归，具体来说，第一步，利用内生变量（代际收入流动性）对工具变量（国有职工所占比例）及其他控制变量进行普通最小二乘估计，得到回归方程中的残差；第二步，基于内生解释变量、第一步计算得到的残差及其他控制变量对农村劳动力流动数量进行 Possion 和负二项回归。表 5.7 中模型（3）和模型（4）分别报告了两步法 Possion 回归和负二项回归的估计结果。根据两步法残差项的系数值，Possion 回归和负二项回归均通过了 1% 的显著性检验，表明基础回归中确实存在内生性偏误，选择国有职工比例这一工具变量是比较合适的。Hilbe 两步法的估计结果表明，经过工具变量处理后的城市代际收入流动性对农村劳动力流入的正向影响依然显著。其中，模型（4）报告的负二项模型的对数似然值更大，说明拟合效果更佳。

表 5.7 工具变量回归

	模型（1）	模型（2）	模型（3）	模型（4）
	Possion	NB	Two - Step Possion	Two - Step NB
绝对代际流动（r25）	0.058*** (0.015)	0.053*** (0.011)	0.212*** (0.045)	0.244*** (0.065)
res_代际收入流动性			-0.159*** (0.042)	-0.198*** (0.066)
控制变量	控制	控制	控制	控制
省固定效应	控制	控制	控制	控制
Log - likelihood	-7183.6471	-1129.0793	-6704.9865	-1124.5934
Pseudo R^2	0.784	0.113	0.798	0.116
样本容量	213	213	213	213

注：*、**、*** 分别表示在 10%、5%、1% 的水平上显著，表中括号内为稳健标准误差。

（4）IIA 假设和 Hausman - McFadden 检验

根据条件 Logit 模型，该模型的条件概率满足一个重要假设，即选择某一选项的条件概率并不依赖于其他任何选项，此假设称为“无关选项的独立性假设”。本书使用 Hausman - McFadden 检验对基准模型所得的结果的可信度进行检验。该检验的主要原理是比较原有样本的估计值和被剔除某一城市选项后的估计值是否会发生系统性变化。Hausman - McFadden 检验的原假设为：IIA 假设没有违背，两个样本所得的估计参数具有统计一致性。从结果来看，对于本书的样本数据，这当中绝大多数的卡方值非常小，并且大部分的 P 值接近于 1，说明不能拒绝原假设。因此，Hausman - McFadden 的检验结果表明本书的基准模型满足独立性假定，即本书所使用的条件 Logit 模型所得估计的结果具有可行性。

5.3.3 户籍门槛的影响

尽管中国总体依然存在着城乡二元户籍制度，但不同城市之间户籍开放程度存在着较大的差异。与此同时，由于户籍制度的存在，没有本地城市户籍的农村劳动力既无法同等地享有当地的教育、医疗等公共服务资源，甚至某些城市还会规定一些工作岗位只允许持有当地城市户籍的劳动力来胜任，而农村劳动力在劳动力市场上无法获得公平的就业机会和工资，因此这部分农村劳动力可能并不能完全拥有本地公平的社会环境与平等的就业机会。为了检验户籍限制是如何作用于农村劳动力流动行为中的机会公平效应，本书将利用张吉鹏和卢冲（2019）计算的落户门槛指数对代际收入流动进行调整。具体来说，将张吉鹏等构建的120个城市的落户门槛指数与本书基准回归中的数据进行匹配，最终得到89个匹配后的城市，其中，包含农村劳动力个体数据26059个，占213个城市农村劳动力数据的72.509%。由于总样本量发生了变化，因此表5.8中的回归（1）报告了这89个城市的基准回归结果作为对照。回归（2）是在回归（1）的基础上加入落户门槛指数，回归（3）则进一步加入落户门槛指数以及绝对代际流动与落户门槛指数的交互项。

从表5.8中可以看到，将样本范围缩小到有落户门槛指数的89个城市后，得到的绝对代际流动系数依然在1%的水平上显著为正，但估计值要大于表5.5中基准回归（4）全样本的估计结果。回归（2）中绝对代际流动系数显著为正，而落户门槛指数显著为负，表明农村劳动力在做出流动决策时更倾向于代际收入流动水平高的城市，并且会回避落户门槛高的城市。回归（3）中的结果显示绝对代际流动与落户门槛指数的交互项系数为负，这意味着随着城市落户门槛的提高，代际收入流动性对农村劳动力流入的影响在减弱。然而，即使存在户籍歧视，城市代际收入流动性仍然对农村劳动力具有显著的吸引力，包含负的交叉项无法完全抵消代际收入流动性对农村劳动力流入的正向作用。即尽管存在着户籍管制，农村劳动力依然会选择流入代际收入流动水平更高的城市。

表5.8　户籍门槛的影响

	回归（1）	回归（2）	回归（3）
绝对代际流动（r25）	0.082*** （0.002）	0.063*** （0.002）	0.101*** （0.003）
户籍门槛指数		-1.232*** （0.074）	1.670*** （0.204）
绝对代际流动（r25）与户籍门槛指数乘积			-0.073*** （0.005）
其他控制变量	控制	控制	控制
省固定效应	控制	控制	控制
Chi2	62708.66	61621.42	62132.46

续表

	回归（1）	回归（2）	回归（3）
Pseudo R^2	0.398	0.400	0.401
样本容量	2319251	2319251	2319251
城市数量	89	89	89
个体数量	26059	26059	26059

5.3.4　公共服务均等化的影响

公共服务均等化是指在不同地区之间实现基本公共服务的公平分配，确保所有居民都能享有均等的教育、医疗、社会保障等公共服务。当农村劳动力流入城市并能够在流入地享受到均等化的公共服务时，他们更容易找到稳定的工作，从而提高收入水平。此外，公共服务均等化还能降低农村劳动力的生活成本，如通过提供公共住房、公共教育等服务，减少他们在住房、教育等方面的支出，从而增加可支配收入。因此当地区公共服务均等化水平较高时，可能会加深农村劳动力对地区代际收入流动的偏好效应。为了检验公共服务均等化是如何作用于农村劳动力流动行为中的机会公平效应，本书将利用唐天伟（2013）计算的省级公共服务均等化指数对代际收入流动进行调整。具体来说，将唐天伟构建的 30 个省份的公共服务均等化指数与本书基准回归中的数据进行匹配，再进行条件 Logit 回归。表 5.9 汇报了具体的回归结果，其中有 8 个城市的估计系数全为正或全为负，被模型删除，最终得到 205 个匹配后的城市，包含农村劳动力个体数据 34977 个，占 213 个城市农村劳动力数据的 93.67%。由于总样本量发生了变化，因此表 5.9 中的回归（1）报告了这 205 个城市的基准回归结果作为对照。回归（2）是在回归（1）的基础上加入公共服务均等化指数，回归（3）则进一步加入公共服务均等化指数以及绝对代际流动与公共服务均等化指数的交互项。

从表 5.9 中可以看到，回归（1）为针对 205 个城市的回归估计结果，绝对代际流动系数依然在 1% 的水平上显著为正，但估计值要大于表 5.5 中基准回归（4）全样本的估计结果。回归（2）中绝对代际流动系数显著为正，表明农村劳动力在做出流动决策时更倾向于代际收入流动水平高的城市。公共服务均等化系数显著为负，说明公共服务均等化高的地区，农村劳动力流入的概率反而低。结合各地区公共服务均等化水平数据来看，发现中部地区公共服务均等化程度高于东部地区，而中部地区往往是农村劳动力的流出地，东部地区是农村劳动力的流入地，因而导致公共服务均等化系数为负。回归（3）中的结果显示绝对代际流动与公共服务均等化指数的交互项系数为正，这意味着随着地区公共服务均等化水平的提升，代际收入流动性对农村劳动力流入的影响变强。由于公共服务均等化的内涵，意味着农村劳动力在就业市场、教育资源等方面的机会公平性，公共服务均等化水平越高，越能够带来经济机会的公平，故公共服务均等化能够强化代际收入流动性对农村劳动力流入的正向影响。

表 5.9　　公共服务均等化的影响

	回归（1）	回归（2）	回归（3）
绝对代际流动（r25）	0.054*** (0.001)	0.054*** (0.001)	0.050*** (0.002)
公共服务均等化指数		−6.734*** (0.142)	−6.675*** (0.141)
绝对代际流动（r25）与公共服务均等化指数乘积			0.0001*** (0.000)
其他控制变量	控制	控制	控制
省固定效应	控制	控制	控制
Chi2	102497.86	101976.41	109962.88
Pseudo R^2	0.401	0.401	0.4012
样本容量	7170285	7170285	7170285
城市数量	205	205	205
个体数量	34977	34977	34977

5.3.5　异质性分析

（1）城市异质性

城市异质性方面，主要考察城市地理区位和城市规模两种分类方式。首先，按照区域划分，将 213 个流入地备选城市划分为两类，沿海城市和内陆城市。分类后，流入 72 个沿海城市的农村劳动力有 1128600 个，流入 141 个内陆城市的农村劳动力有 2857224 个。其次，按城市规模划分，将流入地城市分为两类，中小城市一类，大城市、特大城市和超大城市为一类。分类后，流入 141 个中小城市的农村劳动力有 1169877 个，流入 71 个大城市及以上规模城市的农村劳动力有 1990224 个。采用条件 Logit 回归模型的估计结果如表 5.10 所示。

表 5.10　城市异质性分析

变量	区域划分		规模划分	
	回归（1） 沿海城市	回归（2） 内地城市	回归（3） 中小城市	回归（4） 大、特大及超大城市
绝对代际流动（r25）	0.083*** (0.002)	0.013*** (0.002)	0.032*** (0.002)	0.102*** (0.003)
职工平均工资	0.033*** (0.004)	0.046*** (0.002)	0.042*** (0.003)	-0.012*** (0.004)
其他控制变量	控制	控制	控制	控制
Chi2	29077.37	63224.20	20922.05	73750.81
Pseudo R^2	0.284	0.540	0.461	0.382
样本容量	1128600	2857224	1169877	1990224
城市数量	72	141	141	72
个人数量	15675	20264	8297	27642

由回归（1）和回归（2）可知，绝对代际流动（r25）和职工平均工资两个主要变量系数依然显著为正，且回归（1）绝对代际流动（r25）系数值更大，说明沿海城市代际收入流动对农村劳动力的吸引力更强。与绝对代际流动不同，职工平均工资在内地城市中的系数值更大，说明内地城市职工平均工资对农村劳动力的吸引力更强。农村劳动力流入沿海城市，工资水平只是其中一个因素，他们更看重长期的经济发展的机会公平性。而农村劳动力流入内地城市，则更看重本地的工资水平。由回归（3）和回归（4）可知，绝对代际流动（r25）系数在中小城市和大城市及以上规模城市中也依然显著为正，且城市规模越大，绝对代际流动对农村劳动力流入的吸引力就越强。与其他模型不同，回归（4）职工平均工资系数显著为负。可能的原因是，对于农村劳动力来说，超大城市、特大城市的工资并没有比大城市的工资更有吸引力。尽管超大城市、特大城市工资较高，但这些城市的生活成本也显著更高，因此他们在选择流入地时，更倾向于大城市。特大或超大城市职工平均工资系数较小，导致在分类回归中的影响显著为负。

（2）个体异质性

到目前为止，上述条件 Logit 回归的估计并未考虑农村劳动力的个人特征，即将所有农村劳动力看作对代际收入流动、职工平均工资具有相同偏好的同质性群体，估计系数是代际收入流动等变量影响农村劳动力的平均效应。但不同类型的农村劳动力对代际收入流动和职工平均工资可能表现出不同的需求。本部分引入农村劳动力个体的异质性，重点考虑学历、有无子女和出生年代这三个农村劳动力个体特征对代际收入流动和职工平均工资的异质性反映。鉴于条件 Logit 模型无法直接引入个体异质性变量，需要在原有条件 Logit 回归模型中分别加入绝对代际流动（r25）、职工平均工资与个体特征变量的交互项进行回归分析。表 5.11 中的回归（1）至回归（3）分别报告了教育程度、是否有子女和是否是新生代这三个个体特征的异质性结果，其中教育程度按照学历层次进行区分，将大专及以上定义为高学历，否则为低学历；将出生日期在 1980 年以后的定义为新生代农村劳动力，否则为上一代农村劳动力。

表 5.11　　　　个体异质性分析

变量	回归（1）	变量	回归（2）	变量	回归（3）
绝对代际流动（r25）	0.054*** （0.002）	绝对代际流动（r25）	0.047*** （0.002）	绝对代际流动（r25）	0.048*** （0.002）
职工平均工资	0.017*** （0.002）	职工平均工资	0.030*** （0.002）	职工平均工资	0.017*** （0.002）
绝对代际流动（r25）×高学历	-0.007*** （0.001）	绝对代际流动（r25）×子女	0.011*** （0.001）	绝对代际流动（r25）×新生代	0.007*** （0.001）
职工平均工资×高学历	0.027*** （0.002）	职工平均工资×子女	-0.017*** （0.002）	职工平均工资×新生代	0.006*** （0.002）
其他控制变量	控制	其他控制变量	控制	其他控制变量	控制
Chi2	108568.11	Chi2	108355.10	Chi2	108498.35
Pseudo R^2	0.402	PseudoR^2	0.402	PseudoR^2	0.402
样本容量	7655007	样本容量	7655007	样本容量	7655007
城市数量	213	城市数量	213	城市数量	213
个人数量	35939	个人数量	35939	个人数量	35939

根据表 5.11，回归（1）报告了不同学历的农村劳动力在流动过程中对代际收入流动和工资水平态度上的差异性。农村劳动力的教育程度与绝对代

际流动（r25）的交互项系数显著为负，与职工平均工资的交互项系数显著为正，这意味着相比于代际收入流动，高学历的农村劳动力受到高工资水平的调节作用更大。这与 Diamond（2012）、夏怡然和陆铭（2015）以及张超和陈思（2021）的结果类似，即高技能劳动力出现向高工资地区加速集聚的趋势。相对于高学历的农村劳动力，低学历的农村劳动力更注重城市发展的机会环境，更愿意流入代际收入流动水平高的地区。对那些受教育程度高的农村劳动力而言，他们本身拥有较高的技能水平，可能已经通过个人能力实现了向上流动，成为优势阶层，因此对城市代际收入流动水平的反映没有低学历者敏感。

回归（2）报告了有无子女的农村劳动力在选择流入地时对代际收入流动和工资水平的异质性反应，有无子女与绝对代际流动（r25）的交互项系数显著为正，与职工平均工资的交互项系数显著为负，说明已经成家、有子女的农村劳动力在流动时更加注重城市发展机会公平的考量，存在着为了子代未来发展而流动的内在机制，因此会更看重城市代际收入流动水平。与个人流动不同，有子女的农村劳动力在流动时超越了对经济收入单纯的追求，更加注重子女的发展和福利。一个城市的绝对流动水平越高，意味着中低收入阶层的子女所能达到的预期收入位序也越高，即向上流动能力越强。农村劳动力群体在城市的社会网络和家庭背景较弱，给予子女成长的家庭投资也有限，他们在追求自身美好梦想的同时，也希望子女能够得到更加公平的发展机会。因此有子女的农村劳动力也会越发关注城市的代际收入流动性。

回归（3）报告了上一代农村劳动力和新生代农村劳动力对代际收入流动性和工资水平的重视程度，新生代虚拟变量与绝对代际流动（r25）的交互项系数显著为正，与职工平均工资的交互项系数也显著为正。即不管对代际收入流动还是对工资水平，新生代农村劳动力都具有更强的反映，相对于上一代农村劳动力，新生代农村劳动力更愿意流入代际收入流动水平高和工资水平高的城市。新生代农村劳动力的成长环境不同于上一代，新生代农村劳动力文化程度相对较高，在思想观念上具有更强的平等意识，重视自身努力是否能够得到合理的回报，因此对工资水平和城市代际收入流动性都格外看重。

5.4 影响农村劳动力流入的机制分析

5.3节的研究结果表明，城市代际收入流动性在吸引农村劳动力流入方面具有显著的正向作用，农村劳动力会流向代际收入流动水平更高的城市，而且随着农村劳动力个体特征的不同，对城市代际收入流动性的反映也有所差异。那么，农村劳动力选择高代际收入流动性城市背后的机制是什么？

首先，代际收入流动水平的高低代表着城市机会结构的开放程度，较高的代际流动水平可以为社会成员提供更好的发展机会和回报。农村劳动力流入代际收入流动水平较高的城市，在相对公平的发展环境下，其努力成果能够获得与付出劳动相匹配的回报，这会给农村劳动力带来正向的激励效应，调动他们的积极性和创造力（吴育辉等，2021），鼓励他们凭借自身的努力和能力来攀登“社会阶梯”。农村劳动力对更高社会阶层的追逐也是其实现个人效用最大化的有效路径。因此，较高的代际收入流动水平对个人职业阶层地位的积极作用，可能是城市代际收入流动性吸引农村劳动力流入的内在机制之一。

其次，城市代际收入流动性高往往伴随着较好的生活环境、完善的基础设施和丰富的文化娱乐活动，这些都有助于提升居民的幸福感。另外，在代际收入流动性高的城市中，人们更加注重个人能力和努力的价值，这种积极向上的社会氛围也有助于提升其幸福感。当农村劳动力感受到较强的幸福水平时，他们更愿意流入这样的城市，寻求更好的生活和发展机会。因此，地区代际收入流动性对个人幸福感的促进作用，可能是城市代际收入流动性吸引农村劳动力流入的内在机制之二。

最后，农村劳动力选择流入更高代际收入流动性的地区，是为了改善综合福利。阿玛蒂亚·森从可行能力视角，提出福利是个体实现其生活目标能力和机会的重要体现，包括经济条件、精神感受、政治参与、防护性保障和社会机会等多个维度。个体的发展应通过提升其实现自由选择的能力而非单纯追求收入增长。基于此，城市代际收入流动能够通过收入、健康、居住等福利提升增强个体可行能力，使其具备参与城市发展并实现代际跃升的实质自由。因此，地区代际收入流动对个人福利的促进作用，可能是城市代际收入流动性吸引农村劳动力流入的内在机制之三。

为此，本节利用第 4 章刻画的城市代际收入流动性数据，并在 5.3 节验证农村劳动力看重流入地机会环境的基础上，通过建立实证模型对这三个机制假说进行检验，分析城市代际收入流动性能否促进农村劳动力群体实现职业地位提升、幸福感增强及福利改善。

5.4.1　职业地位机制检验

本书的核心解释变量“绝对代际流动（r25）”在城市层面，因此在基准回归中回报聚类稳健标准误。考虑到城市代际流动性可能因遗漏变量和测量误差而产生内生性问题，本书选取了同一省份其他所有城市代际收入流动性的均值作为该城市代际收入流动性的工具变量。这是因为同一省份内部城市之间社会经济文化环境相近，且教育、财政和社会保障等方面的政策也较为接近，因此城市之间代际收入流动性存在较大的相关性。由于被解释变量“职业阶层地位”为二分类变量，故分别使用二元概率比（Probit）和工具变量概率比（IV－Probit）模型进行分析。机制一模型设定如下：

$$Y_{ij} = \alpha + \beta \mathrm{AM}_{25j} + \gamma Micro_{ij} + \lambda Macro_{ij} + \varepsilon_i \tag{5.13}$$

式中，β 为待估参数；$AM_{25,j}$ 表示第 j 个城市 25 百分绝对代际流动；$Micro_{ij}$ 为个人层面的控制变量；$Macro_{ij}$ 为农村劳动力宏观层面的控制变量；ε 为随机误差项。

本部分采用的数据与第 5 章中的农村劳动力流动样本一致，在此基础上，删除所有职业变量信息和其他有关个人信息缺失的样本，最终，本部分用于实证估计的样本量为 31473。

（1）被解释变量

本书借鉴和参考田丰（2016）的研究划分职业阶层地位。具体来说，本书将生产及运输人员、商业服务业人员和无固定职业者及其他人员归为为第一类（低端职业），这类人员往往是社会成员中的“蓝领阶层”，其收入和社会经济地位处于较低水平，通常被认为是社会的中下阶层群体；将办事人员及有关人员、公务员和专业技术人员归为第二类（中端职业），这类群体一般具有一定的知识技能，收入也较为稳定，属于社会成员中的中产阶层群体；将国家机关、党群组织、企事业单位负责人归为第三类（高端职业），也是社会生活中被认为的社会经济地位最高的群体。表 5.12 给出了三个不同职业阶层的农村劳动力占比情况，其中，低端职业阶层所占比例高达

86.619%，中端职业阶层所占比例为12.966%，而高端职业阶层所占比例仅有0.415%，说明农村劳动力社会经济地位主要处于中下阶层。本书将职业阶层为中端和高端的农村劳动力样本取值为1，将低端职业的农村劳动力样本取值为0。

表5.12　　　　农村劳动力职业阶层划分标准

职业阶层	职业类别	所占比例（%）
低端	生产及运输人员、商业服务业、无固定职业者及其他	86.619
中端	办事人员及有关人员、公务员和专业技术人员	12.966
高端	国家机关、党群组织、企事业单位负责人	0.415

（2）核心解释变量

本章的核心解释变量与第4章中的核心解释变量的定义方式一致，即城市的绝对代际流动（r25）。根据本章的机制假说，农村劳动力会倾向于流入代际收入流动水平更高的城市，主要是因为在代际收入流动水平较高的城市，更容易实现职业地位提升，因此预期绝对代际流动（r25）变量系数为正。

（3）城市控制变量

城市层面的控制变量主要考虑两个方面的影响因素：一是城市经济水平因素，用人均GDP和产业结构两个指标来衡量；二是城市社会发展因素，选用人口规模、人均公共财政支出和人均教育财政支出三个指标来度量。

（4）个体控制变量

现有一些学者研究已经证实了年龄、性别、受教育程度、政治面貌、婚姻状况等人口学和社会学特征对个体阶层地位会产生实质性的影响（Afridi等，2015）。另一些学者发现家庭背景显著影响了个人的职业阶层（徐莉和冀晓曼，2021）。本章遵循上述思路在控制个人特征变量的基础上，加入家庭背景变量，包括家庭人均月收入和父母是否有外出务工经历变量。此外，考虑到农村劳动力的流动特征，参考王甫勤（2020）等的做法，还进一步控制了流动时间、流动范围等变量，主要变量的描述性统计结果见表5.13。

表5.13　　　　变量的描述性统计

变量类型	变量名称	观测值	均值	标准差	最小值	最大值
被解释变量	职业阶层地位	31473	0.135	0.341	0	1
核心解释变量	绝对代际流动（r25）	31473	41.809	13.407	18.907	70.313

续表

变量类型	变量名称	观测值	均值	标准差	最小值	最大值
城市特征变量	人均 GDP 对数	31473	10.459	0.555	8.492	11.404
	产业结构	31473	0.446	0.105	0.135	0.736
	人口规模对数	31473	6.311	0.778	3.848	8.091
	人均公共财政支出	31473	0.702	0.754	0.113	3.830
个人及家庭特征变量	年龄	31473	33.445	9.396	15.000	64.000
	性别	31473	1.432	0.495	1	2
	受教育年限	31473	10.655	3.165	0	19
	婚姻	31473	0.756	0.429	0	1
	流动范围	31473	0.439	0.496	0	1
	流动时间	31473	3.748	3.044	0	11
	家庭人均月收入对数	31473	8.647	0.551	6.908	11.408
	父母外出务工经历	31473	0.254	0.435	0	1

农村劳动力职业阶层平均水平为 0.135，即以低端职业为主；城市代际收入流动水平的平均值为 41.804，即城市中处于 25 百分位阶层的子女未来能达到的预期收入位序为 41.804，总的来看，城市中低收入阶层具有一定的向上流动能力；不同城市之间经济发展水平和社会发展程度存在较大差异；从个人及家庭特征变量的描述性统计结果看，农村劳动力的平均年龄在 33 周岁，受教育程度普遍较低，平均学历仅达到初中水平，有 75.6% 的人口已婚，43.9% 的人口跨省流动，农村劳动力平均流动时间在 3—4 年。从他们父母流动经历来看，有 25.4% 的农村劳动力在进城之前，其父母有过外出务工经历。

表 5.14 结果中第（1）—（4）列是城市代际收入流动影响农村劳动力职业地位提升概率的 Probit 回归结果。鉴于 Probit 模型为非线性回归，回归系数解释并不直观，本书直接报告了解释变量的平均边际效应。第（1）列中，绝对代际流动系数在 1% 的显著性水平上为正，说明城市代际收入流动水平上升，能够显著提高农村劳动力职业地位提升的概率。平均而言，城市绝对代际流动性每提高 1 个百分位序，农村劳动力职业地位提升的概率提升 0.1 个百分点。从个体特征变量看，年龄与农村劳动力职业地位提升的概率的关系显著为负，年龄越大，其职业地位提升的概率越低；男性具有更高的职业地位提升能力，平均而言，男性职业地位提升的概率比女性高 1.9 个百

分点；受教育年限对农村劳动力职业地位提升有显著的促进作用，平均而言，受教育年限每增加1年，农村劳动力职业地位提升的概率上升3.6个百分点；从流动特征变量看，省内流动的农村劳动力职业地位提升的概率比省外流动者高1.4个百分点；流动时间越长的农村劳动力职业地位提升的概率越高，流动时间每增加1年，农村劳动力职业地位提升的概率上升0.2个百分点；从家庭特征变量看，家庭人均月收入每增加1%，农村劳动力职业地位提升的概率增加1.9个百分点；父母有外出经历的农村劳动力职业地位提升的概率更高，比没有外出经历者高0.9个百分点。由此看出，个体特征变量中，受教育年限对农村劳动力职业地位提升的作用最大。

表5.14的第（2）列是在第（1）列基础上，加入了城市特征变量。估计结果显示，绝对代际流动系数依然在1%的显著水平上为正，说明城市代际收入流动水平越高，农村劳动力职业地位提升的概率就越大。城市特征变量中，人均GDP对数与农村劳动力职业地位提升的关系为负，人均公共财政支出则显著促进了农村劳动力职业地位提升，人均公共财政支出每增加1个单位，农村劳动力职业地位提升的概率会提高1个百分点。个体特征变量的估计结果则与第（1）列基本一致。

表5.14　　职业地位机制的基准回归结果

	(1) Probit	(2) Probit	(3) IV Probit	(4) IV Probit	(5) ML - Probit	(6) ML - Probit
绝对代际流动（r25）	0.001*** (0.000)	0.001*** (0.000)	0.004*** (0.001)	0.007*** (0.002)	0.003*** (0.003)	0.004*** (0.003)
年龄	-0.001*** (0.000)	-0.001*** (0.000)	-0.004*** (0.002)	-0.003* (0.002)	-0.005*** (0.002)	-0.005* (0.002)
性别	-0.019*** (0.004)	-0.019*** (0.004)	-0.0100*** (0.023)	-0.097*** (0.023)	-0.117*** (0.021)	-0.117*** (0.021)
受教育年限	0.036*** (0.001)	0.036*** (0.001)	0.206*** (0.004)	0.208*** (0.004)	0.203*** (0.004)	0.204*** (0.004)
婚姻	0.007 (0.005)	0.008 (0.005)	0.023 (0.032)	0.013 (0.032)	0.034 (0.003)	0.034 (0.030)
流动范围	-0.014*** (0.004)	-0.016*** (0.004)	-0.111*** (0.026)	-0.122*** (0.026)	-0.1164*** (0.026)	-0.116*** (0.026)

续表

	(1) Probit	(2) Probit	(3) IV Probit	(4) IV Probit	(5) ML - Probit	(6) ML - Probit
流动时间	0.002 *** (0.001)	0.002 *** (0.001)	0.015 *** (0.004)	0.014 *** (0.004)	0.009 *** (0.004)	0.010 *** (0.004)
家庭人均月收入对数	0.019 *** (0.004)	0.018 *** (0.004)	0.066 * ** (0.024)	0.074 *** (0.024)	0.109 *** (0.021)	0.108 *** (0.021)
父母外出务工经历	0.009 ** (0.004)	0.009 ** (0.004)	0.071 ** (0.026)	0.068 *** (0.026)	0.045 * (0.023)	0.044 *** (0.023)
人均 GDP 对数		-0.024 *** (0.005)		-0.118 *** (0.034)		-0.146 *** (0.065)
产业结构		0.004 (0.020)		-0.264 * (0.143)		-0.216 * (0.334)
人口规模对数		-0.005 ** (0.002)		-0.073 *** (0.021)		-0.039 *** (0.045)
人均公共财政支出		0.010 *** (0.003)		0.051 *** (0.020)		0.085 *** (0.068)
地区虚拟变量	控制	控制	控制	控制	控制	控制
观测值	31473	31473	25451	25451	31473	31473
LR/Wald 统计量	4501.16	4532.29	2943.42	2961.13	3460.72	3471.05
Pseudo R^2	0.1811	0.1823	—	—	—	—

表 5.14 中第（1）—（2）列的回归结果可能是有偏的，因为城市代际收入流动的测量误差等问题可能会导致估计结果存在内生性偏误。为克服上述问题，本部分通过工具变量的方法来解决，具体借鉴吕炜等（2020）的做法，把同一省级层面除所在城市之外其他地级市代际收入流动的平均值作为该城市代际收入流动的工具变量。由于同一省份内的城市之间经济发展水平差距相对较小，且社会文化环境也相近，因此城市之间代际收入流动所反映的机会开放程度也存在较大的相关性。而其他城市代际流动水平对本地农村劳动力职业地位提升的影响较小。不过，这种构造工具变量的方法无法包含直辖市，故剔除了调查所在地为直辖市的 6022 个样本，剔除后的样本容量为原有样本的 80.876%，样本量变化不大，不会对结果造成较大的影响。

为了保证估计结果的稳健性，本书依照基准回归的思路，使用 IV - Probit 模型进行估计。估计结果如表 5.14 第（3）列和第（4）列所示，其中内生性的 Wald 检验值表明模型的确存在内生性问题。一阶段 F 统计量的值也都远大于经验值 10，表明不存在弱工具变量问题。

根据表 5.14 第（3）列，绝对代际流动系数在 1% 的水平上显著为正，说明城市代际收入流动水平越高，越能够促进农村劳动力职业地位提升。第（4）列是在第（3）的基础上引入了其他城市特征变量，估计结果显示，绝对代际流动系数依然在 1% 水平上显著为正，进一步验证了城市代际收入流动对农村劳动力职业地位提升的促进作用。与第（1）、（2）列相比，第（3）、(4）列代际收入流动的平均边际效应系数有了较大幅度的增加，说明原有回归方程低估了城市代际收入流动对农村劳动力职业地位提升的促进作用。其他变量的估计结果与第（1）、(2）列中的结果类似。

表 5.14 第（5）—（6）列报告了 ML - Probit 模型估计结果，绝对代际流动性系数仍然在 1% 的水平上高度显著，从第（2）、(4）和（6）列的估计系数值来看，双层随机截距模型的估计系数值大小介于 Probit 和 IV - Probit 之间。总之，无论是 Probit、IV - Probit 还是 ML - Probit 模型都说明，城市代际收入流动性对农村劳动力职业地位提升具有显著的促进作用。

为了进一步检验城市代际收入流动对农村劳动力职业地位提升影响的稳健性，本书分别采用 r10、r40 和 r50 绝对代际流动指标来替换 r25 绝对代际流动，估计结果见表 5.15。在第（1）—（6）列中，Probit 估计和 IV - Probit 估计的结果表明，无论是基于 r10、r40 还是 r50 百分位绝对代际流动指标，绝对代际流动的回归系数均在 1% 的水平上显著为正。以上结果说明，城市代际收入流动水平的确显著促进了农村劳动力职业地位提升，说明基准回归的估计结果是稳健的。

表 5.15　　职业地位机制更换核心解释变量

	(1) r10 Probit	(2) r10 IV Probit	(3) r40 Probit	(4) r40 IV Probit	(5) r50 Probit	(6) r50 IV Probit
绝对代际流动 (r25)	0.001 *** (0.000)	0.006 *** (0.001)	0.001 *** (0.000)	0.008 *** (0.002)	0.002 *** (0.000)	0.008 *** (0.002)
个人及家庭 特征变量	是	是	是	是	是	是

续表

	(1) r10 Probit	(2) r10 IV Probit	(3) r40 Probit	(4) r40 IV Probit	(5) r50 Probit	(6) r50 IV Probit
城市特征变量	是	是	是	是	是	是
省虚拟变量	是	是	是	是	是	是
观测值	31473	25451	31473	25451	31473	25451
LR/Wald 统计量	4529.74	2960.93	4534.80	2961.46	4535.89	2961.58
Pseudo R^2	0.182	—	0.182	—	0.183	—

依据上一节关于测量误差的定义，在排除人口流入数量排名前十的城市后，以重新测算的绝对代际流动来估计，得到估计结果如表 5.16 所示。从表 5.16 中可以看到，绝对代际流动系数估计值与基准回归一致，依然在 1% 的水平上显著为正。从 Probit 模型的估计结果看，第（1）列和第（3）列绝对代际流动系数值相等，均为 0.001，从 IV Probit 模型的估计结果看，第（2）列和第（4）列绝对代际流动系数值分别为 0.007 和 0.006，估计值相差较小。总之，在考虑测量误差的情况下，城市代际收入流动性依然能够显著促进农村劳动力职业地位提升，说明城市代际收入流动性的职业地位机制受测量误差的影响较小。

表 5.16　　职业地位机制考虑测量误差

	(1) 基准对照 Probit	(2) 基准对照 IV Probit	(3) 测量误差 Probit	(4) 测量误差 IV Probit
绝对代际流动（r25）	0.001 *** (0.000)	0.007 *** (0.002)	0.001 *** (0.000)	0.006 *** (0.002)
个人及家庭特征变量	是	是	是	是
城市特征变量	是	是	是	是
省虚拟变量	是	是	是	是
观测值	21972	21972	21972	21972
LR/Wald 统计量	3401.38	2584.48	3401.09	2584.41
Pseudo R^2	0.182	—	0.1822	—

接下来，将基于城市户籍开放程度、公共服务均等程度以及农村劳动力学历和流动时间四个方面，从城市和个体两个维度进行异质性分析。本部分与第 4 章的户籍门槛指数来源一致，即来自张吉鹏和卢冲（2019）计算的

户籍门槛指数。将户籍门槛指数与本章基准回归的农村劳动力样本进行匹配后，农村劳动力样本共包含23043个个体数据。根据户籍门槛指数的中位数，将农村劳动力样本划分为两个子样本，分别代表户籍开放度高、户籍开放度低两种情况。

表5.17中第（1）列的结果显示，在户籍开放度高的地区，绝对代际流动系数在1%的水平上显著为正，表明在户籍开放度高的城市，代际收入流动对农村劳动力职业地位提升存在显著的促进作用。第（3）列的结果显示，在户籍开放度低的地区，地区代际收入流动系数不再显著。说明城市代际收入流动对农村劳动力职业地位提升的影响主要体现在户籍开放度较高的样本。也就是说，户籍门槛大大削弱了城市代际收入流动对农村劳动力职业地位提升的促进作用。从第（2）列工具变量的估计结果来看，在户籍开放度高的样本中，绝对代际流动系数为0.006，且在1%的水平上显著。而在户籍开放度低的样本中，系数仍然不显著。从经济意义来看，在户籍开放度高的城市，城市中收入位序处于25百分位群体，子代未来可能跃升的空间每提高1个百分位序，农村劳动力职业地位提升的概率提高0.6个百分点。

表5.17　　职业地位机制的地区户籍开放异质性

	（1）户籍开放度高 Probit	（2）户籍开放度高 IV Probit	（3）户籍开放度低 Probit	（4）户籍开放度低 IV Probit
绝对代际流动（r25）	0.002*** （0.003）	0.006*** （0.002）	0.0002 （0.000）	0.003 （0.003）
个人及家庭特征变量	是	是	是	是
城市特征变量	是	是	是	是
省虚拟变量	是	是	是	是
LR/Wald 统计量	1544.01	1032.36	1874.45	1013.75
Pseudo R^2	0.173	—	0.187	—
样本容量	11809	9446	11234	8031

本部分公共服务均等化指数来自唐天伟（2013）计算的公共服务均等化指数。本部分根据中位数将农村劳动力样本划分为两个子样本，分别代表公共服务均等程度高、公共服务均等程度低两种情况。估计结果如表5.18所示。

表 5.18　　　　职业地位机制的地区公共服务均等程度异质性

	(1) 公共服务均等程度高 Probit	(2) 公共服务均等程度高 IV Probit	(3) 公共服务均等程度低 Probit	(4) 公共服务均等程度低 IV Probit
绝对代际流动 (r25)	0.014 *** (0.000)	0.011 *** (0.003)	0.0005 (0.000)	0.001 (0.002)
个人及家庭特征变量	是	是	是	是
城市特征变量	是	是	是	是
省虚拟变量	是	是	是	是
LR/Wald 统计量	2078.62	1526.97	2427.77	1384.17
Pseudo R^2	0.174	—	0.197	—
样本容量	15649	13822	14993	10798

表 5.18 中第（1）列的结果显示，在公共服务均等程度高的样本中，绝对代际流动的估计系数均在 1% 的水平上显著为正，但第（3）列的结果显示，城市代际收入流动对农村劳动力职业地位提升的影响系数在公共服务均等化程度低的样本中不显著。说明公共服务均等化水平影响了城市代际收入流动对农村职业地位提升的促进作用。从第（2）列工具变量的估计系数看，在公共服务均等程度高的样本中，城市绝对代际流动性每增加 1 个百分位序，农村劳动力职业地位提升的概率提高 1.1 个百分点，而在公共服务均等程度低的样本中，城市绝对代际流动性对农村劳动力职业地位提升的影响仍然不显著。总之，提高公共服务均等化水平能进一步发挥城市代际收入流动对农村劳动力职业地位提升的促进作用，从而大大提高农村劳动力的职业地位。将表 5.18 中回归（2）城市绝对代际流动的估计系数与表 5.17 中回归（2）的估计系数进行对比，前者估计系数为 0.011，后者估计系数为 0.006，发现公共服务均等程度高的样本比户籍开放程度高的样本的城市绝对代际流动估计值更大，当城市公共服务资源分配不均时，农村劳动力难以与本地城镇居民均等地享有教育资源、就业机会、医疗资源和社会保障等方面的服务。在教育方面，农村劳动力家庭的子女无法在本地入学，教育推动其向上流动的功能弱化（毛哲山，2016）；在就业方面，农村劳动力在城市劳动力市场上存在就业壁垒，职业分割下会导致农村劳动力职业上升渠道受阻（符平，2012）；在医疗方面，健康是人力资本的基石，农村劳动力在城市缺乏医疗健康服务，而健康又会对农村劳动力在劳动力市场中的表现产生负面影响（张菲，2015）；在社会保障方面，由于社会保障具有维护社会公

平的作用，农村劳动力在城市缺乏社会保障服务，因而其向上流动的风险无法承担（宋林霖，2016）。综上所述，公共服务各项资源的不均等，会显著降低城市代际收入流动对农村劳动力职业地位提升的正向促进作用。

本书按照农村劳动力个体特征划分样本，来考察城市代际收入流动对农村劳动力职业地位提升的异质性影响。表 5.19 中第（1）—（4）列分别报告了按学历划分的大学生群体和农民工群体的基准估计结果，以及工具变量估计的结果。本书将大专及以上学历的农村劳动力定义为“大学生群体”，高中及以下学历的农村劳动力定义为“农民工群体”。

表 5.19　　职业地位机制的农村劳动力学历异质性

	（1）大学生 Probit	（2）大学生 IV Probit	（3）农民工 Probit	（4）农民工 IV Probit
绝对代际流动（r25）	0.004 * （0.002）	0.008 *** （0.003）	0.0007 *** （0.000）	0.003 *** （0.002）
个人及家庭特征变量	是	是	是	是
城市特征变量	是	是	是	是
省虚拟变量	是	是	是	是
LR/Wald 统计量	326.46	220.12	668.78	480.75
Pseudo R^2	0.039	—	0.055	—
样本容量	6284	4945	24358	19675

从表 5.19 可知，第（1）列中绝对代际流动系数在 10% 的水平上显著，第（2）—（4）列均在 1% 的水平上显著，说明城市代际收入流动对大学生群体和农民工群体都有显著地促进其职业地位提升的作用。分样本来看，第（1）列大学生样本中，绝对代际流动估计系数为 0.004，第（3）列低技能样本中，绝对代际流动估计系数为 0.0007。结合工具变量回归结果来看，第（2）列系数值为 0.008，第（4）列为 0.003，说明城市代际收入流动对农村劳动力职业地位提升的正向影响在人力资本质量较高的大学生群体中更为明显。在代际收入流动性高的城市，机会结构更为开放，社会经济地位的排序机制强调能力、努力程度等，农村劳动力可以凭借个人能力和努力来实现职业地位提升。由于大学生群体比农民工群体在人力资本方面更有优势，就业能力也更强，在同样的机会环境下，能者胜出。因此，城市代际收入流动性对农村大学生职业地位提升的促进作用比农民工更强。

表 5.20 中第（1）—（4）列分别报告了短期流动者和长期流动者的基准回归结果，以及工具变量回归结果，本书将流入本地时间在一年及以上的农村劳动力定义为"长期流动者"，将流入本地时间在一年以内的农村劳动力定义为"短期流动者"。

表 5.20　　职业地位机制的农村劳动力流动时间异质性

	（1）短期流动 Probit	（2）短期流动 IV Probit	（3）长期流动 Probit	（4）长期流动 IV Probit
绝对代际流动（r25）	-0.006 (0.000)	-0.004 (0.005)	0.001*** (0.000)	0.006*** (0.002)
个人及家庭特征变量	是	是	是	是
城市特征变量	是	是	是	是
省虚拟变量	是	是	是	是
LR/Wald 统计量	345.60	254.22	4095.27	2626.98
Pseudo R^2	0.162	—	0.185	—
样本容量	3129	2509	27513	22111

由表 5.20 可知，第（1）—（2）列中绝对代际流动系数为负，且并不显著，第（3）—（4）列绝对代际流动系数在 1% 的水平上显著为正，这表明城市代际收入流动对农村劳动力职业地位提升的影响只体现在一年以上长期流动的样本中，而在短期流动样本中并不显著。这说明农村劳动力在流入城市居住的时间越长，受城市代际收入流动影响的程度就越大。由于个人在流入地的发展情况需要一定时间才能显现，短期内，城市代际收入流动很难发挥出应有的积极作用。Chetty（2016）基于美国住房和城市发展部门在 20 世纪 90 年代中期发起的"流向机会之地（Moving to Opportunity，MTO）"的政策作为准自然实验，来考察环境对家庭的因果效应，结果发现当孩子在 13 岁之前搬到低贫困地区时，其大学入学率和成年后的收入均会增加。而且随着孩子迁移时的年龄的增加，迁移带来的收益会不断下降，反映了接触较好的环境的时间长短是孩子长期发展结果的一个重要决定因素。进一步地，Chetty（2018）基于美国人口普查数据，构造了县区层面的代际收入流动数据，通过固定效应模型来揭示县区代际收入流动水平对儿童成年后收入影响的因果效应，结果发现对于低收入家庭的孩子，儿童时期每一年接触一个标准差更高的县区代际收入流动，其成年期时的收入会增加 0.5%。如果

一个孩子从出生就一直居住在代际收入流动水平更高的县区，其成年后的收入会大约增加 10%。总之，城市代际收入流动对农村劳动力职业地位提升的促进作用，会随着流入时间的加长而不断增强。改革开放以来，城乡劳动力流动的规模不断增大，流动时间也呈现出长期化的趋势。段成荣等（2013）的统计结果显示，离开户口登记地时间在 5 年以上的流动人口规模已从 1987 年的 700 万人增加到 2000 年的 3400 万人，随后又增加至 2010 年的 6842 万人。随着农村劳动力长期流动规模的不断增大，城市代际收入流动在促进农村劳动力职业地位提升方面会受到更多压力，外来农村劳动力并不能完全享有本地的机会环境。户籍歧视和公共服务提供的不均等会造成城市内部机会公平性的下降，从而阻碍城市代际收入流动对农村劳动力的吸纳能力以及对农村劳动力职业地位提升的促进作用，最终造成劳动力资源配置效率的下降和农民工福利的损失。

5.4.2 幸福感机制检验

与职业地位反映经济发展维度的机制不同，幸福感是农村劳动力生活质量的体现，衡量的是社会发展的维度。本书中的被解释变量“幸福感”来自李克特 5 维量表，为 5 分类数据，此时传统的普通最小二乘估计不再适用。故参照刘小鸽（2018）的做法，采用有序 Probit 模型进行分析，该模型是一种专门分析有序分类被解释变量的回归模型。机制二模型设定如下：

$$H_{ij} = F(\beta AM_{25j} + \gamma Micro_{ij} + \lambda Macro_{ij} + \varepsilon_i) \tag{5.14}$$

式（5.14）中，H_{ij} 为被解释变量生活幸福感；核心解释变量为地区代际收入流动（$AM_{25,j}$）；$Micro_{ij}$ 为个人层面的控制变量；$Macro_{ij}$ 为宏观层面的控制变量；ε 为随机误差项；$F(\bullet)$ 为非线性函数，取值如式（5.15）所示：

$$F(H_{ij}^*) = \begin{cases} 1 & H_{ij}^* < \mu_1 \\ 2 & \mu_1 < H_{ij}^* < \mu_2 \\ \vdots & \vdots \\ 5 & H_{ij}^* > \mu_6 \end{cases} \tag{5.15}$$

其中，μ 为待估参数；H_{ij}^* 为潜变量，满足：

$$H_{ij}^* = \beta AM_{25j} + \gamma Micro_{ij} + \lambda Macro_{ij} + \varepsilon_i \tag{5.16}$$

由于 2017 年全国流动人口动态监测数据（CMDS）仅包含农村劳动力社会融入相关的问题，无法衡量个体的幸福感程度，而 2012 年 CMDS 数据中包含了“与老家（流出地）相比，您现在是否感觉幸福”这一获取农村劳动力幸福感程度的关键问题，所以这里采用 2012 年 CMDS 数据，参照 5.1 节处理数据的办法，获得农村劳动力流动样本 54188 个。表 5.21 给出了 5 种幸福感程度的农村劳动力占比情况，其中，认为幸福的占比最高，为 48.10%，有 35.44% 的农村劳动力幸福感知居中，不到 2% 的农村劳动力感到不幸福和很不幸福，说明农村劳动力整体幸福感较强。

表 5.21 农村劳动力公平感知类别

幸福感	幸福感程度	所占比例（%）
1	很不幸福	0.13
2	不幸福	1.38
3	一般	35.44
4	幸福	48.10
5	很幸福	14.95

表 5.22 结果中第（1）—（4）列是城市代际收入流动影响农村劳动力幸福感的 Oprobit 基准回归结果。考虑 Oprobit 模型的回归系数不是边际效应，接下来只对解释变量的符号进行解读。第（1）列中，绝对代际流动系数在 10% 的显著性水平上为正，说明城市代际收入流动对农村劳动力幸福感存在正向影响，城市代际收入流动水平越高，农村劳动力幸福感程度也越高。从个体特征变量看，年龄系数为负，但不显著。性别系数在 1% 的水平上显著为负，说明相比女性，男性的幸福感程度更低，这可能是因为男性往往承受着更大的社会压力和家庭责任，男性在面临困难和挑战时也较少寻求社会支持或表达情感，从而影响其幸福感。

受教育年限对农村劳动力幸福感提升有显著的促进作用，高学历农村劳动力在职业发展、收入获得和社会保障方面更具优势，同时学历和技能为他们赢得更多的社会地位，这些因素均能提升他们的幸福感。没有工作的农村劳动力幸福感比有工作的更强。没有工作的农村劳动力多为随迁家属，农村劳动力家属随迁能够使家庭完整，且没有工作的随迁家属不用承担工作压力，幸福感也相对更强。已婚农村劳动力的幸福感比未婚者更强。婚姻为农村劳动力提供了一个重要的社会支持网络，他们通常拥有更稳定的生活状态，情感需求也更容易得到满足，因此幸福感也相对更强。从流动特征变量看，省内流动的农村劳动力幸福感比省外流动者更强。省内流动者在享受社会福利和公共服务方面面临的障碍相对较小，地理、文化和语言等方面的差异也较小，省内流动的农村劳动力适应程度高，更易融入当地社会，幸福感也更强。流动时间越长的农村劳动力幸福感越强。随着流动时间的延长，农村劳动力可能逐渐适应新环境，建立稳定的社交网络和生活节奏，从而提升幸福感。

表 5. 22 的第（2）列是在第（1）列基础上，加入了城市特征变量。估计结果显示，绝对代际流动系数显著性水平从 10% 提高到 1%，说明城市代际收入流动水平越高，农村劳动力幸福感程度就越强。城市特征变量中，GDP 增长率、人口规模与农村劳动力幸福感之间没有显著关系。产业结构系数显著为负，随着产业结构的调整，一些传统行业的就业机会可能会减少，而新兴产业对农村劳动力的技能要求可能更高，这可能导致部分农村劳动力面临就业压力、技能不匹配等问题，从而影响其幸福感。人均公共财政支出系数在 5% 的水平上显著为负，公共财政支出高，可能意味着单位税收负担较高，从而降低农村劳动力的幸福感。个体特征变量估计系数的符号则与第（1）列一致。

表 5. 22　　　　幸福感机制基准回归结果

	(1) Oprobit	(2) Oprobit	(3) IV Oprobit	(4) IV Oprobit
绝对代际流动（r25）	0. 002 * (0. 001)	0. 003 *** (0. 001)	0. 003 ** (0. 001)	0. 004 *** (0. 001)
年龄	-0. 00008 (0. 001)	-0. 0002 (0. 001)	-0. 0005 (0. 001)	-0. 001 (0. 001)
性别	-0. 056 *** (0. 010)	-0. 056 *** (0. 010)	-0. 047 *** (0. 011)	-0. 047 *** (0. 011)
受教育年限	0. 013 *** (0. 002)	0. 013 *** (0. 002)	0. 013 *** (0. 002)	0. 013 *** (0. 002)
是否在工作	-0. 064 *** (0. 014)	-0. 065 *** (0. 014)	-0. 060 *** (0. 016)	-0. 061 *** (0. 016)
婚姻状态	0. 218 *** (0. 014)	0. 219 *** (0. 014)	0. 215 *** (0. 016)	0. 217 *** (0. 016)
流动范围	-0. 115 *** (0. 012)	-0. 115 *** (0. 012)	-0. 108 *** (0. 012)	-0. 108 *** (0. 012)

续表

	(1) Oprobit	(2) Oprobit	(3) IV Oprobit	(4) IV Oprobit
流动时间	0.034*** (0.003)	0.034*** (0.003)	0.031*** (0.003)	0.031*** (0.003)
GDP 增长率		-0.006 (0.005)		-0.006 (0.005)
产业结构		-0.050*** (0.018)		-0.047*** (0.018)
人口规模		-0.003 (0.015)		-0.006 (0.015)
人均公共财政支出		-0.050*** (0.011)		-0.054*** (0.012)
地区虚拟变量	控制	控制	控制	控制
观测值	54188	54188	42201	42201
Wald Chi2	3043.26	3072.62	2209.88	2235.79
Pseudo R^2	0.027	0.027	0.025	0.025

考虑到估计结果的内生性问题，依照连玉君（2015）等的思路，采用两步法进行 IV OProbit 估计，结果如表 5.22 中的第（3）列和第（4）列所示。表中 Wald 检验结果表明原始模型缺失存在内生性问题。根据第（3）列，绝对代际流动系数在 1% 的水平上显著为正，说明城市代际收入流动水平越高，越能够促进农村劳动力幸福感提升。第（4）列是在第（3）的基础上引入了其他城市特征变量，估计结果显示，绝对代际流动系数依然在 1% 水平上显著为正，进一步验证了城市代际收入流动对农村劳动力幸福感提升的促进作用，其他变量的估计结果与第（1）、第（2）列中的结果类似。

为了进一步检验城市代际收入流动对农村劳动力幸福感影响的稳健性，本书分别采用 r10、r40 和 r50 绝对代际流动指标来替换 r25 绝对代际流动，估计结果见表 5.23。在第（1）—（6）列中，Oprobit 估计和 IV Oprobit 估计的结果表明，基于 r10、r40 和 r50 百分位绝对代际流动指标，回归系数均在 1% 的水平上显著为正。以上结果说明，城市代际收入流动水平的确显著促进了农村劳动力幸福感提升，说明基准回归的估计结果是稳健的。

表 5.23　　幸福感机制更换核心解释变量

	(1) r10 Oprobit	(2) r10 IV Oprobit	(3) r40 Oprobit	(4) r40 IV Oprobit	(5) r50 Oprobit	(6) r50 IV Oprobit
绝对代际流动 (r25)	0.003 *** (0.001)	0.004 *** (0.001)	0.004 *** (0.001)	0.005 *** (0.002)	0.003 *** (0.001)	0.008 *** (0.002)
个人及家庭特征变量	是	是	是	是	是	是
城市特征变量	是	是	是	是	是	是
省虚拟变量	是	是	是	是	是	是
观测值	54188	42201	54188	42201	54188	42201
Wald Chi2	3073.86	2235.79	3070.99	2235.79	3069.87	2235.79
Pseudo R^2	0.027	0.025	0.027	0.025	0.027	0.025

依据上一节关于测量误差的定义，在排除人口流入数量排名前十的城市后，以重新测算的绝对代际流动来估计，得到估计结果如表 5.24 所示。从表中可以看到，绝对代际流动系数估计值与基准回归一致，依然在 1% 的水平上显著为正。即在考虑测量误差的情况下，城市代际收入流动性依然能够显著促进农村劳动力幸福感提升，说明城市代际收入流动性的幸福感机制受测量误差的影响较小。

表 5.24　　幸福感机制考虑测量误差

	(1) 基准对照 Oprobit	(2) 基准对照 IV Oprobit	(3) 测量误差 Oprobit	(4) 测量误差 IV Oprobit
绝对代际流动 (r25)	0.001 *** (0.001)	0.006 *** (0.002)	0.001 *** (0.001)	0.005 *** (0.002)
个人及家庭特征变量	是	是	是	是
城市特征变量	是	是	是	是
省虚拟变量	是	是	是	是
观测值	37320	34593	37320	34593
Wald Chi2	1572.29	1371.18	1572.42	1371.18
Pseudo R^2	0.020	0.0189	0.190	0.019

5.4.3 福利机制检验

为了尽可能全面考察农村劳动力福利，本部分参考 SEN (1999) 的可行能力理论，运用模糊综合评价法测量农村劳动力的福利指数，使用的数据与第 4 章中的农村劳动力流动样本一致，在此基础上，删除所有相关信息缺失的样本，最终，本部分用于实证估计的样本量为 31505。

关于福利的构成，阿玛蒂亚森（2022）的可行能力理论，将福利总结为 5 个维度，即政治自由、经济条件、社会条件、透明性保障和防护性保障，本部分依据已有相关研究（Martinetti，2010；孙三百和万广华，2017）和数据可获得性，将农村劳动力福利指标划分为以下 6 类：

①经济状况，包括个人月收入（元）、家庭月收入（元）和住房。其中，个人月收入反映农村劳动力个体自身收入水平；家庭月收入反映农村劳动力家庭的收入水平；在本地有无购房困难，则反映了农村劳动力家庭整体经济实力。

②精神感受，包括农村劳动力落户意愿（不愿意 =1，没想好 =2，愿意 =3），主动融入意愿（完全不同意 =1，不同意 =2，基本同意 =3，完全同意 =4）和本地接受意愿（完全不同意 =1，不同意 =2，基本同意 =3，完全同意 =4）。其中，落户意愿反映了农村劳动力对身份归属和未来安全感的渴求，主动融入意愿反映了农村劳动力对尊严认同与自我价值实现的追求，本地接受意愿反映了农村劳动力对社会公平和群体包容的感知。

③防护性保障，包括是否参加城镇职工医疗保险、是否签订劳动合同和是否参加过工会活动。其中，是否城镇职工医疗保险反映了农村劳动力在医疗方面的防护性保障，是否签订劳动合同反映了农村劳动力在劳动权益方面的防护性保障，是否参加过工会活动反映了农村劳动力在民主权利、法律援助以及福利待遇方面的防护性保障。

④健康状况，包括自评健康状况（生活不能自理 =1，不健康，但生活能自理 =2，基本健康 =3，健康 =4）、是否建立居民健康档案。自评健康是农村劳动力根据自身的感觉和体验，对自身健康状况做出的主观评价，与个体的生活质量、预期寿命及医疗资源的利用密切相关；是否建立居民健康档案反映了农村劳动力对健康管理的重视程度以及医疗服务的可及性。两者相辅相成，共同构成了农村劳动力健康状况的全面评价。

⑤政治参与，包括是否给所在单位社区/提建议或监督单位/社区管理（没有 =1，偶尔 =2，有时 =3，经常 =4），是否通过各种方式向有关部门反映情况/提出政策建议（没有 =1，偶尔 =2，有时 =3，经常 =4），是否

参与党/团组织活动或参与党支部会议（没有 =1，偶尔 =2，有时 =3，经常 =4）。上述指标分别反映了农村劳动力对所在单位或社区治理、党团组织活动以及党内民主生活等方面的政治参与。

⑥社会机会，包括业余时间本地是否经常与人交往和受教育年限。前者主要反映农村劳动力在本地社会网络中的嵌入程度和资源获取能力，后者则主要反映农村劳动力的知识积累、技能提升和综合素质水平。这两个因素相互作用，共同影响着个体的社会机会和发展前景。

由于农村劳动力福利涉及以上 6 个方面，本部分采用模糊综合评价法进行测度。该方法将农村劳动力福利设为模糊集 X ，子集 W 属于 X 并表示农村劳动力的福利指数，$W \in [0,1]$ ，第 n 个农村劳动力的福利指数为：$W^n = \{x, \mu(x)\} = \{w_1, w_2, \cdots, w_i\}$ 。其中，$x \in X$ ，$\mu(x)$ 是 X 的隶属度，$\mu(x) \in [0,1]$ 。隶属度越高，农村劳动力福利水平越高。设 x_i 为由一级指标 x_{ij} 决定的农村劳动力福利的第 i 个功能集，则农村劳动力福利的一级指标为：$x = [x_{11}, \cdots, x_{ij}]$ 。其中，$i = 1,2,\cdots,I$ ，i 表示衡量农村劳动力福利的 i 个功能，$j = 1,2,\cdots,J$ ，J 表示第 i 个功能中一级指标的个数。这里，确定准确合适的隶属函数 $\mu(x)$ 是关键。本部分参考（Chei 和 Lemmmi，1995）提出的方法，将各指标的权重 w_{ij} 定义为：

$$w_{ij} = \ln\left[\frac{1}{\overline{\mu(x_j)}}\right] \tag{5.17}$$

其中，$\overline{\mu(x_j)}$ 为第 n 个农村劳动力第 i 个功能子集中第 j 项指标的均值。

进一步地，参照（Cerioli 和 Zani，1990）等的相关研究，对单个农村劳动力各功能的隶属度进行加总：

$$\mu(x_i) = \frac{\sum_{j=1}^{J} [\mu_w(x_{ij}) \times w_{ij}]}{\sum_{i=1}^{I} w_{ij}} \tag{5.18}$$

按照各功能的隶属度计算各功能的权重 $w_i = \ln\left[\frac{1}{\overline{\mu(x_i)}}\right]$ ，进而单个农村劳动力福利 W 的加总公式为：

$$W = \frac{\sum_{i=1}^{I} [\mu(x_i) \times w_i]}{\sum_{i=1}^{I} w_i} \tag{5.19}$$

接下来，本部分在现有研究和 Sen 的可行能力理论基础上，结合第 4 章农村劳动力流动数据，重点从经济状况、精神感受、防护性保障、健康状况、政治参与和社会机会等 6 个方面构建农村劳动力福利的测量指标，以此评价农村劳动力的福利水平，相关变量的描述性统计如表 5.25 所示。

表 5.25　农村劳动力福利指标选取

类型类别	变量名称	观测值	均值	标准差	最小值	最大值
经济状况	个人月收入	75336	4306.310	3689.113	520	200000
	家庭月收入	75336	7170.546	5531.748	550	200000
	住房情况	75336	0.421	0.494	0	1
精神感受	落户意愿	75336	1.960	0.850	1	3
	融入意愿	75336	3.328	0.626	1	4
	本地接受意愿	75336	3.278	0.611	1	4
防护性保障	城镇职工医疗保险	75336	0.195	0.397	0	1
	签订劳动合同	75336	0.346	0.476	0	1
	工会活动	75336	0.083	0.275	0	1
健康状况	自评健康	75336	1.175	0.415	1	4
	健康档案	75336	0.275	0.446	0	1
政治参与	向单位/社区提建议或监督管理	75336	1.115	0.411	1	4
	参加党/团组织活动/支部会议	75336	1.076	0.397	1	4
社会机会	本地交往	75336	0.779	0.415	0	1
	受教育年限	75336	9.994	3.116	0	19

表 5.26 汇报了农村劳动力 6 个方面功能性活动指标的隶属度及权重。Martinetti（2000）将福利指数以 0.4 和 0.6 为界，划分为低福利、中等福利和高福利三个类别。按照此分类标准，经测度，农村劳动力总福利指数为 0.141，处于较低水平。分类别来看，农村劳动力经济状况、防护性保障、健康状况、政治参与的隶属度分别为 0.067、0.172、0.305 和 0.031，均处于低福利水平。精神感受和社会机会的隶属度分别为 0.6 和 0.597，处于中等福利水平。

表 5.26 农村劳动力的福利隶属度及权重

变量名称	隶属度	权重	权重归一化
经济状况	0.067	8.239	0.345
个人月收入	0.019	3.963	0.166
家庭月收入	0.033	3.411	0.143
住房情况	0.421	0.865	0.036
精神感受	0.600	1.264	0.053
落户意愿	0.480	0.734	0.031
融入意愿	0.776	0.254	0.011
本地接受意愿	0.759	0.276	0.012
防护性保障	0.172	5.185	0.217
城镇职工医疗保险	0.195	1.635	0.068
签订劳动合同	0.346	1.061	0.044
工会活动	0.083	2.489	0.104
健康状况	0.305	1.351	0.057
自评健康	0.942	0.060	0.003
健康档案	0.275	1.291	0.054
政治参与	0.031	6.959	0.291
向单位/社区提建议或监督管理	0.038	3.270	0.137
参加党/团组织活动/支部会议	0.025	3.689	0.154
社会机会	0.597	0.892	0.037
本地交往	0.779	0.250	0.010
受教育年限	0.526	0.642	0.027
总福利	0.141	—	—

将测算出的农村劳动力福利指标与第 4 章城市代际收入流动数据及其他城市控制变量进行匹配，得到福利机制分析的基本样本，匹配后得到农村劳动样本 59889 个。

作为基准回归结果，采用 OLS 方法估计地区代际收入流动对农村劳动力总体福利及 5 个功能维度的影响，结果如表 5.27 所示。第（1）列的估计结果显示，绝对代际流动的回归系数为 0.044，并且通过了 1% 的显著性检验，这表明城市绝对代际收入流动对农村劳动力总体福利有显著的正向影响。即流入城市绝对代际流动水平越高，农村劳动力总体福利水平也越高。第（2）—（7）列分别为地区代际收入流动对经济状况、精神感受、防护性保障、健康状况、政治参与和社会机会等6个分维度的估计结果。其中，地区代际收入流动对农村劳动力经济状况、防护性保障、健康状况和社会机会均有显著的正向影响，表明流入城市代际收入流动水平越高，农村劳动力经济状况、防护性保障、健康水平和社会机会等方面的福利水平越高。精神感受的影响系数为正但不显著，政治参与的影响系数为负，也不显著。从估计系数大小看，地区代际收入流动对农村劳动力健康状况和防护性保障的提升作用最为明显。可能的原因是代际收入流动水平高的城市，通常拥有更完善的社会保障体系，如医疗保险、养老保险、失业保险等，农村劳动力能够更容易享受到这些保障，如更方便地获得医疗服务，提高健康水平。尽管流入代际收入流动水平高的城市，能够显著改善农村劳动力的经济状况和社会机会，但对其提升的作用受制于一些其他因素的影响。比如，农村劳动力流入城市多从事低技能、低附加值的行业，包括建筑业、制造业流水线、服务业等，这些岗位工资水平较低且增长空间有限。农村劳动力长期处于“半城市化”状态，在身份上缺乏归属感，从而降低其争取社会机会的主动性。控制变量方面，从第（1）列总福利影响系数看，受教育年限与总福利在1%的水平上显著为正。说明农村劳动力学历水平越高，总福利水平也越高。分维度看，受教育年限对农村劳动力社会机会和防护性保障的提升作用最强。人均收入对数系数显著为正，说明农村劳动力收入水平越高，总福利水平也越高。其中，人均收入对数对农村劳动力经济状况和社会机会的提升作用最强。相对跨省流动的农村劳动力来说，省内流动的农村劳动力福利水平更高，且省内流动者主要是精神感受和防护性保障方面福利水平更高。流动时间越长，农村劳动力福利水平越高。流动时间越长，对农村劳动力精神感受和健康状况方面的改善程度最强。从城市特征来看，GDP增长率系数和人均公共财政支出系数显著为正，产业结构系数显著为负。GDP增长可能伴随着农村劳动力非农就业岗位增加和经济状况改善。人均公共财政支出增加，意味着农村劳动力社会保障强化、健康状况改善和精神感受的提升。产业结构升级可能导致低技能农村劳动力难以适应新岗位需求，被迫从事零工、临时工等非正规岗位就业，缺乏社会保障。

表 5.27　　　　福利机制基准回归结果

	(1) 总福利	(2) 经济状况	(3) 精神感受	(4) 防护性保障	(5) 健康状况	(6) 政治参与	(7) 社会机会
绝对代际流动（r25）	0.044*** (0.007)	0.040*** (0.005)	0.031 (0.025)	0.214*** (0.022)	0.213*** (0.040)	-0.011 (0.010)	0.034*** (0.012)
年龄	0.001 (0.004)	0.010*** (0.003)	-0.041*** (0.014)	-0.031*** (0.012)	-0.009 (0.022)	0.042*** (0.005)	-0.141*** (0.007)
性别	0.056 (0.065)	0.372*** (0.045)	1.234*** (0.225)	-0.026 (0.202)	2.294*** (0.350)	-0.733*** (0.081)	-1.286*** (0.102)
受教育年限	3.363*** (0.040)	0.593*** (0.023)	3.088*** (0.115)	8.473*** (0.119)	2.036*** (0.179)	2.065*** (0.062)	11.775*** (0.054)
婚姻状态	0.018 (0.105)	0.222*** (0.068)	0.349 (0.338)	-1.678*** (0.325)	5.668*** (0.504)	-0.108 (0.138)	-0.074 (0.145)
人均收入对数	0.561*** (0.057)	2.548*** (0.050)	0.288 (0.203)	-1.721*** (0.167)	-0.661** (0.311)	0.102 (0.077)	1.306*** (0.091)
流动范围	-1.211*** (0.074)	-0.710*** (0.050)	-2.831*** (0.259)	-2.795*** (0.225)	-0.924** (0.402)	-0.520*** (0.095)	-0.153 (0.115)
流动时间	0.105*** (0.006)	0.107*** (0.004)	0.223*** (0.020)	0.093*** (0.017)	0.337*** (0.030)	0.042*** (0.007)	0.114*** (0.009)
GDP 增长率	0.000*** (0.000)	0.000 (0.000)	-0.001* (0.000)	-0.001*** (0.000)	-0.002*** (0.000)	0.000*** (0.000)	-0.001*** (0.000)
产业结构	-0.030*** (0.006)	-0.014*** (0.004)	0.168*** (0.021)	-0.054*** (0.018)	-0.345*** (0.033)	-0.003 (0.007)	-0.035*** (0.010)
人口规模	-0.119 (0.110)	-0.307*** (0.076)	1.036*** (0.376)	0.135 (0.332)	-1.073* (0.609)	-0.115 (0.139)	-0.076 (0.171)
人均公共财政支出	0.467*** (0.082)	-0.606*** (0.048)	0.761*** (0.272)	2.923*** (0.266)	1.408*** (0.447)	-0.261** (0.105)	-0.053 (0.105)
地区虚拟变量	控制	控制	控制	控制	控制	控制	控制
观测值	59889	59889	59889	59889	59889	59889	59889
F 统计量	379.28	187.53	188.65	351.26	173.34	42.29	1655.55
R-squared	0.236	0.135	0.102	0.204	0.081	0.050	0.563

在稳健性检验方面，首先，分别采用 r10、r40 和 r50 绝对代际流动指标来

替换 r25 绝对代际流动。其次，在排除人口流入数量排名前十的城市后，以重新测算的绝对代际流动来估计测量误差，具体结果见表 5.28。第（1）—（3）列显示，基于 r10、r40 和 r50 百分位绝对代际流动指标，回归系数均在 1% 的水平上显著为正。第（4）—（5）列显示，在考虑测量误差的情况下，绝对代际流动系数仍然显著为正。以上结果说明，城市代际收入流动水平的确显著促进了农村劳动力福利水平的提升，说明基准回归的估计结果是稳健的。

表 5.28　　福利机制稳健性检验

	（1）r10	（2）r40	（3）r50	（4） 测量误差	（5） 基准对照
绝对代际流动（r25）	0.029 *** （0.006）	0.064 *** （0.008）	0.077 *** （0.008）	0.023 *** （0.007）	0.030 *** （0.008）
个人及家庭特征变量	是	是	是	是	是
城市特征变量	是	是	是	是	是
省虚拟变量	是	是	是	是	是
观测值	59889	59889	59889	48461	48461
F 统计量	378.50	380.21	380.74	271.64	271.88
R - squared	0.236	0.236	0.237	0.215	0.215

接下来，基于城市区域、城市规模、农村劳动力流动范围和收入等级 4 个方面，从城市和个体两个维度进行异质性分析，如表 5.29 所示。

表 5.29　　福利机制的城市异质性

变量	区域划分		规模划分	
	回归（1） 沿海城市	回归（2） 内地城市	回归（3） 中小城市	回归（4） 大、特大及超大城市
绝对代际流动（r25）	0.085 *** （0.011）	0.020 *** （0.010）	0.023 *** （0.013）	0.069 *** （0.013）
个人及家庭特征变量	是	是	是	是
城市特征变量	是	是	是	是
省虚拟变量	是	是	是	是
观测值	23954	35935	15971	43918
F 统计量	335.14	147.15	81.28	339.06
R - squared	0.243	0.089	0.192	0.242

表5.29中回归（1）和回归（2）分别报告了按是否沿海城市流动农村劳动力的估计结果，回归（3）和回归（4）分别报告了按城市规模特征划分的估计结果。其中回归（1）和回归（2）的绝对代际流动系数均在1%的水平上显著为正，说明城市代际收入流动能够显著提升沿海城市和内地城市农村劳动力的福利水平。对比来看，沿海城市样本绝对代际流动估计系数比内地城市更大，说明城市代际收入流动对农村劳动力福利水平提升的正向影响在沿海城市中更为明显。沿海城市通常以制造业、服务业和高科技产业为主，这些行业需要不同技能层次的劳动力。农村劳动力流入这些城市，能够充分利用本地的发展机会，实现自身经济状况、防护性保障和社会机会等多个方面福利水平的提升。回归（3）至回归（4）中，绝对代际流动系数均在1%的水平上显著为正，说明城市代际收入流动能够显著提升中小城市和大、特大及超大城市农村劳动力的福利水平，且在大、特大及超大城市中的提升作用更明显。近年来，大城市逐步优化公共服务，如重庆、长沙等城市将社保年限、稳定就业作为落户核心指标，农村劳动力通过长期工作积累积分，逐步享受本地医保、保障性住房等福利。大城市代际收入流动性的提升能够大大改善农村劳动力精神感受、防护性保障、健康状况和社会机会方面的福利水平，进而提升总体福利。

按照农村劳动力流动范围和收入水平划分样本，考察城市代际收入流动对农村劳动力福利提升的异质性影响。表5.30中回归（1）和回归（2）分别报告了按是否跨省流动农村劳动力的估计结果，回归（3）和回归（4）分别报告了按农村劳动力人均月收入中位数为界划分的不同收入等级下的估计结果。

表5.30　　　　福利机制的个体异质性

变量	流动范围划分		收入等级划分	
	回归（1） 省内流动	回归（2） 跨省流动	回归（3） 收入等级50%以下	回归（4） 收入等级50%以上
绝对代际流动（r25）	0.028*** (0.010)	0.067*** (0.011)	0.016*** (0.010)	0.060*** (0.010)
个人及家庭特征变量	是	是	是	是
城市特征变量	是	是	是	是
省虚拟变量	是	是	是	是

续表

变量	流动范围划分		收入等级划分	
	回归（1） 省内流动	回归（2） 跨省流动	回归（3） 收入等级 50% 以下	回归（4） 收入等级 50% 以上
观测值	32398	27491	27534	32355
F 统计量	243.87	232.45	148.50	265.46
AdjR - squared	0.2217	0.2566	0.1801	0.251

如表 5.30 所示，回归（1）至回归（2）中，绝对代际流动系数均在 1% 的水平上显著为正，说明城市代际收入流动对跨省流动和省内流动者都有显著促进其福利水平提升的作用。对比来看，跨省流动样本绝对代际流动估计系数比省内流动者更大，说明城市代际收入流动对农村劳动力福利水平提升的正向影响在跨省农村劳动力中更为明显。由于跨省流动者通常是从经济欠发达地区流向长三角、珠三角等经济活跃区域，这些地区在经济收入、社会保障、医疗资源和基层治理等多个方面具有一定的优势，城市代际收入流动水平在提升跨省农村劳动力福利方面的作用也更强。回归（3）至回归（4）中，绝对代际流动系数均在 1% 的水平上显著为正，说明城市代际收入流动对不同收入的农村劳动力群体都有显著的促进其福利水平提升的作用。具体来看，收入等级 50% 以下的群体绝对代际流动系数为 0.016，低于收入等级 50% 以上群体的 0.06，即城市代际收入流动对高收入等级群体福利提升的促进作用更强。这是因为高收入农村劳动力群体在城市中更容易建立稳定的社会关系，资本积累也更多，风险抵御能力也更强。

5.5 本章小结

本章共有四节，前两节基于随机效用理论构建了农村劳动力流动的理论模型，从理论上阐述了城市代际收入流动如何影响农村劳动力流入，并介绍了用于实证分析的计量模型，详细描述了如何将城市代际收入流动及相关特征变量匹配到农村劳动力个人样本中的数据处理过程；第三节分别按照基准回归的估计、稳健性检验、加入户籍门槛的影响以及模型的异质性等四个方面，对城市代际收入流动影响农村劳动力流入行为进行了实证分析；第四节，分别从职业地位、幸福感和福利三个角度验证了城市代际收入流动水平影响农村劳动力流入的内在机制。通过实证分析，主要可以得到以下结论。

第一，农村劳动力为了美好生活流向城市，不仅源于对更高收入的追求，也体现了对发展机会公平的渴望。因此城市代际收入流动水平越高，对农村劳动力的吸引力也就越强。本章通过条件 Logit 模型验证了城市代际收入流动确实在吸引外来农村劳动力方面具有显著的正向作用。平均而言，城市绝对代际流动性每增加 1 个百分位序，农村劳动力流入该城市的概率提高 0.053 个百分点。户籍门槛在一定程度上降低了城市代际收入流动性对农村劳动力的吸引力。公共服务均等化程度则提升了城市代际收入流动性对农村劳动力的吸引力。

第二，从经济机制出发，农村劳动力流动的目的是获得更好的社会经济地位。因此，流入城市的代际收入流动水平越高，农村劳动力越容易实现职业地位提升。本章通过 Oprobit 模型和 IV Oprobit 模型对城市代际收入流动的经济机制进行了检验，结果表明农村劳动力流入代际收入流动水平更高的城市能够获得更加公平的发展机会，城市代际收入流动水平越高，农村劳动力实现职业地位提升的机会越大。

第三，从社会机制出发，农村劳动力流动的目的是提升个人幸福感。因此，随着城市代际收入流动水平提高，农村劳动力幸福感也会提升。本章通过非线性 Probit 和 IV Probit 对城市代际收入流动的社会机制进行了检验，结果表明农村劳动力流入代际收入流动水平更高的城市能够显著提升幸福感，城市代际收入流动水平越高，农村劳动力幸福感也越强。

第四，从综合机制出发，农村劳动力流动的目的是提升个人福利。因此，随着城市代际收入流动水平提高，农村劳动力福利水平也会提升。本章借助 Sen 的可行能力理论，从经济状况、精神感受、防护性保障、健康状况、政治参与和社会机会 6 个方面，构造了农村劳动力福利指数，并将其与城市代际收入流动指标进行匹配，实证估计结果表明，城市绝对代际收入流动对农村劳动力总体福利有显著的正向影响。即流入城市绝对代际流动水平越高，农村劳动力总体福利水平也越高。分维度看，城市代际收入流动性能够显著提升农村劳动力经济状况、防护性保障、健康水平和社会机会等方面的福利水平。本章的研究结果表明农村劳动力在不同城市之间的流动选择可能不仅仅受到工资水平、就业状况等特征的影响，也与代际收入流动性所反映机会结构的开放性密切相关。这对于新型城镇化的推进具有重要的启示，以人为核心的城镇化过程需要保障随迁子女平等享有受教育权利，取消户籍壁垒，建立公平竞争的市场规则，减少社会结构固化要素，创造富有向上流动机会的社会环境，使农村劳动力及其子女能够获得公平的发展机会，可以通过努力奋斗实现自身发展，提高劳动力供给质量，推动城市经济的高质量发展。

第6章

数字时代农村劳动力的空间选择

数字经济作为新一轮科技革命和产业革命的核心驱动力，正在深刻改变世界经济结构和社会形态，也为我国农村劳动力的空间选择带来了新的机遇与挑战。在中国，数字经济的快速发展不仅推动了城市经济的转型升级，也可能对农村劳动力流动产生一定的影响。由第5章的分析可知，农村劳动力会流向代际收入流动水平高的城市从而获得更加公平的发展机会。那么，在全面推进数字中国建设的背景下，数字经济在这一过程中发挥了什么作用？这需要从微观层面，进一步识别农村劳动力空间选择的动因。

6.1 数字经济发展与农村劳动力流动

现有关于数字经济与农村劳动力流动的研究很少。已有研究主要基于传统影响因素对农村劳动力对城市的选择展开讨论。然而，随着数字时代的全面到来，数字经济已成为全球经济增长的新引擎。城市数字经济的蓬勃发展，为农村劳动力提供了更多就业机会和发展空间，成为吸引其流入的重要因素。与此同时，数字经济发展也带来了结构性挑战，如传统岗位替代风险以及数字鸿沟加剧分化，这又在某种程度上制约了农村劳动力流动。

6.1.1 数字经济如何影响农村劳动力流动

数字经济对农村劳动力流动的促进机制可分为三类：一是收入效应与预期收益提升，表现为创业机会增加和工资水平上升。根据新古典流动理论，劳动力流动的核心动力是收入差距。首先，数字经济有效降低了创业门槛，移动支付、小额信贷等数字金融产品降低了资金获取门槛。有研究显示，数字普惠金融能够显著促进农村家庭创业行为。同时，电商平台为农村劳动力提供创业机会，增强其流动意愿（周世军和陈博文，2023）。其次，数字经济推动产业升级，创造高技能岗位，使农村劳动力预期收入得以提升。最后，数字技术能够减少劳动力市场信息不对称，农村劳动力可更便捷地获取就业信息，优化流动决策，进而为收入增加提供可能。二是资源配置效应与非农就业机会增加。结构转型理论指出，非农就业是农村劳动力流动的关键驱动。数字经济通过创造多元化非农就业场景优化劳动力配置。一方面，传统产业数字化进程加快，如农业与服务业数字化（如智慧农业、物流平台）释放劳动力需求，促进农村劳动力向非农部门转移。另一方面，新兴业态不断涌现，直播电商、网约车等新业态创造灵活就业岗位，吸引农村劳动力流入城市。在线教育与培训平台（如“互联网＋教育”）突破地域限制，帮助农村劳动力获取新技能，提升其适应数字经济的能力，进而提升其向城市高技能岗位流动的能力。三是成本效应与流动成本降低。农村劳动力的流动成本直接影响流动决策和流动效率。第一，数字经济有效降低了农村劳动力流动的经济成本。在线招聘平台通过算法精准匹配岗位，缩短求职周期，减少中介依赖，降低信息获取费用。共享经济（如滴滴拼车、线上购票平台）能够有效降低农村劳动力的交通费用。数字化租房服务则缩短了农村劳动力找房的时间，“月付”模式减少了初期押金的压力。第二，数字经济能够缓解农村劳动力流动的心理。建立在虚拟社群基础上的异地社交网络，能够降低农村劳动力的适应性成本，缓解城市本地社交网络薄弱导致的孤独感。数字政务平台有效提升了行政审批效率，实现社保、医疗等公共服务线上办理，减少农村劳动力因为户籍分离带来的入学、医疗额外支出。第三，数字经济有助于降低农村劳动力流动的机会成本。零工经济的发展增强农村劳动力流动的灵活性，降低“全时段”机会成本。网络招聘、就业平台提供的实时薪资与岗位需求数据，提高农村劳动力人岗匹配度，缩短了其找工作、换工作的等待时间，降低流动的机会成本（王子凤和张桂文，2025）。基于上述分析，本书提出假设 6－1。

假设 6－1：城市数字经济发展能够吸引农村劳动力流入。

数字经济对农村劳动力流动的抑制效应也可分为三类：一是技能鸿沟与就业挤出。尽管数字经济催生了直播电商、智慧物流等新业态，但这些岗位往往需要数字技能和运营能力。农村劳动力缺乏数字工具使用、数据分析等技能，数字素养偏低，新业态的“高门槛”反而将一部分农村劳动力排除在外，抑制了低技能农村劳动力流动。此外，洪永淼指出，人工智能的“微笑曲线”替代效应进一步压缩了农村劳动力集中的传统岗位空间。数字经济可能导致“技能偏向型技术进步”，低技能劳动力面临淘汰风险（叶胥等，2021）。人工智能、自动化等数字技术的应用降低了对低技能劳动力的需求。如工业互联网通过机器人替代传统生产线工人，减少了传统劳动密集型岗位，而农村劳动力多集中于这些领域，使农村劳动力面临结构性失业风险。二是区域发展不平衡与劳动力错配。新经济地理学强调空间集聚效应，但数字经济可能强化区域分化。数字经济发展较好的东部城市吸引高技能人才，而中西部地区因基础设施滞后形成“数字洼地”，导致农村劳动力跨区域流动受阻。高技能劳动力向数字经济核心区集中，而低技能劳动力可能因区域错配陷入“病态涌入”陷阱，如过度集中于低端服务业。这种“人才虹吸”导致中西部地区面临高技能劳动力流失与低端劳动力过剩的双重困境（李言和肖雨婷，2024）。三是迁移意愿的结构性抑制。张国胜和李文静（2023）等研究发现，数字经济可能降低农村劳动力的永久迁移意愿。数字经济加剧了收入差距，农村劳动力在城市面临更高的生活成本与相对收入下降，导致其选择短期流动而非永久迁移。此外，零工经济中的临时性工作削弱职业稳定性，也降低了农村劳动力长期定居城市的信心。综上所述，数字经济对农村劳动力流动的影响具有双重性：一方面通过收入提升、创业机会和非农就业扩张形成“拉力”，另一方面因技能鸿沟、区域不平衡和就业不稳定产生“推力”。这一现象反映了数字经济在不同发展阶段对农村劳动力流动的差异化作用。在数字经济发展的早期，产业升级释放就业，对农村劳动力流动的影响处于促进阶段。随着数字经济发展进入成熟期，对技能要求显著增高，农村劳动力因缺乏数字素养，难以进入高附加值领域，导致流动受阻。基于上述分析，本书提出假设 6 - 2。

假设 6 - 2：数字经济发展对农村劳动力流入地城市选择的影响存在倒“U”形效应，即随着城市数字经济发展水平的提高，农村劳动力流入该城市的概率将先上升后下降。

由第 5 章的分析可知，城市代际收入流动性所形成的机会公平环境对农村劳动力具有吸引力，而数字经济能够强化代际收入流动这一正向影响机制。数字经济通过技术赋能和机会重构，显著放大了城市代际收入流动对农村劳动力流入的吸引力。首先，慕课（如中国大学 MOOC）、腾讯课堂、快手“职教课堂”等网络平台提供了低成本学习的机会，覆盖编程、电商运营、智能制造等高附加值领域，使农村劳动力及其子女能够实现人力资本积累的普惠化。区块链技术确保职业资格透明可溯，农村劳动力通过考取“数字技能认证”获得公平竞争机会，减少户籍与出身歧视，公平竞争高薪岗位。其次，零工经济与灵活就业的发展，使农村劳动力无须依赖城市社会网络即可获得就业和收入机会。AI 招聘系统弱化学历、户籍等标签，钉钉、企业微信等工具打破传统“熟人社会”依赖，农村劳动力通过 AI 职业匹配或在线社群即可获取城市的就业信息。芝麻信用等工具降低交易信任成本，农村劳动力通过数字信用获得合作机会，减少对“关系户”的依赖。基于上述分析，本书提出假设 6 - 3。

假设 6 - 3：数字经济发展可以强化城市代际收入流动对农村劳动力流入的正向影响。

6.1.2　模型与数据

本书的实证模型设定如下：

$$P(choice_{ij}=1)=P(U_{ij}>U_{ik})=\frac{\exp(\alpha digit_{ij}+\beta digit_{ij}^2+\delta AM_{ij}+\varphi digit*AM_{ij}+\gamma W_{ij}+\eta X_{ij})}{\sum_{j=1}^{J}\exp(\alpha digit_{ij}+\beta digit_{ij}^2+\delta AM_{ij}+\varphi digit*AM_{ij}+\gamma W_{ij}+\eta X_{ij})} \tag{6.1}$$

其中，$digit_{ij}$ 度量了农村劳动力 i 可选城市 j 的数字经济发展水平；AM_{ij} 度量了城市 j 的 25 百分位绝对代际流动性，W_{ij} 表示农村劳动力 i 可选城市 j 的工资变量；X_{ij} 表示农村劳动力 i 可选城市 j 的其他特征向量；ε_{ij} 为随机误差项。本章采用 Mcfadden（1974）发展的条件 Logit 模型估计式（6.1）中的变量系数 α、β、δ、φ、γ、η，系数值大小反映了各变量对城市被选概率的影响。

在本书中，数字经济发展水平和代际收入流动水平是核心指标，式（6.1）中的估计系数 $\alpha>0$，表示城市数字经济发展水平越高，农村劳动力流入该城市的概率越大；$\beta<0$，说明随着城市数字经济发展水平进一步提高，则会降低农村劳动力选择该城市作为流动目的地的可能性。$\delta>0$，表示城市代际收入流动水平越高，农村劳动力流入的概率越大，$\varphi>0$，说明城市数字经济发展能够强化代际收入流动对农村劳动力的吸引力。由于每个农村劳动力都面临选择 J 个备选城市，因此，实际样本数量为个体数量与可选城市数量的乘积（$N \times J$）。

本书中农村劳动力流动数据与第 5 章 5.2 节一致，关于核心解释变量城市数字经济指数，在借鉴相关研究的基础上［（赵涛等（2020）、刘军等（2020）］，结合城市层面相关数据可获得性，从宽带接入、互联网人力资本、信息消费规模以及数字金融普惠发展四个方面对数字经济综合发展水平进行测度（见表 6.1）。其中，每百人互联网宽带用户数、每百人移动电话用户数、计算机服务和软件从业人员占比和人均电信业务总量四个指标从《中国城市统计年鉴》中计算获得。

表 6.1　城市数字经济发展指数评价指标体系

目标	维度	指标名称	指标属性
数字经济发展指数	互联网普及程度	每百人固定互联网宽带用户数	正向
		每百人移动电话用数	正向
	互联网人力资本	计算机服务和软件从业人员占比	正向
	信息消费规模	人均电信业务总量	正向
	数字金融普惠发展	中国数字普惠金融指数	正向

数字金融普惠发展数据来源于北京大学数字金融研究中心和蚂蚁金服集团共同编制的中国数字普惠金融指数。通过客观赋值的熵权法，测算城市数字经济综合发展指数，具体计算步骤如下：

①对原始数据进行标准化处理。考虑到各评价指标量纲有所不同，为了消除不同量纲的影响，首先对评价指标进行标准化处理。设 X_{ij} 为第 i 个地级市第 j 个指标的取值，利用公式（6.1）得到标准化后的指标值。

$$z_{ij} = \frac{x_{ij} - \min(x_{ij})}{\max(x_{ij}) - \min(x_{ij})}, (i = 1, \cdots, n; j = 1, \cdots, m) \tag{6.2}$$

②计算第 i 个城市第 j 个指标的比重。

$$p_{ij} = \frac{z_{ij}}{\sum_{i=1}^{n} z_{ij}} \tag{6.3}$$

③计算第 j 个指标的熵值与权重。

$$e_j = -1/\ln m \sum_{i=1}^{n} p_{ij} \tag{6.4}$$

$$w_j = \frac{1 - e_j}{\sum_{j=1}^{m} (1 - e_j)} \tag{6.5}$$

④最后，按照公式 $Dige_i = \sum_{j=1}^{m} W_j z_{ij}$ 计算得到各城市数字经济发展指数。

图 6.1 显示了各省份数字经济发展指数的箱线图，该图不仅能够显示各省份数字经济发展指数的最大值、最小值和中位数，而且能够展示各省内部的离散程度。从图 6.1 中可以看出，数字经济发展水平最高的为广东省，最低的为贵州省。尽管广东省数字经济发展总体水平较高，但省份内部差异也非常明显，数字经济发展水平最高值是最低值的 10 倍。

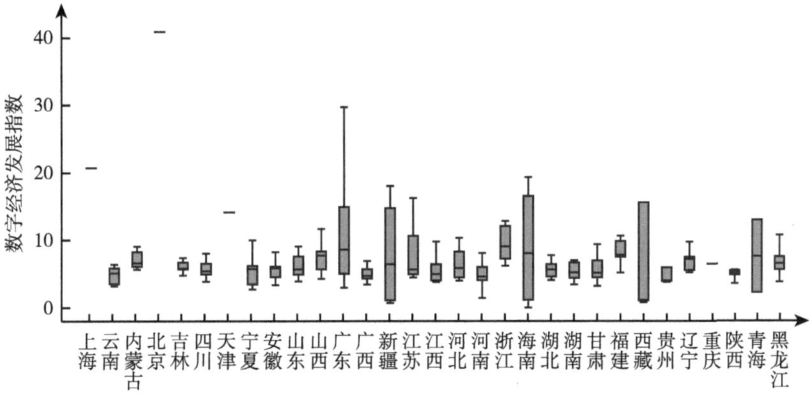

图 6.1　各省份数字经济发展指数箱线图

6.1.3　实证检验

利用条件 Logit 模型揭示数字经济发展对农村劳动力流入城市选择的影响，表 6.2 中的回归（1）至回归（4）分别呈现了在控制省固定效应的前提下，仅包含数字经济指数及其平方项回归、加入城市特征变量回归、加入城市特征及个体流动特征变量和所有解释变量标准化后回归的结果。结果表明，在模型中逐步加入地区代际收入流动、职工平均工资等城市层面特征变量以及进一步加入流动距离和流动范围个体特征变量后，数字经济指数系数均在 1% 水平上显著为正，说明数字经济发展能够吸引农村劳动力流入，由此验证了假设 6 - 1。数字经济指数的平方项系数均在 1% 水平上显著为负。即整体而言，数字经济发展与农村劳动力城市选择之间呈倒“U”形关系，即随着城市数字经济发展水平的提高，农村劳动力选择流入该城市的概率先上升后下降，由此验证了假设 6-2。通过计算，数字经济发展影响农村劳动力流入的倒“U”形拐点位置为 11.844，数字经济发展指数在拐点之后的城市有 24 个，分别为北京、深圳、南京、广州、上海、中山、杭州、三亚、成都、济南、大连等城市，以发达城市和省会城市为主，表明这些城市数字经济发展水平较高反而抑制了农村劳动力流入。当前，中国各城市数字经济发展水平差异较大，绝大部分城市处于数字经济发展的初期阶段，数字经济催生大量新兴产业，互联网普及降低了信息成本，能够吸引农村劳动力流入。但少数发达城市已经达到数字经济发展水平较高的阶段，人工智能、自动化技术的普及使得对低技能劳动者的需求减少，对劳动者的数字要素要求更高，因此数字经济发展对农村劳动力城市选择产生了抑制作用。

从数字经济指数与绝对代际流动的交互项来看，在回归（2）至回归（4）中，交互项系数均在 1% 的水平上显著为正，绝对代际流动系数也在 1% 的水平上显著为正，说明不仅城市代际收入流动性对农村劳动力流入具有正向影响，数字经济发展水平的提高也会增强代际收入流动对农村劳动力流入的正向影响，由此验证了假设 6-3。实际上，数字经济与代际收入流动在性质上有相似之处，数字经济通过技术普惠降低资源获取门槛，打破传统家庭和社会资本对机会分配的主导作用，代际收入流动则通过创造更加公平的机会环境，摆脱家庭背景对子代收入的束缚，两者均试图削弱“先天禀赋”对个人发展机会的约束，吸引农村劳动力流入。数字经济发展指数和绝对代际流动系数的交互项显著为正，意味着这两个因素对农村劳动力流入城市选择的正向影响具有相互强化的倾向。从其他城市特征变量来看，职工平均工资、就业率、人口规模、房价工资比、基础教育、省会城市的系数均在 1% 水平上显著为正，表明较高的经济发展水平、较高的就业率、更大的城市规模、更好的基础教育和省会城市均能够显著提升城市对农村劳动力的吸引力。流动距离和是否跨省的系数均在 1% 水平上显著为负，说明离农村劳动力户籍所在地距离近的城市和省内城市对农村劳动力流入的吸引力更大。

表 6.2　　　　　　　　基准回归结果

变量	回归（1）	回归（2）	回归（3）	回归（4）
数字经济指数	0.468*** (0.006)	0.281*** (0.009)	0.291*** (0.009)	1.380*** (0.043)

续表

变量	回归（1）	回归（2）	回归（3）	回归（4）
数字经济指数的平方项	-0.010*** (0.0002)	-0.012*** (0.0002)	-0.012*** (0.0002)	-1.813*** (0.050)
绝对代际流动（r25）		0.015*** (0.002)	0.015*** (0.002)	0.164*** (0.024)
数字经济指数与绝对代际流动（r25）交互项		0.001*** (0.000)	0.001*** (0.014)	0.417*** (0.040)
职工平均工资		0.028*** (0.002)	0.028*** (0.002)	0.171*** (0.011)
就业率		0.053*** (0.004)	0.053*** (0.004)	0.164*** (0.012)
产业结构		0.007 (0.019)	0.007 (0.019)	0.004 (0.010)
人口规模		0.855*** (0.017)	0.826*** (0.017)	0.517*** (0.011)
房价工资比		0.052*** (0.003)	0.050*** (0.003)	0.221*** (0.012)
基础教育		0.002* (0.001)	0.002* (0.001)	0.024* (0.014)
医疗资源		0.037*** (0.002)	0.037*** (0.002)	0.323*** (0.013)
是否省会		0.258*** (0.026)	0.213*** (0.026)	0.072*** (0.009)
流动距离			-0.070*** (0.001)	-0.331*** (0.007)
是否跨省			-4.291*** (0.017)	-0.869*** (0.003)
省固定效应	控制	控制	控制	控制
Chi2	49471.26	54495.81	114294.46	114294.46
Pseudo R^2	0.119	0.144	0.406	0.406
样本容量	7655007	7655007	7655007	7655007
城市数量	213	213	213	213
个体数量	35939	35939	35939	35939

注：*、**、*** 分别表示在 10%、5%、1% 的置信水平上显著，下表同。

接下来，通过替换核心解释变量进行稳健性检验。考虑三种替换方式：一是利用互联网普及率，即以每百人中互联网宽带接入用户数作为数字经济的代理变量；二是采用主成分法重新计算数字经济指数；三是利用北京大学数字金融研究中心发布的 2016 年数字普惠金融指数，结果如表 6.3 中回归（1）至回归（3）所示。在分别将互联网普及率、主成分法数字经济指数和数字金融普惠指数作为核心解释变量时，结果均表明数字经济发展水平对农村劳动力流入具有显著倒“U”形影响，且数字经济指数与绝对代际流动的交互项也均显著为正，说明数字经济发展水平确实能够强化城市代际收入流动对农村劳动力流入的正向影响。

表 6.3 稳健性检验

变量	回归（1）	回归（2）	回归（3）
数字经济指数	0.141 *** (0.005)	0.000 *** (0.000)	0.245 *** (0.012)
数字经济指数的平方项	-0.001 *** (0.000)	-0.000 *** (0.000)	-0.0004 *** (0.000)
绝对代际流动（r25）	0.060 *** (0.003)	0.042 *** (0.002)	0.070 *** (0.013)
数字经济指数与绝对代际流动（r25）交互项	0.0003 *** (0.000)	0.000 *** (0.000)	0.0004 *** (0.000)
职工平均工资	0.020 *** (0.002)	0.041 *** (0.002)	0.014 *** (0.002)
就业率	0.043 *** (0.004)	0.069 *** (0.004)	0.015 *** (0.004)
产业结构	0.111 (0.020)	0.099 *** (0.018)	0.099 (0.019)
人口规模	0.788 *** (0.019)	0.571 *** (0.020)	0.881 *** (0.018)
房价工资比	0.027 *** (0.002)	0.044 *** (0.002)	0.011 *** (0.001)
基础教育	-0.004 ** (0.002)	-0.014 *** (0.001)	0.005 * (0.002)
医疗资源	0.031 *** (0.002)	0.046 *** (0.002)	0.037 *** (0.002)
是否省会	0.150 *** (0.028)	0.216 *** (0.026)	-0.349 *** (0.032)

续表

变量	回归（1）	回归（2）	回归（3）
流动距离	-0.070 *** (0.001)	-0.070 *** (0.001)	-0.070 *** (0.001)
是否跨省	-4.221 *** (0.018)	-4.253 *** (0.017)	-4.291 *** (0.017)
省固定效应	控制	控制	控制
Chi2	97800.49	110275.69	115681.32
Pseudo R^2	0.398	0.404	0.409
样本容量	6249353	7353665	7655007
城市数量	187	209	213
个体数量	33419	35185	35939

考虑到数字经济发展和农村劳动力流动之间可能存在反向因果，即城市代际收入流动水平不仅会影响农村劳动力的流动决策，而且大量农村劳动力流入后会促进数字产业规模扩大，进一步推动数字经济发展。为了避免这种反向影响，本书测算核心解释变量数字经济发展指数是基于 2016 年数据估计得到，被解释变量则来自 2017 年全国流动人口动态监测数据，时间上的滞后也能够在一定程度上避免了这种反向因果关系，但仍可能会遗漏某些影响数字经济发展对农村劳动力流动影响的不可观测变量，进而导致内生性问题。为此，本书借鉴王辉等（2023）的做法，采用城市地形起伏度作为数字经济发展水平的工具变量。这是因为数字经济的发展主要依赖于网络基础设施的建设，城市地形起伏度越大，互联网基础设施建设越困难，城市地形平坦度越高则网络设施建设越便捷。一方面，城市地形起伏度与数字经济发展水平直接相关；另一方面，城市地形起伏度不会直接影响农村劳动力的城市选择。因此该工具变量满足相关性和排他性假设，性质较好。

接下来，首先基于工具变量城市地形起伏度对各城市数字经济发展水平进行估计，然后用数字经济发展水平的估计值替代实际值，再利用条件 Logit 模型检验数字经济发展对农村劳动力城市选择的影响，回归 1 至回归 3 分别给出了工具变量回归及加入城市控制变量、个体流动变量的回归结果。由表 6.4 可知，数字经济指数估计值一次项系数在 1% 水平上显著为正、二次项系数在 1% 水平上显著为负，与绝对流动交互项系数在 1% 水平上显著为正，表明考虑内生性问题后，数字经济发展水平对农村劳动力城市选择的影响仍然呈现倒“U”形，数字经济发展与代际收入流动对农村劳动力流入的影响仍然存在相互强化的倾向。

表 6.4　工具变量回归

变量	回归（1）	回归（2）	回归（3）
数字经济指数估计值	4.121*** （0.209）	3.057*** （0.345）	3.507*** （0.344）
数字经济指数估计值的平方项	-0.277*** （0.017）	-0.217*** （0.027）	-0.244*** （0.027）
绝对代际流动（r25）	0.082 （0.005）	0.017*** （0.005）	0.018*** （0.005）
数字经济指数估计值与绝对代际流动（r25）交互项	0.005*** （0.001）	0.004*** （0.001）	0.004*** （0.001）
职工平均工资		0.026*** （0.002）	0.027*** （0.002）
就业率		0.087*** （0.004）	0.088*** （0.004）
产业结构		0.092*** （0.019）	0.094*** （0.019）
人口规模		0.613*** （0.015）	0.577*** （0.015）
房价工资比		0.077*** （0.003）	0.077*** （0.003）
基础教育		-0.027*** （0.001）	-0.027*** （0.001）
医疗资源		0.041*** （0.002）	0.042*** （0.002）
是否省会		0.567*** （0.024）	0.550*** （0.024）
流动距离			-0.069*** （0.001）
是否跨省			-4.288*** （0.017）
省固定效应	控制	控制	控制

续表

变量	回归（1）	回归（2）	回归（3）
Chi2	40655.98	53376.61	105870.34
Pseudo R^2	0.092	0.140	0.402
样本容量	7598928	7598928	7598928
城市数量	212	212	212
个体数量	35844	35844	35844

上述分析发现数字经济发展对农村劳动力城市选择的影响呈现倒“U”形，即随着城市数字经济发展水平的提升，农村劳动力流入的概率先增强后减弱。这一现象在不同个体特征群体中表现出显著的差异。本部分主要验证上述关系在不同出生年代和学历水平群体中所起作用的差异。首先，按照出生日期将1980年以后出生的定义为“新生代农村劳动力”，否则为“上一代农村劳动力”，按照学历高低将农村劳动力分为低学历群体（专科以下）和高学历群体（专科及以上）。其次，分别探究数字经济发展对这四类不同群体流入地城市选择的影响。

表6.5分别报告了数字经济发展对新生代和老一代、低学历和高学历农村劳动力城市选择的回归结果。结果表明，数字经济发展水平对不同出生年代和不同学历的农村劳动力城市选择均存在倒“U”形影响。即数字经济对农村劳动力的影响在初期体现为拉动效应，后期则为挤出效应。一方面，数字基础设施的普及，创造了大量低技能岗位，吸引农村劳动力流入城市。平台经济降低了就业门槛，农村劳动力能够快速进入服务业市场。另一方面，随着数字技术进一步深化，逐步替代了标准化低技能岗位。数字经济推动产业升级，高技能岗位占比增加，农村劳动力的适应性下降。不过，不同个体特征的农村劳动力所面临的拐点位置有明显差异。分样本来看，新生代拐点位置为12.052，老一代拐点位置为11.461，说明相比新生代，老一代农村劳动力更容易受到城市数字门槛的影响。具体原因如下：一是数字技能鸿沟的固化效应。老一代农村劳动普遍存在数字技能不足的问题。老一代因年龄较大、学习能力下降，更难以通过自主学习掌握数字技术，导致其无法胜任数字经济催生的新业态岗位，进而抑制其流动。二是传统岗位替代的直接冲击。老一代农村劳动力多集中于制造业低技能劳动密集型岗位，而数字技术对这些岗位的替代效应显著。老一代农村劳动力因劳动技能单一，转型难度

大，更容易被挤出市场。三是人力资本积累的断层。老一代农村劳动力受教育程度普遍较低，且缺乏终身学习的机会，人力资本积累滞后，导致其难以适应数字经济对技能迭代的要求。从高学历组和低学历组分样本回归结果看，高学历组的拐点位置为 18.250，低学历组的拐点位置为 12.154，即低学历农村劳动力拐点更早出现。这主要源于技能替代弹性差异和岗位结构变化率不同。低学历农村劳动力多从事程序化工作，如流水线操作、基础服务，AI 替代率高达 60%（麦肯锡，2023）。而高学历农村劳动力则可通过数字技能培训转向数据分析、运营管理等岗位，职业转换空间更大。根据《中国数字经济发展白皮书（2022 年）》。数字经济发展初期（占 GDP 比重小于 10%），低技能岗位增速达到年均 15%，但当占比超过 20% 后，岗位流失率升至 8%。高技能岗位增长可持续至数字经济占比 30% 以上。因此，低学历农村劳动力受到数字经济抑制效应的拐点更早出现。从四组样本代际收入流动指标和数字经济指数与绝对代际流动（r25）交互项系数来看，不论是新一代还是老一代，也不论是低学历还是高学历，在选择流入地城市时均会受到代际收入流动的吸引，且数字经济发展水平能够强化代际收入流动对其的吸引作用。

表 6.5　　对不同学历农村劳动力的影响

变量	新生代	老一代	高学历	低学历
数字经济指数	0.304 *** (0.011)	0.262 *** (0.017)	0.073 *** (0.011)	0.316 *** (0.010)
数字经济指数的平方项	-0.013 *** (0.000)	-0.011 *** (0.001)	-0.002 *** (0.000)	-0.013 *** (0.000)
绝对代际流动（r25）	0.015 *** (0.003)	0.018 *** (0.004)	0.007 *** (0.003)	0.021 *** (0.002)
数字经济指数与绝对代际流动（r25）交互项	0.001 *** (0.000)	0.001 *** (0.000)	0.000 *** (0.000)	0.001 *** (0.000)
职工平均工资	0.029 *** (0.002)	0.026 *** (0.003)	0.032 *** (0.003)	0.028 *** (0.002)
就业率	0.057 *** (0.005)	0.047 *** (0.007)	0.035 (0.006)	0.061 *** (0.004)
产业结构	0.000 (0.024)	0.021 (0.030)	-0.021 (0.024)	0.019 (0.020)

续表

变量	新生代	老一代	高学历	低学历
人口规模	0.845*** (0.021)	0.786*** (0.032)	0.752*** (0.037)	0.824*** (0.019)
房价工资比	0.054*** (0.003)	0.038*** (0.005)	0.022*** (0.007)	0.042*** (0.003)
基础教育	-0.001 (0.002)	0.009 (0.002)	-0.005*** (0.002)	0.006*** (0.001)
医疗资源	0.044*** (0.002)	0.023*** (0.003)	0.045*** (0.003)	0.033*** (0.002)
是否省会	0.156*** (0.031)	0.337*** (0.047)	0.979*** (0.052)	0.138*** (0.028)
流动距离	-0.068*** (0.002)	-0.077*** (0.003)	-0.070*** (0.003)	-0.073*** (0.002)
是否跨省	-4.347*** (0.021)	-4.185*** (0.031)	-4.263*** (0.019)	-4.263*** (0.019)
省固定效应	控制	控制	控制	控制
Chi2	80520.64	33865.74	23071.39	90678.32
Pseudo R^2	0.416	0.386	0.445	0.392
样本容量	5382723	2272284	1521885	6133122
城市数量	213	213	213	213
个体数量	25271	10669	7145	28794

6.2 数字经济与职业地位

由第5章的分析可知，城市代际收入流动吸引农村劳动力流入的作用机制有三个，分别为职业地位提升、幸福感增强和福利改善。结合上小节的分析可知，数字经济发展能够强化代际收入流动对农村劳动力流入的正向影响。但数字经济发展到底在这一过程中是如何发挥作用的，还有待验证。本节先从职业地位机制出发，验证数字经济在机制过程中是否表现为促进作用，数字经济作为新型生产要素，深刻改变了传统劳动力市场。对于长期受限于教育水平和制度壁垒的农村劳动力而言，数字技术的渗透创造了职业跃迁的机会。

6.2.1 数字经济如何影响农村劳动力职业地位

数字经济对农村劳动力职业地位的提升机制可分为两类。一是创造多元化就业机会。以信息技术为核心的数字经济，具有高度的渗透性和融合性，不仅改变了传统产业的运营方式，还催生了众多新型业态和商业模式。首先，数字经济的发展促进了电子商务、网络直播等新型消费模式的兴起。这些消费模式需要大量的客服、物流、配送等低技能服务型岗位来支持。例如，电商平台需要客服人员处理用户咨询和投诉，物流企业需要配送员将商品送达消费者手中。其次，随着大数据、云计算等数字技术的推广，企业生产效率得到提高，使劳动者在单位时间内创造更多价值，从而获得更高收入。随着人们生活水平的提高和消费观念的转变，对个性化、便捷化服务的需求不断增加。例如，家政服务、外卖服务、共享出行等领域蓬勃发展，为低技能劳动力提供了大量的就业机会。这些岗位对劳动者的技能要求相对较低，但需求量巨大。再次，数字技术的普及降低了服务行业的进入门槛。例如，通过智能手机和互联网，个人可以轻松成为网约车司机、外卖骑手。这种低门槛的就业方式吸引了大量低技能农村劳动力进入服务行业。最后，零成本开店、无货源电商等数字创业模式，能够大幅降低农村劳动力的创业成本，数字金融的普及为农村劳动力创业资金提供了支持。研究显示，数字经济发展能够显著促进农业户籍低技能劳动力的职业转换（原新等，2024）。二是加速职业资本积累。首先，数字经济背景下，农村劳动力能更方便地通过线上平台获取工作岗位信息，与用人单位进行交流，有效降低了雇佣双方的匹配成本，提高了人岗匹配效率（随淑敏和夏璋煦，2024）。其次，网络平台上的个性化、精准化智能推荐和海量数字化教育资源，为农村劳动力提供了便捷的学习途径。他们能以较低的成本使用线上教育平台，提升专业技能素养，增强就业核心技能和素质，提升人力资本水平，推动其向高技能职业流动。同时，数字经济的发展催生了许多新兴职业和岗位，对劳动力的技能需求也发生了变化。农村劳动力通过不断学习和提升自己的技能，能更好地适应市场需求，提高职业竞争力。最后，数字经济下的就业岗位大多要求劳动者会使用便捷软件，并不需要其对数字技术有充分理解和把握。这降低了农村劳动力的就业门槛，有助于他们破除就业壁垒，实现高质量就业。总之，数字经济通过就业形态创新和人力资本升级双重路径，推动农村劳动力职业地位实现纵向跃升的结构性变革。基于上述分析，本书提出假设 6－4：

假设 6－4：数字经济发展可以促进农村劳动力职业地位提升。

6.2.2　数字经济对农村劳动力职业地位的影响

本部分的核心解释变量“数字经济发展”在城市层面，因此在基准回归中回报聚类稳健标准误。由于被解释变量“职业阶层地位”为二分类变量，故分别使用二元概率比（Probit）模型进行分析，具体设定如下：

$$Y_{ij} = \alpha + \beta digit_{ij} + \gamma Micro_{ij} + \lambda Macro_{ij} + \varepsilon_i \tag{6.6}$$

式中，β 为待估参数；$digit_{ij}$ 表示第 j 个城市 25 百分位绝对代际流动；$Micro_{ij}$ 为个人层面的控制变量；$Macro_{ij}$ 为农村劳动力宏观层面的控制变量；ε 为随机误差项。

本书中农村劳动力流动数据与第 5.4.1 节一致。图 6.2 给出了不同省份农村劳动力中高职业占比情况。从图 6.2 中可以看出，北京农村劳动力中高职业占比最高，达到 22.12%，其次是上海，占比为 19.24%，农村劳动力中高职业类型占比最低的为西藏，仅为 5.92%。总体来看，各省份农村劳动力中高职业类型占比并不高，说明中国农村劳动力仍然以低端职业为主。

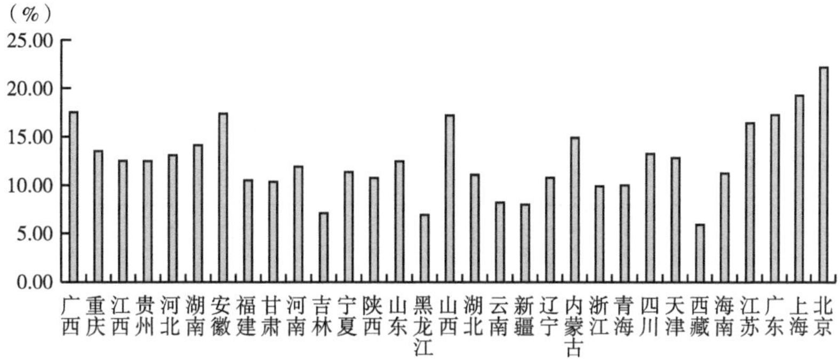

图 6.2　各省农村劳动力中高职业占比情况

表 6.6 是数字经济发展对农村劳动力职业地位影响的基准回归结果。鉴于 Probit 模型为非线性回归，回归系数解释并不直观，表 6.6 中直接报告了解释变量的平均边际效应。其中，第（1）列仅控制个体基本特征和地区固

定效应，第（2）列加入流动特征因素，第（3）列加入家庭特征因素，第（4）列加入城市控制变量。回归结果表明，在逐步加入各类控制变量后，数字经济发展指数的系数均显著为正，说明数字经济发展对农村劳动力职业地位提升的正向影响较为稳定，假设6-4得到验证。结合系数值来看，以第（4）列为例，数字经济指数在10%的水平上显著为正，即数字经济指数每增加1个单位，农村劳动力职业地位提升的概率提升3个百分点。

表6.6　　数字经济对农村劳动力职业地位的影响（基准回归）

	(1)	(2)	(3)	(4)
数字经济指数	0.001*** (0.000)	0.001*** (0.000)	0.001*** (0.000)	0.003* (0.000)
年龄	-0.001*** (0.000)	-0.002*** (0.000)	-0.001*** (0.000)	-0.001*** (0.000)
性别	0.020*** (0.004)	0.021*** (0.004)	-0.019*** (0.004)	-0.019*** (0.004)
受教育年限	0.037*** (0.001)	0.037*** (0.001)	0.036*** (0.001)	0.036*** (0.001)
婚姻	0.02*** (0.005)	0.019*** (0.005)	0.008 (0.005)	0.008 (0.005)
流动范围		-0.011*** (0.004)	-0.014*** (0.004)	-0.013*** (0.004)
流动时间		0.002*** (0.001)	0.002*** (0.001)	0.002*** (0.001)
家庭人均月收入对数			0.019** (0.004)	0.020*** (0.004)
父母外出务工经历			0.010** (0.004)	0.009** (0.004)
人均GDP对数				-0.018** (0.005)
产业结构				-0.111*** (0.028)
人口规模对数				-0.005* (0.002)

续表

	(1)	(2)	(3)	(4)
人均公共财政支出				0.003 (0.003)
地区虚拟变量	控制	控制	控制	控制
观测值	31473	31473	31473	31473
LR 统计量	4446.80	4467.66	4503.12	4534.64
Pseudo R^2	0.179	0.180	0.181	0.182

接下来，通过替换核心解释变量和更换估计方法两种方式进行稳健性检验。考虑三种核心解释变量的替换方式：互联网普及率、主成分法数字经济指数和数字普惠金融指数，用 OLS 和 Logit 模型重新估计方程，结果如表 6.7 中回归（1）至回归（5）所示，在分别以互联网普及率、主成分法数字经济指数和数字金融普惠指数作为核心解释变量，以及在分别使用 OLS 和 Logit 模型重新估计时，数字经济指数系数均在 1% 水平上显著为正。总之，数字经济发展对农村劳动力职业地位提升有显著的正向影响，验证了表 6.6 基准回归结果的稳健性。

表 6.7　数字经济对农村劳动力职业地位的影响（稳健性检验）

变量	更换核心解释变量			更换估计方法	
	回归（1） Probit	回归（2） Probit	回归（3） Probit	回归（4） OLS	回归（5） Logit
数字经济指数	0.001*** (0.0002)	0.0002*** (0.0003)	0.0005*** (0.0002)	0.003*** (0.0005)	0.003*** (0.0004)
个人及家庭特征变量	是	是	是	是	是
城市特征变量	是	是	是	是	是
省虚拟变量	是	是	是	是	是
观测值	29475	30951	31473	31473	31473
LR/F 统计量	4355.00	4530.77	4511.83	349.69	4627.66
Pseudo R^2/Adj - R^2	0.184	0.182	0.182	0.134	0.186

进一步，以选取地形起伏度作为数字经济发展指数的工具变量，进行 IV Probit 回归，结果如表 6.8 所示。由回归（1）可知，地形起伏度对数字

经济发展的影响在1%的水平上显著为负。第一阶段F值为9030.70，大于1%水平上的临界值，表明不存在弱工具变量问题。由回归（2）可知，数字经济指数对农村劳动力职业地位的影响在1%的水平上显著为正。即在利用工具变量识别局部平均处理效应后，数字经济发展对农村劳动力职业地位仍有显著正向影响，再次表明基准回归结果稳健。

表6.8　数字经济对农村劳动力职业地位的影响（工具变量回归）

变量	回归（1） 第一阶段	回归（2） 第二阶段
数字经济指数		0.049*** (0.009)
地形起伏度	-1.054*** (0.026)	
个人及家庭特征变量	是	是
城市特征变量	是	是
省虚拟变量	是	是
观测值	34951	34951
第一阶段F值	9030.70	
Wald检验		22.29

按照农村劳动力性别和学历特征划分样本，来考察数字经济发展对农村劳动力个体异质性的影响，结果如表6.9所示。分性别来看，数字经济发展对男性农村劳动力职业地位提升的影响在1%的水平上显著为正，对女性农村劳动力的影响在5%的水平上显著为正，且前者系数值要大于后者。这说明数字经济发展对男性农村劳动力职业地位提升的作用更大。其可能的原因有以下几个方面：一是行业分布的性别差异。男性农村劳动力多集中在建筑、制造业等传统领域，这些行业正通过智能设备、自动化机器等数字化工具提升效率，可能带来更高的薪资或管理岗位机会。而女性农村劳动力多集中在服务业，如家政、纺织等，这些行业数字化进程相对较慢，职业晋升路径有限。二是灵活就业中的性别偏好。数字经济中的灵活岗位，如网约车司机、快递员以男性为主，这类工作收入较高且职业晋升快。女性则更多从事在线客服等职位变动幅度较小的岗位。三是数字技能获取机会不均。受传统性别观念影响，男性农村劳动力可能更容易获得技术培训资源。女性农村劳

动力在家庭责任限制下，参与技能培训的比例较低。四是社会文化障碍。部分领域仍然存在隐性性别歧视，技术岗或管理岗更倾向男性，导致女性即使掌握数字技能，职业晋升机会仍然受限。

分学历来看，数字经济发展对大学生和农民工职业地位提升的影响均在1%的水平上显著为正，且对大学生的影响系数值是农民工的 4 倍。说明数字经济发展对大学生职业地位提升的作用程度要远大于农民工。由于大学生接受过系统的高等教育，掌握编程、数据分析、数字营销等与数字经济直接相关的技能，更容易进入高附加值岗位。而农民工在教育与技能方面处于劣势，更多从事物流、外卖等低技术门槛工作，技术升级对其职业晋升的拉动有限。在社会资本与资源获取方面，大学生通过校友网络、实习经历等更易获得风险投资或高端岗位内推，而农民工多依赖同乡介绍或平台算法派单，其资源获取渠道单一。

表 6.9　　数字经济对农村劳动力职业地位的个体异质性影响

变量	性别		学历	
	回归（1） 男性	回归（2） 女性	回归（3） 大学生	回归（4） 农民工
数字经济指数	0.003*** (0.001)	0.002** (0.001)	0.008*** (0.002)	0.002*** (0.0004)
个人及家庭特征变量	是	是	是	是
城市特征变量	是	是	是	是
省虚拟变量	是	是	是	是
观测值	17881	13590	6443	25028
LR	2219.51	2460.41	79.95	310.35
Pseudo R^2	0.156	0.231	0.009	0.0250

按照农村劳动力流动范围和流动时间划分样本，来考察数字经济发展对农村劳动力流动特征异质性的影响，结果如表 6.10 所示。从回归（1）和回归（2）结果看，数字经济指数均在 1% 的水平上显著为正，且系数值大小也均为 0.003，说明城市数字经济发展指数每增加 1 个单位，跨省流动者和省内流动者职业地位提升的概率均为 0.003，没有显著差异。由于数字技术弱化了地理空间对职业发展的限制，无论是跨省流动还是省内流动，农村劳动力均可通过互联网接入全国性就业市场，其职业地位提升与流动范围关

联度较低。美团、滴滴等大型数字平台在全国范围内采用统一的派单算法和评级体系，跨省与省内流动的骑手、司机收入及晋升规则高度相似，地域差异被技术规则消解。从回归（3）和回归（4）结果看，数字经济指数对长期流动者职业地位的影响在1%水平上显著为正，对一年以内短期流动者职业地位没有显著影响。长期流动者有更充分的时间掌握高阶数字技能，而短期流动者多从事低门槛工资，技能提升有限。企业数字化管理岗位，如供应链数字化负责人，更倾向聘用长期稳定员工。而短期流动者多承担临时性任务，晋升通道狭窄。此外，数字平台的职业声誉评分、客户评价体系需要长期积累。长期流动者通过稳定服务获得高评分，从而得到岗位晋升的机会，短期流动者因频繁更换领域而难以建立可信度。

表 6.10　　数字经济对农村劳动力职业地位流动特征异质性影响

变量	流动范围		流动时间	
	回归（1） 跨省流动	回归（2） 省内流动	回归（3） 长期流动	回归（4） 短期流动
数字经济指数	0.003*** (0.001)	0.003*** (0.001)	0.003*** (0.001)	0.002 (0.001)
个人及家庭特征变量	是	是	是	是
城市特征变量	是	是	是	是
省虚拟变量	是	是	是	是
观测值	13806	17665	28296	3175
LR	1995.12	2556.14	4178.16	349.02
Pseudo R^2	0.192	0.177	0.184	0.161

6.3　数字经济发展与幸福感

城市代际收入流动吸引农村劳动力流入的内在机制之一为增强幸福感。数字经济发展在强化代际收入流动对农村劳动力流入正向影响的过程中，如何在幸福感机制中发挥作用，需要进一步验证。本节从幸福感机制出发，验证数字经济在这一机制过程中是否表现为促进作用。当前，数字红利不仅体现在经济领域，随着数字技术不断向民生领域渗透，数字经济也能够提升农村劳动力的社会归属感和自我实现感，从而增强其主观幸福感。

6.3.1　数字经济如何影响农村劳动力幸福感

随着数字经济的不断推进，数字技术通过重塑资源获取方式与社会参与模式，正在重构农村劳动力的幸福感知体系。在资源获取方面，数字经济通过技术赋能与模式创新，正在重构教育、医疗、就业等民生领域的资源分配模式，为农村劳动力打破城乡二元结构下的资源壁垒、实现社会公平提供了新路径。当数据成为新型生产资料，算法演化成为资源配置的新的“看不见的手”，农村劳动力在数字空间实现了物理世界难以企及的权利复位。这种重构不仅体现在资源获取效率的提升上，更在于通过数字身份、智能算法和分布式网络构建起全新的社会支持体系，推动农民工从“生存参与”向“发展型共享”转变。国家中小学智慧教育等在线教育平台打破了地域限制，使农村劳动力的子女获得公平的教育资源，缓解了父母对于随迁子女入学的焦虑；职业技能慕课为农村劳动力提供了电工、家政等课程，使农村劳动力获得广泛的职业培训机会，提升了其职业获得感（黄小勇和李豪旺，2024）；远程问诊系统和医保跨省结算系统，提升了农村劳动力医疗资源的可及性，降低了其就医垫资的压力；智能招聘平台和零工经济系统，缩短了农村劳动力的求职周期，打破了求职信息壁垒，减轻了农村劳动力就业的压力。在社会参与模式方面，数字技术通过重构社会参与模式，正在为农村劳动力创造融入机会，实现从“边缘生存者”到“数字公民”的身份跃迁。这种变革不仅体现在工具层面的便利性提升，更重要的是构建起数字身份的新型社会关系网络，推动农村劳动力在政治、经济、文化等多维度的深度参与。这种转变不仅提升了物质生活水平，更是通过数字平权重构了社会认知框架。农村劳动力不再是被动的服务接受者，而是数字化治理体系的共建者。微信同乡群等数字化地缘网络缓解了农村劳动力的乡愁焦虑；快手、抖音等数字平台创作内容的浏览与传播，帮助农村劳动力掌握城市生存技能，增强其城市归属感；智慧社区建设，为农村劳动力提供了事务办理的指南，帮助其更快地适应城市社区生活。这种参与模式的革新本质上是数字文明对传统社会结构的重构与重建（杨阳等，2022）。农村劳动力的数字足迹转为可量化的社会资本，云端议事厅可消弭户籍带来的政治参与鸿沟。总之，随着数字经济的深入推进，农村劳动力正在从被帮扶对象转变为数字文明的重要生产者。这种身份转换带来的不仅是物质改善，更是在数字世界中重构了价值坐标体系，使农村劳动力幸福获得感可持续增长。基于上述分析，本书提出假设6－5：

假设6－5：数字经济发展可以促进农村劳动力幸福感增强。

事实上，数字经济对农村劳动力幸福感的影响并非线性。而是遵循“边际收益递增→峰值→边际收益递减”的动态路径。这是因为在数字经济发展初期阶段，随着互联网、智能手机等数字技术的普及，农村劳动力能够更便捷地获取市场信息、就业信息和教育资源。这种信息获取的便利性有助于他们抓住更多发展机会，提高收入水平，从而增强幸福感。此外，数字经济促进了农村劳动力的社会交往，增强社会认同感，从而提升幸福水平。当数字经济发展进入成熟阶段，农村劳动力的幸福感则会下降。可能原因：一是信息过载与隐私泄露。随着数字经济的深入发展，信息过载成为普遍现象。农村劳动力可能面临大量无关或虚假信息的干扰，难以做出正确决策。同时，隐私泄露问题也日益严重，可能给农村劳动力带来心理压力和安全风险。二是数字鸿沟与社会分化。数字经济虽然带来诸多便利，但也加剧了社会分化。那些能够充分利用数字技术的人可能获得更多的机会和资源，而那些难以适应数字技术的人则可能被边缘化。这种数字鸿沟可能导致农村劳动力的幸福感出现分化，甚至下降。三是生活压力与竞争加剧。随着数字经济的深入推进，市场竞争日益激烈。农村劳动力可能面临更大的就业压力和生活压力，导致幸福感下降。同时，数字技术的普及也可能带来一些新的问题，如网络诈骗、网络欺凌等，进一步降低农村劳动力的幸福感。总之，在数字经济初期阶段，数字技术带来的信息获取便利性、生产效率提升和生活便利性等正面效应显著，对农村劳动力幸福感产生积极影响。随着数字经济的深入发展，信息过载、隐私泄露、数字鸿沟和生活压力等负面效应逐渐凸显，对农村劳动力幸福感产生消极影响。其中，拐点位置取决于多种因素的总和作用，包括农村劳动力的数字技能水平、数字基础设施的普及程度、社会支持系统的完善程度等。在拐点之前，数字经济的正面效应占据主导地位；在拐点之后，负面效应逐渐凸显并占据主导地位。基于上述分析，本书提出假设6－6：

假设6－6：数字经济发展对农村劳动力幸福感的影响并非线性，而是呈现倒“U”形，即在数字经济发展初期可以提升农村劳动力幸福感，但随着数字经济发展水平的进一步提高，反而不利于农村劳动力幸福感的提升。

6.3.2 模型与数据

本部分采用有序 Probit 模型进行分析，模型设定如下：

$$H_{ij} = F(\varphi digit_{ij} + \gamma Micro_{ij} + \lambda Macro_{ij} + \varepsilon_i) \tag{6.7}$$

式中，H_{ij} 为被解释变量生活幸福感，核心解释变量为数字经济发展（$digit_{ij}$），$Micro_{ij}$ 为个人层面的控制变量，$Macro_{ij}$ 为宏观层面的控制变量，ε 为随机误差项。$F(\bullet)$ 为非线性函数，取值如下所示：

$$F(H_{ij}^*) = \begin{cases} 1 & H_{ij}^* < \mu_1 \\ 2 & \mu_1 < H_{ij}^* < \mu_2 \\ \vdots & \vdots \\ 5 & H_{ij}^* > \mu_6 \end{cases} \tag{6.8}$$

其中，μ 为待估参数，H_{ij}^* 为潜变量，满足：

$$H_{ij}^* = \varphi digit_{ij} + \gamma Micro_{ij} + \lambda Macro_{ij} + \varepsilon_i \tag{6.9}$$

本节中农村劳动力流动数据与第 5.4.2 节中的幸福感机制分析一致。图 6.3 给出了不同省份农村劳动力幸福感得分情况。从中位数来看，农村劳动力幸福感得分最高的是黑龙江和吉林，分别为 3.98 分和 3.97 分。幸福感最低的是广东和北京，分别为 4.49 分和 3.53 分。除广东和北京外，其他省份农村劳动力“幸福和很幸福”所占比例均超过 50%。但“很幸福”所占比例普遍较低，只有山东、黑龙江、辽宁、四川和西藏等省份超过 20%。这意味着农村劳动力幸福感得分还有较大的提升空间。

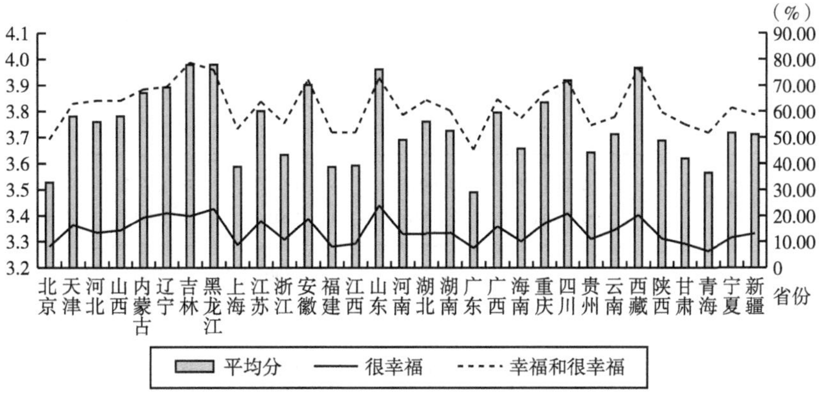

图 6.3　不同省份农村劳动力幸福感得分及占比情况

6.3.3 实证检验

表6.11中，回归（1）至回归（4）为仅考虑数字经济指数及其平方项，以及加入个体特征、流动特征和城市特征后的回归结果。从第（1）—（4）列中数字经济指数的系数来看，系数值均在1%的水平上显著为正，说明城市数字经济发展水平能够提升农村劳动力的幸福感，证明了假设6-5成立。由前文的分析可知，数字经济发展对农村劳动力幸福感可能存在非线性影响，为此模型中也加入了数字经济指数的平方项，如第（1）—（4）列所示，结果发现数字经济指数的平方项均在1%的水平上显著为负，说明数字经济发展与农村劳动力幸福感之间确实存在倒“U”形关系，证明了假设6-6成立。为了计算出数字经济指数的拐点位置，第（5）列给出了线性概率模型的计算结果。利用数字经济指数及其平方项的估计系数可计算出最优数字经济发展指数为6。210个城市中有98个城市数字经济指数超过6，即46.7%的城市数字经济发展指数处在拐点之后，包括成都、三亚、杭州、中山、上海、广州、南京、深圳、北京等城市。表明这些城市数字经济发展水平较高反而降低了农村劳动力的幸福感。在数字经济的初期发展通过创造就业机会、提高收入及改善生活便利性提升农村劳动力幸福感。当数字经济达到较高水平时，技术替代可能导致低技能岗位减少，加剧竞争压力。数字鸿沟使技能不足的农村劳动力被边缘化，且快节奏工作可能降低其工作和生活的平衡，从而降低了主观幸福感。

表6.11　　基准回归结果

	(1)	(2)	(3)	(4)	(5)
数字经济指数	0.018*** (0.004)	0.019*** (0.004)	0.020*** (0.004)	0.020*** (0.005)	0.012*** (0.003)
数字经济指数的平方项	-0.001*** (0.0001)	-0.001*** (0.0001)	-0.001*** (0.0001)	-0.001*** (0.0002)	-0.001*** (0.0001)
年龄		0.001 (0.001)	-0.0002 (0.001)	-0.0002 (0.0007)	-0.0001 (0.0004)
性别		-0.060*** (0.010)	-0.056*** (0.010)	-0.057*** (0.010)	-0.035*** (0.006)

续表

	(1)	(2)	(3)	(4)	(5)
受教育年限		0.013*** (0.002)	0.013*** (0.002)	0.013*** (0.002)	0.008*** (0.001)
是否工作		-0.074*** (0.014)	-0.065*** (0.014)	-0.064*** (0.014)	-0.040*** (0.009)
婚姻		0.226*** (0.014)	0.220*** (0.014)	0.220*** (0.014)	0.138*** (0.009)
流动范围			-0.115*** (0.012)	-0.115*** (0.012)	-0.072*** (0.007)
流动时间			0.034*** (0.003)	0.034*** (0.003)	0.022*** (0.002)
GDP 增长率				-0.007 (0.005)	-0.004 (0.003)
产业结构				-0.054*** (0.018)	-0.034*** (0.011)
人口规模对数				0.014 (0.016)	0.009 (0.010)
人均公共财政支出				0.037 (0.025)	0.025 (0.016)
地区虚拟变量	控制	控制	控制	控制	控制
Wald/F 统计量	2330.04	2850.59	3077.08	31473	77.02
Pseudo R^2/R - squared	0.020	0.025	0.027	0.027	0.057
样本容量	54188	54188	54188	54188	54188

为了进一步检验数字经济发展对农村劳动力幸福感影响的稳健性，本书分别用互联网普及率、主成分法数字经济指数和数字普惠金融指数来替代基准回归中的数字经济发展指数，用线性模型重新估计方程，结果如表 6.12 中检验（一）至检验（四）所示，在分别以互联网普及率、主成分法数字经济指数和数字金融普惠指数作为核心解释变量，以及在使用线性模型重新估计时，数字经济指数系数均在 1% 水平上显著为正。总之，数字经济发展对农村劳动力职业地位提升有显著的正向影响，验证了表 6.11 基准回归结果的稳健性。

表 6.12　数字经济对农村劳动力幸福感的影响（稳健性检验）

	检验（一）	检验（二）	检验（三）	检验（四）
数字经济指数	0.009 *** (0.002)	0.028 *** (0.014)	0.0027 *** (0.006)	0.035 *** (0.008)
数字经济指数的平方项	-0.0002 *** (0.00003)	0.0003 *** (0.0001)	-0.00006 *** (0.00001)	-0.002 *** (0.0003)
个人及家庭特征变量	是	是	是	是
城市特征变量	是	是	是	是
省虚拟变量	是	是	是	是
观测值	49389	53647	54113	54113
Wald/F 统计量	1468.70	3057.73	3084.64	3078.84
Pseudo R^2/R - squared	0.014	0.027	0.027	0.027

选取地形起伏度作为数字经济发展指数的工具变量，进行两阶段回归，结果如表 6.13 所示。第一阶段 F 值高达 9999，远高于 F 检验经验临界值 10，说明不存在弱工具变量问题。由回归（1）可知，地形起伏度对数字经济发展的影响在 1% 的水平上显著为负。由回归（2）可知，数字经济指数系数在 1% 的水平上显著为正，数字经济指数的平方项系数在 1% 的水平上显著为负。即在利用工具变量识别局部平均处理效应后，数字经济发展与农村劳动力幸福感之间仍然存在倒“U”形关系，再次验证了假设 6-6 结论的稳健性。

表 6.13　数字经济对农村劳动力幸福感的影响（工具变量回归）

变量	回归（1） 第一阶段	回归（2） 第二阶段
数字经济指数		0.139 *** (0.047)
数字经济指数的平方项		-0.001 *** (0.0002)
地形起伏度	-0.526 *** (0.054)	
个人及家庭特征变量	是	是
城市特征变量	是	是
省虚拟变量	是	是

续表

变量	回归（1） 第一阶段	回归（2） 第二阶段
观测值	53963	53963
第一阶段 F 值	>99999	
Wald 检验		3039.96

数字经济发展对农村劳动力幸福感的影响可能因个体性质不同而存在差异。接下来考虑数字经济发展影响的个体异质性问题。首先按照农村劳动力学历水平划分为两类，大学生群体和农民工体，然后进行分样本回归，结果见表 6.14。由回归（1）至回归（4）可知，数字经济指数及其平方项的影响方向与显著性基本不变，数字经济发展对大学生群体和农民工群体幸福感的影响均呈倒“U”形。由回归（2）和回归（4）可计算出数字经济发展的拐点位置分别为 10.150 和 10.714，即数字经济对大学生幸福感影响的拐点位置更低。虽然大学生群体的就业领域集中于知识密集型数字经济岗位，竞争激烈，且大学生群体普遍接受高等教育，投入大量时间和经济成本，但数字技术普及降低了学历专业技能壁垒，使大学生产生职业预期落差。相比之下，农民工群体因为红利基数低，当其从务农或低端制造业转型数字经济类岗位时，收入提升明显，且对工作形式的预期也较低，因此幸福感较高。此外，大学生进入数字经济初期收入较高，但增速放缓快，而农民工群体从低收入传统行业转向数字经济行业，收入增幅显著且持续更久。考虑社会心理与参考系效应，大学生群体比同龄高收入群体（如互联网公司员工）更容易产生相对剥夺感，而农民工群体对比留守务农的同乡，更易感知幸福感提升。因此，大学生群体在数字经济发展中的高预期遭遇技术冲击，以及同龄参考系升级时，则会导致相对剥夺感放大，使其幸福感拐点位置更低，而农民工群体在数字经济发展中实现绝对收益增长，因此幸福感拐点位置会更高。

表 6.14 数字经济对农村劳动力幸福感个体异质性影响

变量	大学生		农民工	
	回归（1） Oprobit	回归（2） LPM	回归（3） Oprobit	回归（4） LPM
数字经济指数	0.031*** (0.014)	0.021** (0.009)	0.023*** (0.005)	0.014*** (0.003)

续表

变量	大学生		农民工	
	回归（1）Oprobit	回归（2）LPM	回归（3）Oprobit	回归（4）LPM
数字经济指数的平方项	-0.002*** (0.001)	-0.001*** (0.0004)	-0.001*** (0.0002)	-0.001*** (0.0001)
个人及家庭特征变量	是	是	是	是
城市特征变量	是	是	是	是
省虚拟变量	是	是	是	是
观测值	7240	7240	46948	46948
Wald/F 统计量	658.68	16.97	2505.65	63.92
Pseudo R^2/R-squared	0.039	0.083	0.026	0.054

数字经济发展对农村劳动力幸福感的影响还可能因区域不同而存在差异。接下来考虑数字经济发展影响的区域异质性问题。先将区域划分为东部、中部、西部三类，然后进行分样本回归，结果见表6.15。由回归（1）至回归（6）可知，数字经济指数及其平方项的影响方向与显著性基本不变，数字经济发展对不同区域农村劳动力幸福感的影响均呈倒“U”形。由回归（2）、回归（4）和回归（6）可计算出数字经济发展的拐点位置分别为12.024、10.425和15.751，即西部地区拐点位置最高，东部居中，中部最低。从数字经济发展的本地适配性看，中部地区多承接东部制造业转移，同时加速数字经济改造，但技术应用与劳动力技能错配。当传统制造业数字化升级压缩了低技能岗位时，农村劳动力被迫向服务业转型。但本地数字服务业如物流、网约车竞争激烈，收入增长有限，使得中部地区农村劳动力幸福感拐点提前触发。西部地区数字经济发展聚焦本地特色，如农村电商、文旅直播，与资源禀赋匹配度高，农村劳动力通过低门槛参与实现收入跃升。而且西部地区数字经济发展相对较慢，传统农业与非正规就业占比较高，市场处于低竞争环境，数字经济初期边际收益显著。此外，西部地区还受到“东数西算”“乡村振兴数字化”等政策支持，投资、物流、支付等基础条件的改善，降低了农村劳动力参与数字经济的门槛。与中西部地区不同，东部地区数字经济成熟度高，公共服务业相对完善，可能对农村劳动力幸福感拐点位置起到延迟作用。

表 6.15 数字经济对农村劳动力幸福感区域异质性影响

变量	东部		中部		西部	
	回归（1）Oprobit	回归（2）LPM	回归（3）Oprobit	回归（4）LPM	回归（5）Oprobit	回归（6）LPM
数字经济指数	0.026*** (0.009)	0.016*** (0.006)	0.086*** (0.027)	0.054*** (0.017)	0.050*** (0.016)	0.031*** (0.010)
数字经济指数的平方项	-0.001*** (0.0003)	-0.001*** (0.0002)	-0.004*** (0.002)	0.003** (0.001)	-0.002*** (0.001)	-0.001*** (0.0005)
个人及家庭特征变量	是	是	是	是	是	是
城市特征变量	是	是	是	是	是	是
省虚拟变量	是	是	是	是	是	是
观测值	23680	23680	14141	14141	16367	16367
Wald/F 统计量	1686.13	79.92	613.25	32.49	671.00	29.53
Pseudo R^2/R - squared	0.034	0.071	0.021	0.043	0.020	0.040

6.4 数字经济与福利

6.4.1 数字经济如何影响农村劳动力福利水平

随着数字经济的蓬勃发展，其对社会经济结构的深刻变革正逐步凸显，特别是在促进农村劳动力福利改善方面，数字经济发挥了不可忽视的积极作用。接下来，分维度展开分析。一是经济维度方面，数字经济的发展为农村劳动力提供了更广泛的就业选择。一方面，电商平台、直播带货等新兴业态的兴起，为农村劳动力提供了从事电商、物流、客服等新型职业的机会，这些岗位往往对技能要求相对较低，适合大量农村劳动力就业。另一方面，数字经济的发展也促进了传统产业的数字化转型，为农村劳动力提供了更多技能提升和岗位晋升的机会。通过参加数字技能培训，农村劳动力可以掌握新的技能，提高在就业市场上的竞争力，从而获得更好的工作机会和更高的收入水平。二是精神维度方面，数字经济的发展丰富了农村劳动力精神文化生活，增强了他们的社会融入感。互联网和智能手机的普及，使农村劳动力能够更方便地获取各类信息，包括新闻、娱乐、教育等，拓宽了他们的视野，丰富了他们的精神世界。同时，社交媒体平台的兴起，为农村劳动力提供了与他人交流互动的平台，有助于缓解他们的孤独感和疏离感。此外，通过在线学习平台，农村劳动力可以不断充实自己，提升自我价值感，从而更加积极地面对生活和工作。三是保障维度方面，数字经济的发展提高了就业市场的信息透明度，有助于保障农村劳动力的权益安全。一方面，各类求职网站和招聘平台的兴起，为农村劳动力提供了更多的就业信息和选择机会，降低了信息不对称的风险。另一方面，数字经济的发展也促进了政府和企业对农村劳动力权益保护的重视，通过建立健全的法律法规和政策措施，加强对农民工的权益保障。此外，数字经济还推动了金融服务的创新，如数字普惠金融等，为农村劳动力提供了更便捷的金融服务，降低了他们的经济风险。四是健康维度方面，数字经济的发展改善了农村劳动力的工作环境，有助于提升他们的健康水平。一方面，数字技术的应用提高了生产效率和安全性，减少了农村劳动力在危险、繁重环境中的工作时间，降低了工伤事故的风险。另一方面，数字经济的发展也促进了健康服务的创新，如在线医疗咨询、远程医疗服务等，为农村劳动力提供了更便捷的健康服务。此外，通过数字健康平台，农村劳动力可以更方便地获取健康信息和健康管理服务，提高自我保健意识和能力。五是政治参与维度方面，数字经济的发展拓宽了农村劳动力的政治参与渠道，增强了他们的民主意识。一方面，互联网和社交媒体的普及，使农村劳动力能够更方便地获取政治信息和政策动态，提高政治参与的热情和积极性。另一方面，数字经济的发展也促进了政府决策的科学化和民主化，通过在线调查、民意征集等方式，广泛听取农村劳动力的意见和建议，增强政策制定的针对性和实效性。此外，数字政务平台的兴起，为农民工提供了更便捷的政务服务渠道，提高了政府服务的效率和质量。六是社会机会方面，数字经济的发展促进了教育公平，为农村劳动力提供了更多的学习和发展机会。一方面，在线教育平台的兴起，使农民工能够更方便地获取优质教育资源，提高自身素质和技能水平。另一方面，数字经济的发展也促进了终身教育体系的构建，为农民工提供了更广泛的学习选择和发展空间。通过参加各类在线课程和培训项目，农民工可以不断充实自己，提升职业竞争力和发展潜力。综上所述，数字经济的发展从经济状况、精神感受、防护性保障、健康状况、政治参与和社会机会等多个纬度促进了农民工福利的改善。基于上述分析，本书提出假设6－7：

假设6－7：数字经济发展可以促进农村劳动力福利改善。

数字经济的发展对农村劳动力的福利产生了深远影响。但这种影响并非简单的线性增长，而是呈现出倒“U”形的特征。这意味着，在数字经济发展的不同阶段，农民工的福利水平会经历先上升后下降的变化趋势。在数字经济初期阶段，农村劳动力经济状况改善、精神感受丰富、防护性保障增强、健康状况改善、政治参与与社会机会增加，农村劳动力的福利水平显著提升。然而，随着数字经济的进一步发展，农村劳动力的福利水平可能面临下降的风险。原因主要有：一是经济状况的波动。随着数字经济的深入发展，新兴产业的竞争日益激烈，农村劳动力可能面临就业不稳定、收入下降的风险。数字技术的快速迭代可能导致农村劳动力与新兴产业的技能差距扩大，从而限制他们的就业选择和收入提升。二是精神感受的压力。互联网信息的爆炸性增长可能导致农村劳动力面临信息过载和焦虑的问题，影响他们的心理健康。虽然社交媒体平台为农村劳动力提供了交流互动的平台，但过度依赖虚拟社交可能导致现实社交的疏离感增强。三是防护性保障的削弱。随着数字经济的多元化发展，农村劳动力的权益保护可能面临新的挑战，如数据隐私保护、网络欺诈等问题。数字金融服务的快速发展也可能带来一定的风险，如网络支付安全、信用风险等。四是健康状况的潜在风险。数字经济的快速发展可能导致农村劳动力面临长时间的工作压力和加班问题，影响他们的身体健康。过度依赖数字设备可能导致农民工出现视力下降、颈椎疼痛等健康问题。五是政治参与与社会机会的受限。虽然数字经济为农村劳动力提供了更多的信息获取渠道，但他们在政治参与方面可能仍然面临渠道不畅、话语权不足的问题。数字经济的快速发展可能导致社会机会的不均等分配，农村劳动力可能面临教育资源、职业发展等方面的机会限制。基于上述分析，本书提出假设6-8：

假设6-8：数字经济发展对农村劳动力福利的影响呈现倒“U”形特征。在初期阶段，数字经济显著提升了农村劳动力的福利水平；但在中后期阶段，随着数字经济的深入发展，农村劳动力的福利水平可能面临下降的风险。

6.4.2 模型与数据

本部分采用OLS模型进行分析，模型设定如下：

$$W_{ij} = \varphi digit_{ij} + \upsilon digit_{ij}^2 + \gamma Micro_{ij} + \lambda Macro_{ij} + \varepsilon_{ij} \tag{6.10}$$

式（6.9）中，W_{ij} 为被解释变量福利水平；核心解释变量为数字经济发展（$digit_{ij}$）；$Micro_{ij}$ 为个人层面的控制变量；$Macro_{ij}$ 为宏观层面的控制变量；ε 为随机误差项。

本节中农村劳动力流动数据与第 5.4.3 节中的福利机制分析一致。图 6.4 给出了不同省份农村劳动力福利水平情况。从中位数来看，农村劳动力福利水平最高的是北京和上海，分别为 18.279 分和 17.733 分。福利水平最低的是云南和西藏，分别为 9.691 分和 9.531 分。各省份内部农村劳动力福利水平差异较大，其中，北京、上海、广东等省份内部差异最大。云南、吉林、河北、西藏等省份内部差异较小。

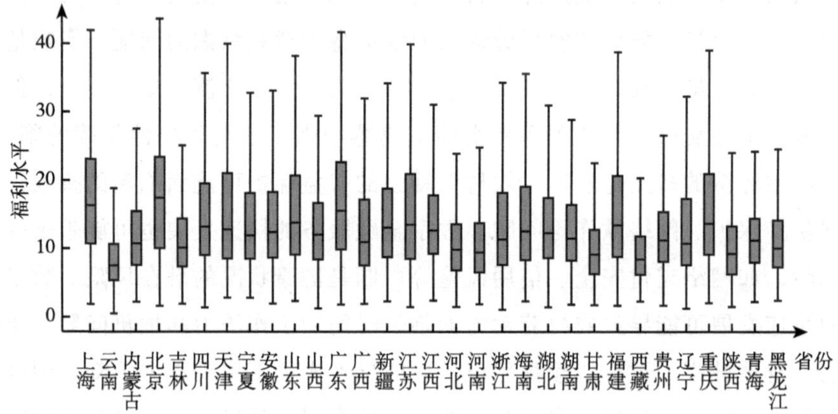

图 6.4　不同省份农村劳动力福利水平箱线图

6.4.3　实证检验

表 6.16 中的回归（1）为仅考虑数字经济指数及其平方项的回归结果，回归（2）至回归（4）则是在回归（1）的基础上分别加入了个体特征、流动特征和城市特征控制变量的回归结果。从回归结果看，各列中数字经济指数均在 1% 的水平上显著为正，说明城市数字经济发展能够提升农村劳动力的福利水平，证明了假设 6－7 成立。各列中数字经济指数的平方项均在 1% 的水平上显著为负，说明数字经济发展与农村劳动力福利水平之间存在倒“U”形关系，证明了假设 6－8 成立。以回归（4）的结果为例，可计算出数字经济指数的拐点位置为 19.813，210 个城市中数字经济指数超过拐点位置的有 7 个城市，分别为杭州、中山、上海、广州、南京、深圳和北京。

表明这些城市数字经济发展水平较高反而降低农村劳动力的福利水平。数字经济初期的普惠性红利，能够通过创造非农就业机会、资源共享等渠道提升农村劳动力的福利水平。但当数字经济发展水平发展到后期，则会产生技术扩散不均的现象。数字经济创造的高收入岗位集中于高技能群体，农村劳动力因技能不足，在数字经济中多从事灵活就业，这些岗位工资收入依赖平台算法，劳动者议价能力弱，收入波动性大且缺乏社会保障。故数字经济在提升整体经济效率的同时，会对农村劳动力形成“结构性排斥”，导致其福利受损。

表 6.16　基准回归结果

	(1)	(2)	(3)	(4)
数字经济指数	0.253*** (0.028)	0.107*** (0.026)	0.111*** (0.026)	0.360*** (0.050)
数字经济指数的平方项	-0.004*** (0.001)	-0.002** (0.001)	-0.002** (0.001)	-0.009** (0.002)
年龄		0.021 (0.004)	-0.001 (0.004)	0.001 (0.004)
性别		0.059 (0.065)	0.043 (0.065)	0.052 (0.065)
受教育年限		3.375*** (0.040)	3.345*** (0.040)	3.361*** (0.040)
婚姻状态		0.078 (0.014)	0.057 (0.105)	0.030 (0.105)
人均收入对数		0.519*** (0.057)	0.550*** (0.057)	0.554*** (0.057)
流动范围			-1.192** (0.074)	-1.200** (0.074)
流动时间			0.107*** (0.006)	0.103*** (0.006)
人均 GDP 对数				-0.088 (0.149)
产业结构				-0.080** (0.008)
人口规模对数				0.004 (0.109)

续表

	(1)	(2)	(3)	(4)
人均公共财政支出				0.562 (0.130)
地区虚拟变量	控制	控制	控制	控制
F统计量	166.09	405.72	403.99	371.46
R - squared	0.070	0.228	0.235	0.237
样本容量	59889	59889	59889	59889

表6.17为数字经济发展对经济状况、精神感受、防护性保障、健康状况、政治参与和社会机会等6个分维度福利指数的估计结果。从表6.17中可以看出，数字经济发展仅对农村劳动力的经济状况和防护性保障维度存在倒“U”形影响。在经济状况维度方面，数字经济初期渗透效应，提升了经济效率，为农村劳动力增加了非农就业机会，进而提升收入水平；随着数字经济的深入发展，技术替代会挤压农村劳动力的收入空间。在防护性保障维度方面，数字经济初期处于制度适配期，随着数字技术的应用，农村劳动力社会保障覆盖率扩大，数字金融发展能够缓解农村劳动力资金缺口，增强其风险抵御能力。但随着数字经济发展水平的提高，制度滞后性显现。非正规就业风险暴露，如平台零工工伤覆盖不足，公费报销占比低等。利用数字经济指数及其平方项可计算出以上两个维度下数字经济指数的拐点位置分别为11.875和17.066，即经济状况维度拐点位置出现更早。这意味着存在着经济—防护性拐点过渡期。政策制定者可利用这一时间差，在经济拐点预警期提前布局防护性制度，提升农村劳动力社会保障水平，通过算法模型预测拐点，动态调整政策，最终实现农村劳动力综合福利的提升。

表6.17　分维度回归结果

	(1) 经济状况	(2) 精神感受	(3) 防护性保障	(4) 健康状况	(5) 政治参与	(6) 社会机会
数字经济指数	0.095*** (0.034)	0.584 (0.058)	1.297*** (0.153)	0.392*** (0.085)	0.013 (0.020)	0.049* (0.025)
数字经济指数的平方项	-0.004*** (0.001)	—	-0.038*** (0.005)	—	—	—

续表

	(1) 经济状况	(2) 精神感受	(3) 防护性保障	(4) 健康状况	(5) 政治参与	(6) 社会机会
年龄	0.010 *** (0.003)	-0.041 *** (0.014)	-0.028 ** (0.012)	-0.009 (0.022)	0.042 *** (0.005)	-0.141 *** (0.007)
性别	0.369 *** (0.045)	1.217 *** (0.224)	-0.031 (0.202)	2.289 *** (0.350)	-0.734 *** (0.081)	-1.288 *** (0.102)
受教育年限	0.591 *** (0.023)	3.079 *** (0.114)	8.472 *** (0.119)	2.036 *** (0.179)	2.064 *** (0.062)	11.774 *** (0.054)
婚姻状态	0.214 *** (0.068)	0.400 (0.338)	-1.635 *** (0.325)	5.741 *** (0.504)	-0.111 (0.138)	-0.071 (0.145)
人均收入对数	2.543 *** (0.050)	0.287 (0.203)	-1.761 *** (0.168)	-0.625 ** (0.311)	0.101 (0.078)	1.314 *** (0.090)
流动范围	-0.728 *** (0.050)	-2.889 *** (0.259)	-2.703 *** (0.225)	-0.910 ** (0.402)	-0.526 *** (0.095)	-0.150 (0.115)
流动时间	0.108 *** (0.004)	0.219 *** (0.020)	0.089 *** (0.017)	0.332 *** (0.030)	0.042 *** (0.007)	0.113 *** (0.009)
人均 GDP 对数	-0.536 *** (0.107)	-0.977 ** (0.380)	0.668 (0.433)	0.091 (0.629)	-0.109 (0.144)	0.029 (0.171)
产业结构	-0.017 *** (0.006)	-0.011 (0.027)	-0.208 *** (0.024)	-0.442 *** (0.042)	-0.007 (0.009)	-0.045 *** (0.012)
人口规模	-0.342 *** (0.076)	1.160 *** (0.375)	0.729 ** (0.329)	-0.893 (0.603)	-0.142 (0.137)	-0.082 (0.171)
人均公共财政支出	-0.366 *** (0.082)	-0.724 *** (0.311)	3.749 *** (0.420)	0.482 (0.514)	-0.291 ** (0.119)	-0.170 (0.122)
地区虚拟变量	控制	控制	控制	控制	控制	控制
观测值	59889	59889	59889	59889	59889	59889
F 统计量	182.62	191.12	345.98	173.34	41.23	1654.23
R - squared	0.134	0.104	0.206	0.081	0.050	0.563

为了进一步检验数字经济发展对农村劳动力福利影响的稳健性，本书分别用互联网普及率、主成分法数字经济指数和数字普惠金融指数来替代基准回归中的数字经济发展指数，重新估计方程，结果如表 6.18 中检验（一）

至检验（三）所示，在分别以互联网普及率、主成分法数字经济指数和数字金融普惠指数作为核心解释变量进行估计时，数字经济指数系数均在1%水平上显著为正，数字经济指数的平方项均在1%的水平上显著为负。总之，数字经济发展对农村劳动力福利呈现倒“U”形影响，验证了表6.16基准回归结果的稳健性。

表6.18　数字经济对农村劳动力福利的影响（稳健性检验）

	检验（一）	检验（二）	检验（三）
数字经济指数	0.101 *** (0.018)	2.607 *** (0.256)	0.218 *** (0.041)
数字经济指数的平方项	-0.0004 *** (0.0002)	-0.019 *** (0.002)	-0.0005 *** (0.0001)
个人及家庭特征变量	是	是	是
城市特征变量	是	是	是
省虚拟变量	是	是	是
观测值	56299	59632	59889
F统计量	377.95	371.29	369.78
R - squared	0.236	0.238	0.237

进一步地，选取地形起伏度作为数字经济发展指数的工具变量，进行两阶段回归，结果如表6.19所示。第一阶段F值高达14271.57，远高于F检验经验临界值10，说明不存在弱工具变量问题。由回归（1）可知，地形起伏度对数字经济发展的影响在1%的水平上显著为负。由回归（2）可知，数字经济指数系数在1%的水平上显著为正，数字经济指数的平方项系数在1%的水平上显著为负。即在利用工具变量识别局部平均处理效应后，数字经济发展与农村劳动力福利之间仍然存在倒“U”形关系，再次验证了基准回归结论的稳健性。

表6.19　数字经济对农村劳动力职业地位的影响（工具变量回归）

变量	回归（1） 第一阶段	回归（2） 第二阶段
数字经济指数		0.311 *** (0.164)

续表

变量	回归（1） 第一阶段	回归（2） 第二阶段
数字经济指数的平方项		-0.008 *** (0.001)
地形起伏度	-0.936 *** (0.021)	
个人及家庭特征变量	是	是
城市特征变量	是	是
省虚拟变量	是	是
观测值	59733	59733
F 值	14271.57	368.21
R - squared	0.781	0.2370

接下来，考虑数字经济发展影响农村劳动力福利的异质性问题。按照区位将样本划分为东部、中部和西部，分别进行回归，结果如表 6.20 所示。由回归（1）和回归（2）可知，数字经济指数在 1% 水平上显著为正，数字经济指数的平方项在 1% 的水平上显著为负，说明东部和中部地区数字经济发展对农村劳动力福利影响呈倒“U”形。由回归（3）可知，仅数字经济指数在 1% 水平上显著为正，说明西部地区数字经济发展水平的提高，能够提升农村劳动力福利水平。从拐点位置看，东部地区为 19.559，中部地区为 6.596，说明东部地区拐点更高。可能的原因：一是产业结构迭代的缓冲效应。东部地区服务业占 GDP 的比重显著高于中西部地区。数字经济对制造业的替代效应可通过服务业扩容吸收失业农村劳动力，延缓福利下降拐点的到来。相比之下，中部地区承接东部产业转移，数字化转型更多体现为流程优化而非价值创造，因此技术替代效应更早显现。二是人力资本储备的调节作用。东部农村劳动力平均受教育年限为 10.357 年，中西部农村劳动力平均受教育年限为 10.132 年，东部地区农村劳动力平均受教育年限更高，具备更强的数字技能适应性，因此东部地区农村劳动力福利改善持续性更强。与东部和中部地区不同，西部地区数字经济发展的作用未出现倒“U”形拐点。可能的原因：西部地区数字经济渗透率较低，技术替代效应尚未显现。传统产业数字化改造空间大，边际收益处于递增阶段。“东数西算”工程带动西部地区数字基础设施建设，乡村振兴专项资金也向西

部地区数字基建倾斜。因此西部地区数字经济仍处于红利释放期，通过就业创造、公共服务优化等能够显著提升农村劳动力福利水平。未来西部地区需要重点构建“普惠型”数字发展模式，将数字技术红利转换为可持续的民生改善。

表 6.20　　数字经济对农村劳动力福利影响的区域异质性

变量	区位划分		
	回归（1） 东部	回归（2） 中部	回归（3） 西部
数字经济指数	0.665 *** （0.093）	0.620 *** （0.146）	0.223 *** （0.046）
数字经济指数的平方项	-0.017 *** （0.003）	-0.047 *** （0.010）	—
个人及家庭特征变量	是	是	是
城市特征变量	是	是	是
省虚拟变量	是	是	是
观测值	23954	16790	19145
F 统计量	318.84	140.87	188.80
R - squared	0.243	0.190	0.230
拐点	19.559	6.596	—

按照农村劳动力学历和性别划分样本，来考察数字经济发展对农村劳动力个体特征异质性的影响，结果如表 6.21 所示。从回归（1）和回归（2）结果看，数字经济指数分别在 10% 和 1% 的水平上显著为正，说明数字经济发展能够显著提升大学生群体和农民工群体的福利水平。回归（2）中数字经济指数的平方项在 1% 的水平上显著为负，说明数字经济发展对农民工群体福利影响呈现倒“U”形。以上结果表明，数字经济发展对不同群体福利水平的影响呈现差异化特征。数字经济的知识密集型特征与大学生的高技能人力资本高度匹配，能够从多个维度提升大学生的福利水平。平台经济创造的新型职业，提高了大学生群体的就业质量。数字金融普惠使大学生群体信贷可获得性得以提升，进而降低其创业成本。因此，大学生群体可通过人力资本溢价获取数字经济红利，从而提升自身的福利水平。但农民工受技能约束，只能从事外卖、网约司机等低端服务业，而这些行业收入会受到算法控制。当数字平台算法优化强度超过阈值时，会降低农民工的经济福利水平。

此外，农民工群体越是依赖平台就业，就越缺乏传统保障体系覆盖，从而降低其防护性保障福利。从回归（3）和回归（4）结果看，数字经济指数均在 1% 水平上显著为正，数字经济指数的平方项均在 1% 水平上显著为负，说明数字经济发展对不同性别农村劳动力福利的影响均呈现倒“U”形。从拐点位置看，男性农村劳动力拐点位置比女性更高，说明男性农村劳动力在数字经济发展中维持福利增长的时间更长。其可能的原因：一是职业分层的结构性差异。男性农村劳动力集中在物流配送、建筑数字化等高强度岗位，而女性多在客服、直播等情感劳动岗位。这种职业分层导致性别收入差距的扩大，因为不同岗位的技术含量和经济附加值存在显著差异。而且在数字经济深化过程中，低端服务业更容易受技术替代，即女性农村劳动力可能会面临更早、更快的技术替代风险。二是数字技能获取与人力资本积累的性别差异。一般家庭更倾向于投资男性成员的技术培训，而女性承担着更多家庭照料责任，因此男性农村劳动力在数字技能获取和人力资本积累方面普遍要优于女性。这种数字技能鸿沟限制了女性农村劳动力利用数字经济改善福利水平的持续性。

表 6.21　　数字经济对农村劳动力福利影响的个体异质性

变量	学历划分		性别划分	
	回归（1） 大学生	回归（2） 农民工	回归（3） 男性	回归（4） 女性
数字经济指数	0.104 * （0.062）	0.522 *** （0.051）	0.263 *** （0.069）	0.481 *** （0.072）
数字经济指数的平方项	—	-0.015 *** （0.002）	-0.006 *** （0.002）	-0.013 *** （0.002）
个人及家庭特征变量	是	是	是	是
城市特征变量	是	是	是	是
省虚拟变量	是	是	是	是
观测值	8991	50898	33589	26300
F 统计量	18.42	140.30	196.59	188.32
R - squared	0.078	0.0956	0.223	0.260
拐点	—	17.972	22.020	18.588

6.5 本章小结

本章共有4节，第一节阐述了数字经济发展如何影响农村劳动力空间流动，并用条件Logit模型检验了数字经济发展对农村劳动力流动的影响，同时揭示了地区代际收入流动与数字经济发展在农村劳动力空间选择中的交互作用；第二节从经济机制出发，分析了数字经济发展如何作用于农村劳动力职业地位，并用Probit和IV-Probit对两者之间的关系进行了实证检验；第三节从社会机制出发，分析了数字经济发展如何作用于农村劳动力幸福感，并用有序Probit模型对两者之间的关系进行了实证检验；第四节从综合机制出发，分析了数字经济发展如何作用于农村劳动力福利，并用OLS模型对两者之间的关系进行实证检验。通过实证分析，主要得到以下结论。

第一，数字经济发展与农村劳动力城市选择之间呈倒“U”形关系，即数字经济发展能够吸引农村劳动力流入，但随着数字经济发展水平达到一定门槛后，反而会抑制农村劳动力流入。通过计算，数字经济发展影响农村劳动力流入的倒“U”形拐点位置为11.844，北京、深圳、南京、广州、上海、中山、杭州、三亚、成都、济南、大连等24个城市已进入拐点后的阶段，表明这些城市数字经济发展水平较高反而抑制了农村劳动力流入。数字经济与代际收入流动在性质上有相似之处，两者均试图削弱“先天禀赋”对个人发展机会的约束，因此数字经济和绝对代际流动对农村劳动力流入城市选择的正向影响具有相互强化的倾向。

第二，从经济机制看，农村劳动力流入代际收入流动水平高的城市，是为了实现职业地位提升。数字经济在这一机制中发挥着正向作用，即数字经济发展可以促进农村劳动力职业地位提升。数字经济指数每增加1个单位，则农村劳动力职业地位提升的概率提升3个百分点。个体异质性分析表明，相比女性，数字经济发展对男性农村劳动力职业地位提升的作用更大。数字经济发展对大学生职业地位提升的作用程度远高于农民工。流动特征异质性表明，数字经济发展对长期流动者职业地位提升有显著促进作用，对一年以内短期流动者职业地位没有显著影响。

第三，从社会机制看，农村劳动力流入代际收入流动水平高的城市，是为了提升幸福感。数字经济在这一机制中呈现非线性影响，即数字经济发展与农村劳动力幸福感之间存在倒“U”形关系，即在数字经济发展初期可以提升农村劳动力幸福感，但随着数字经济发展水平的进一步提高，反而不利于农村劳动力幸福感的提升。结合拐点位置看，210 个城市中有 98 个城市数字经济发展指数处在拐点之后，包括成都、三亚、杭州、中山、上海、广州、南京、深圳、北京等城市。说明这些城市数字经济发展水平较高反而降低了农村劳动力的幸福感。个体异质性分析表明，数字经济发展对大学生群体和农民工群体幸福感的影响均呈倒“U”形，但大学生群体拐点位置更低。区域异质性分析表明，数字经济发展对不同区域农村劳动力幸福感的影响均呈倒“U”形。其中，西部地区拐点位置最高，东部居中，中部最低。

第四，从综合机制看，农村劳动力流入代际收入流动水平高的城市，是为了提升福利水平。数字经济在这一机制中呈现非线性影响，即数字经济发展对农村劳动力福利的影响呈现倒“U”形特征。在初期阶段，数字经济显著提升了农村劳动力的福利水平；但在中后期阶段，随着数字经济的深入发展，农村劳动力的福利水平可能面临下降的风险。结合拐点位置看，杭州、中山、上海、广州、南京、深圳和北京 7 个城市处于拐点后的阶段，表明这些城市数字经济发展水平较高反而降低农村劳动力的福利水平。个体异质性结果表明数字经济发展能够显著提升大学生群体和农民工群体的福利水平，但只对农民工群体福利影响呈现倒“U”形。数字经济发展对不同性别农村劳动力福利的影响均呈现倒“U”形，且男性农村劳动力拐点位置比女性更高，说明男性农村劳动力在数字经济发展中维持福利增长的时间更长。区域异质性表明在东部和中部地区，数字经济发展对农村劳动力福利影响呈倒“U”形。西部地区数字经济发展的作用未出现倒“U”形拐点，是因为西部地区数字经济渗透率较低，技术替代效应尚未显现，边际收益处于递增阶段。

本章的研究结果表明数字经济在农村劳动力空间选择中发挥着重要作用。首先，数字经济发展对农村劳动力流动产生直接的倒“U”形影响；其次，数字经济发展还会与代际收入流动产生交互作用，进而吸引农村劳动力流入；最后，数字经济发展在经济机制、社会机制和综合机制三个方面分别起到促进、非线性和非线性的影响。以上结论对优化农村劳动力空间流动，重构城市机会环境的竞争力，推进以人为核心的新型城镇化，进而推动共同富裕提供了重要启示。

第 7 章

结论与启示

党的十九届五中全会提出“推进以人为核心的新型城镇化”，明确了新型城镇化更加关注人的需求，体现了“普惠”与“共享”的理念。农村劳动力流向城市的目的不仅是追求更高的工资收入，也包括对公平发展机会的渴望。地区代际收入流动水平反映了各地经济机会结构中的公平、公正性，较高的代际收入流动性，为社会成员提供了公平竞争、实现个人更好发展的机会，只要个人努力就有机会实现阶层地位的跃升，因此成为影响农村劳动空间选择的重要因素。数字经济背景下，农村劳动力的就业机会得到数字化拓展，创业生态实现数字化转型，人力资本积累路径也发生革新，数字经济正在重构城市机会环境的构成要素和分配逻辑，农村劳动力城市选择决策自然也受到这种变革的影响。本书的研究表明城市间代际收入流动水平存在较大差异，同时，改善城市机会环境在吸引农村劳动力流入和促进农村劳动力职业地位提升、幸福感和福利水平提升方面发挥着重要的作用。此外，数字经济发展不仅能够对农村劳动力流动产生直接影响，还会通过经济、社会和综合机制对地区代际收入流动吸引农村劳动力流入的内在机制产生间接影响。

7.1 结论

本书首先回顾了改革开放以来农村劳动力的流动历程，描述了农村劳动力的流动现状；其次，剖析了两种代际收入流动测度方法的偏误问题，采用相对代际流动和绝对代流动双重指标，测算了中国 228 个地级及以上城市的代际收入流动性；再次，使用条件 Logit 模型研究了城市代际收入流动性对农村劳动力流入的影响效应，验证估计结果的稳健性，并考察了城市代际收入流动性对异质性农村劳动力流入的影响；最后，在测度城市数字经济发展指数的基础上，研究了数字经济发展对农村劳动力空间选择的直接影响，以及数字经济发展对农村劳动力职业地位、幸福感和福利的作用机制。通过以上的实证研究，得出的主要结论如下：

第一，农村劳动力流动数量呈现先稳步上升后小幅下降的趋势，数量在 2011—2014 年稳步上升，在 2014 年后有小幅收缩；分省份看，农村劳动力样本数量最大的为广东省，但占比从 2011 年的 9.147% 下降至 2017 年的 6.943%，而浙江省和江苏省农村劳动力流动样本数量则有所增加；农村劳动力选择省内流动的比重有所增加，且浙江省农村劳动力省内流动的比例增加的幅度最大；在农村劳动力群体中，未婚的农村劳动力比重下降，已婚未育和有子女的农村劳动力占比均有所提高，前者提高了 0.75 个百分点，后者提高了 5.04 个百分点；农村劳动力因务工/工作和经商两大经济型原因而流动的比例较高；农村劳动力 40 周岁以上群体所占比重呈上升趋势，且 50 周岁以上群体所占比重提高得最快，呈现出老龄化的趋势；农村劳动力整体教育水平呈现上升态势，但总的来看，仍然以初中学历水平为主；农村劳动力职业类型为商业与服务业人员的比例最高，且这一比例随时间推移有增加的趋势；与 2011 年相比，2017 年农村劳动力流动空间上的集聚程度有所下降，农村劳动力分布空间更加分散。

第二，相比代际收入弹性法，代际位序相关性法统计性质更加优良，父代和子代收入位序之间的拟合具有显著的线性关系，这种线性拟合优势能够有效降低估计量的误差；关于零收入和低收入样本的处理，在选择直接删除或将收入零值替换后，发现代际位序相关性法对零收入和收入较低的样本并不敏感，避免了收入值偏低带来的偏误问题，该性质还能在最大程度上保留样本，减少了样本量的损失；代际位序相关性法受个体年龄变化的影响较小，生命周期偏误远小于代际收入弹性，这种性质在难以获得个人一生不同年龄段的收入时，能更好地捕捉父子收入间的关联程度；代际位序相关性法受短期收入波动的影响较小，暂时性偏误程度要小于代际收入弹性，代际位序相关性偏误较小的特征为对于缺乏长期追踪数据下，准确测度代际收入流动性提供了基础；基于上述统计优势，还可以进一步得到任一收入阶层的绝对代际流动性，从而为不同地区间代际收入流动性的比较提供了新的思路，有利于进一步把握中国社会的代际收入流动性特征。

第三，从中国整体代际收入流动性看，代际位序相关性系数为 0.610，与其他国家的代际位序相关系数相比，中国的代际收入流动性偏低。中低收入阶层绝对代际流动性为 35，即处于 25 百分位的家庭，其子代预期收入位序为 35，反映出中国中低收入阶层有一定的向上流动能力，但绝对代际流动水平低于美国，中国 25 百分位绝对代际流动性低于美国 9 个百分位。家庭所处的收入阶层在很大程度上决定子代的收入阶层，当父代处于最低 10% 阶层时，子代有 51.2% 的可能性仍停留在最低 10% 阶层，贫困代际传递现象突出；当父代处于最高 10% 阶层时，子代有 40.5% 的可能性仍处于最高 10% 阶层，说明整体代际收入传递存在着“马太效应”；当父代处于最低 10% 阶层，子代跃升至最高 10% 阶层的概率只有 2%，反映出中国底层居民想实现长距离向上流动还尤为困难。从城市层面看，相对代际流动性排名前十位的城市分别为常州、杭州、金华、无锡、泰安、绍兴、苏州、温州、台州、镇江，排名后十位的城市分别为南阳、昆明、齐齐哈尔、贺州、巴中、南宁、乌鲁木齐、六盘水、丽江、丽水；中低收入阶层绝对代际流动性排名前十位的城市分别为杭州、绍兴、苏州、常州、温州、无锡、宁波、上海、南京、金华，排名后十位的城市分别为新乡、濮阳、昭通、梧州、亳州、周口、贵港、保山、柳州、临沧，其中，江浙地带不论相对代际流动性还是绝对代际流动性，都处于全国领先水平，而西部和东北地区的城市相对代际流动性和绝对代际流动性均普遍较低。省会城市中，相对代际收入流动性最高的为杭州，最低的为乌鲁木齐，绝对代际流动性最高的为上海，最低的为南宁。四个直辖市中，天津相对代际流动性最高，上海绝对代际流动性最高，而重庆相对代际流动性和绝对代际流动性都处于最低水平。

第四，代际收入流动性存在明显的空间异质性，相对代际流动性和绝对代际流动性都呈现由西向东递增的趋势，但绝对代际流动性空间分布集聚性更强，相比于其他地区，西部和东北地区各收入阶层的绝对代际流动都处于较低水平。分收入阶层看，西部和东北地区中高收入阶层绝对代际流动性与其他地区的差距较小，而低收入阶层绝对代际流动性与其他地区的差距较大，说明西部和东北地区代际收入流动性低的主要原因在于中低收入阶层缺乏向上流动的能力。影响因素的 SAR 回归模型的结果表明，地区代际收入流动性与人均 GDP、数字化程度、创新创业活跃度及公共教育支出呈现正向变动关系，与 gini 系数呈反向变动关系。而影响因素对代际收入流动的影响方向和影响程度在不同地区间均存在较大差异。例如，收入差距的影响系数由东北向东南逐步递减的同时向西北递减。经济发展的影响总体上呈现由西向东逐渐递减的态势，但在东北地区有一个局部高值区。公共教育支出的影响则表现为以中部城市为核心向外逐渐减弱。

第五，更高的代际收入流动性是城市吸引农村劳动力流入的重要因素。农村劳动力为了获得公平的机会环境而选择流向代际收入流动水平更高的城市。平均来看，城市绝对代际流动性每增加 1 个百分位序，农村劳动力选择该城市的概率将提高 0.053 个百分点。从变量标准化的估计结果看，城市绝对代际流动性对农村劳动力流入的影响程度高于工资的影响程度。从其他城市特征变量来看，产业结构越高级、人口规模越大的城市被农村劳动力选择的概率越大，经济发展水平越好的城市自然对农村劳动力的吸引力越强。房价工资比越高的城市被农村劳动力选择的概率也越大，房价工资比较高的城市一般为经济发展水平较高的大城市，对农村劳动力也更具吸引力。基础教育资源越好的城市被农村劳动力选择的概率越低，这反映出农村劳动力没有本地城镇户籍无法享受当地基础教育资源的现实情况。一般来说，基础教育资源越好的城市，落户门槛也相对较高，因此阻碍了农村劳动力流入。医疗资源越好的城市被农村劳动力选择的概率越高，中国各地区的医疗资源普遍集中在省会城市，因此对农村劳动力具有正向的吸引力。农村劳动力更倾向于流向至省会、离户口所在地距离更近或同一省份的城市。从异质性角度来看，没有子女的农村劳动力更看重工资水平对自身带来的影响，而有子女的农村劳动力则更加注重城市代际收入流动性所带来的经济效用，这反映出农村劳动力除了基于自身效用的最大化外，也会为了提高子代未来预期收入状况，而选择流向代际收入流动水平更高的城市。

第六，实现职业地位提升是城市代际收入流动吸引农村劳动力流入的机制之一。Probit 模型和 IV Probit 模型的估计结果均显示，城市代际收入流动水平越高，农村劳动力职业地位提升的概率就越大。本书还引入户籍门槛指数和公共服务均等化指数，按照中位数，将农村劳动力样本进行分组，分别探讨在户籍开放程度高和低的样本，以及在基本公共服务均等程度高和低的样本中，城市代际收入流动在促进农村劳动力职业地位提升方面的差异。结果发现，城市代际收入流动在高户籍开放程度和高公共服务均等程度的样本中，促进农村劳动力职业地位提升的作用更大。户籍限制以及公共服务各项资源的不均等，会阻碍农村劳动力在教育、就业等方面向上流动的通道，增加机会不均等因素，降低城市代际收入流动性促进农村劳动力职业地位提升的积极作用，最终造成农村劳动力的经济损失。此外，本书还通过分析城市代际收入流动性影响农村劳动力职业地位的个体特征差异，发现城市代际收入流动性仅影响了长期流动者职业地位提升的概率，对短期流动者的影响不显著。

实现幸福感提升是城市代际收入流动吸引农村劳动力流入的机制之二。OProbit 模型和 IV OProbit 模型的估计结果显示，城市代际收入流动水平越高，农村劳动力幸福感水平就越强。在分别采用 r10、r40 和 r50 绝对代际流动指标来替换 r25 绝对代际流动重新估计后，绝对代际流动系数均在 1% 的水平上显著为正，验证了基准回归估计结果的稳健性。在排除人口流入数量排名前十的城市后，以重新测算的绝对代际流动进行估计，绝对代际流动系数估计值与基准回归一致，说明在考虑测量误差的情况下，城市代际收入流动性依然能够显著促进农村劳动力幸福感提升。

实现福利水平提升是城市代际收入流动吸引农村劳动力流入的机制之三。OLS 模型回归结果显示，城市绝对代际流动水平越高，农村劳动力总体福利水平也越高。分维度看，地区代际收入流动对农村劳动力经济状况、防护性保障、健康状况和社会机会均有显著的正向影响，对精神感受的影响为正但不显著，对政治参与的影响为负，也不显著。从分维度系数值看，地区代际收入流动对农村劳动力健康状况和防护性保障的提升作用最为明显。按照城市类别分为沿海和内地，中小城市和大、特大及超大城市，分样本进行回归。结果发现，城市代际收入流动对农村劳动力福利水平提升的正向影响在沿海城市、大、特大及超大城市中更为明显。这表明，经济发展水平较高，城市规模大的城市，公平机会和环境对农村劳动力福利的改善作用更强。按照农村劳动力的流动特征和收入等级分为省内流动、跨省流动和低收入、高收入群体，分样本进行回归。结果表明城市代际收入流动对农村劳动力福利水平提升的正向影响在跨省农村劳动力和高收入群体中更为明显。从经济欠发达地区流向长三角、珠三角等经济活跃区域的跨省流动者，能够获得流入地更好的社会经济支持，而高收入农村劳动力群体在城市中更容易建立稳定的社会关系。

第七，数字经济发展在农村劳动力空间选择中发挥着重要作用。总的来说，随着城市数字经济发展水平的提高，农村劳动力选择流入该城市的概率先上升后下降。数字经济发展影响农村劳动力流入的倒“U”形拐点位置为11.844，即当城市数字经济发展指数超过这一水平值时，反而会抑制农村劳动力流动。从数字经济指数与绝对代际流动的交互项来看，交互项系数显著为正，即数字经济发展指数和绝对代际流动系数对农村劳动力流入城市选择的正向影响具有相互强化的倾向。这反映出数字经济与绝对代际流动在资源分配方面的公平性。在分别利用互联网普及率、主成分法数字经济指数和数字普惠金融指数重新进行估计后，数字经济发展与农村劳动力流入之间的倒“U”形关系仍然存在。采用城市地形起伏度作为数字经济发展水平的工具变量进行回归后，上述两者之间的倒“U”形关系依然存在，表明基准模型回归结果的稳健性。考虑农村劳动力出生年代和学历水平的差异后，发现数字经济发展对不同类型农村劳动力城市选择均存在倒“U”形影响。其中，老一代农村劳动力和低学历农村劳动力拐点更早出现，说明老一代农村劳动力和低学历农村劳动力更容易受到城市数字门槛的影响。不同类型的农村劳动力群体在选择流入地城市时均会受到代际收入流动的吸引，且数字经济发展水平能够强化代际收入流动对其的吸引作用。

第八，数字经济在职业地位机制中发挥着正向作用。Probit 模型估计结果表明，数字经济发展指数在 1% 的水平上显著为正。具体来说，数字经济指数每增加 1 个单位，农村劳动力职业地位提升的概率提升 3 个百分点。个体异质性分析表明，相比女性，数字经济发展对男性农村劳动力职业地位提升的作用更大。数字经济发展对大学生职业地位提升的作用程度远高于农民工。流动特征异质性表明，数字经济发展对长期流动者职业地位提升有显著促进作用，对一年以内短期流动者职业地位没有显著影响。数字经济在幸福感机制中发挥着倒“U”形作用。最优数字经济发展指数为 6，当城市数字经济指数低于这一水平时，能够提升农村劳动力的幸福感，但当数字经济指数高于 6 时，反而会降低农村劳动力的幸福感。个体异质性结果表明，数字经济发展对大学生群体和农民工群体幸福感的影响均呈倒“U”形。但由于大学生群体在数字经济发展中受到高预期技术冲击，使得其幸福感拐点位置更低。区域异质性结果表明，数字经济发展对东部、中部、西部农村劳动力幸福感的影响均呈倒“U”形，而且西部地区拐点位置最高，东部居中，中部最低。拐点位置主要取决于数字经济发展的成熟度、与本地发展的适配性和政策支持等因素；数字经济在福利机制中发挥着倒“U”形作用。数字经济指数的拐点位置为 19.813，即当城市数字经济发展指数超过这一水平后，数字经济发展水平的提高反而会降低农村劳动力的福利水平。分维度看，数字经济发展仅对农村劳动力的经济状况和防护性保障维度存在倒“U”形影响。两个维度下数字经济指数的拐点位置分别为 11.875 和 17.066，说明经济状况维度拐点位置出现更早。政策制定者应在经济拐点预警期提前布局防护性制度，提升农村劳动力社会保障水平，通过算法模型预测拐点，动态调整政策，最终实现农村劳动力综合福利的提升。从区域异质性看，仅东部和中部地区数字经济发展对农村劳动力福利影响呈倒“U”形。西部地区数字经济仍处于红利释放期，可以通过就业创造、公共服务优化等显著提升农村劳动力福利水平。从个体异质性看，数字经济发展对农民工群体和不同性别的农村劳动力福利水平的影响呈现倒“U”形，且男性农村劳动力在数字经济发展中维持福利增长的时间会更长。

7.2 启示

基于本书的实证研究结论，在数字经济背景下，就提高地区代际收入流动性，改善城市机会环境，促进农村劳动力职业地位提升、幸福感和福利提升等方面，本研究有如下启示：

第一，重点关注西部和东北地区代际收入流动性，防止地区差异被进一步拉大。本书通过对代际收入流动水平进行测算发现，地区间代际收入流动性存在较大差异，西部地区和东北地区相对代际流动性和绝对代际流动性均处于较低水平，同时，这些也是收缩型城市较为集中的地区。政府应当着力改善西部和东北地区代际流动性低、中低阶层难以向上流动的社会环境。本书的结论表明，地区代际收入流动性与地区人均 GDP、数字化程度、创新创业活跃度、公共教育支出和基尼系数等多个因素都存在一定的相关性，因此应进一步深化体制改革，简化审批程序、优化工作流程，提高办事效率，转变政府职能，积极构建服务型政府；要加速数字化转型，加大数字基础设施建设，普及数字技能培训；要优化营商环境，营造公平、公正的竞争环境和市场氛围，激发创新创业活力和市场竞争力，通过发挥制度优势，释放市场活力和社会创造力，让社会成员拥有公平的发展机会；要加强公共教育投入、缩小收入差距，保证每个人都有受教育的权利和机会，降低社会机会不平等因素。

第二，城市发展过程中全面提升地区代际收入流动性，破除阻碍代际流动的制度性障碍，营造良好的机会环境。本书通过探讨城市代际收入流动对农村劳动力流入的影响效应发现，除了经济报酬和就业机会之外，农村劳动力会更加看重城市发展的机会公平性，尤其关注城市中低收入阶层是否拥有充足的向上流动机会。农村劳动力家庭经济地位和社会地位普遍较低，父母不能给予他们更多的家庭资本和人力资本支持，只能通过个人努力实现阶层地位的跃升。因此，城市在吸引农村劳动力流入方面，应当努力营造公平、开放的机会环境，采取各种措施提高代际收入流动水平，如完善企业招聘和晋升体系，营造唯才是举的就业环境，打破关系壁垒，提高劳动力市场匹配效率，发挥个人能力和努力程度在劳动力资源配置中的重要作用。提倡创新精神、保障创新环境、鼓励创新行为，激发市场活力，从而创造更多就业岗位，让外来农村劳动力有更多就业机会。本书研究还发现，城市代际收入流动对有子女的农村劳动力吸引力更大，因此，政府还需逐步将随迁子女纳入本地学历教育和职业教育的保障范围，全面保障农村劳动力子女享有平等受教育的权利，更好地发挥城市代际收入流动在吸引劳动力资源方面的重要功能。

第三，加大户籍制度改革的力度，促进农村劳动力自由流动。本书研究发现较高的户籍门槛会削弱城市代际收入流动性对农村劳动力流入的正向效应。为了促进农村劳动力公正、合理地流动，还需要进一步深化户籍制度改革，减少人口流动过程中的制度性摩擦。目前，城市发展的人口红利逐渐下降，只有加大户籍改革力度，加快农村劳动力自由流动，才能更好地维持城市经济的持续发展。因此，对于落户门槛没有完全开放的城市，需要加速降低落户门槛，淡化学历在积分落户中所起的作用，拓宽农村劳动力的落户通道。此外，降低落户门槛还有助于延长农村劳动力在城市的居住时间，研究发现，城市代际收入流动性只影响了长期流动的农村劳动力职业地位提升的概率，对短期流动的农村劳动力影响并不显著。因此，降低落户门槛除了能够吸引农村劳动力流入之外，还能够延长农村劳动力居住时间，使城市代际收入流动更好地发挥出促进农村劳动力职业地位提升的积极作用。

第四，完善公共服务均等化机制，确保农村劳动力享有公平的待遇和良好的发展条件。本书通过考察城市代际收入流动性影响农村劳动力流入的内在机制时发现，追逐更高的阶层地位是农村劳动力流动的内在动力之一。但事实上，农村劳动力并不能与本地城镇居民完全享有同等的机会环境。地区代际收入流动性影响机制的异质性分析表明，城市代际收入流动性对农村劳动力职业地位的促进作用在公共服务开放程度高的样本中更加显著。城市就业、教育、医疗、卫生、文化服务和各种社会保障支持能否均等化提供，影响了农村劳动力在本地上升通道是否顺畅。社会公平主要体现在每个人都有平等的权利和全面发展的机会，因此，在城镇化过程中，要促进公共服务均等化，让农村劳动力能够更好地享有本地较高的机会环境，畅通农村劳动力向上流动的通道，促进农村劳动力社会经济地位的提升，使全体居民都能共享现代化建设成果，最终实现共同富裕。

第五，优化数字经济布局，健全数字公共服务，增强城市吸引力。针对数字经济发展对农村劳动力流入概率的“先升后降”效应，建议对处于初期阶段的城市，重点加强数字基础设施建设，如优化布局 5G 基站、云计算等新型基础设施，降低农村劳动力的信息获取成本。对于处于高数字化阶段城市，应注意避免过度依赖技术替代，保留部分劳动密集型岗位，推动“人机协同”模式。同时鼓励这些城市数字经济企业将非核心业务向其他城市转移，利用当地劳动力成本优势，形成新的产业协同模式，促进高质量发展。基于数字经济与代际收入流动的交互作用，应着力优化数字公共服务，促进地区代际收入流动，增强城市对农村劳动力的可持续吸引力。比如，通过完善数字公共服务，降低农村劳动力融入成本。利用职业培训和教育数字化赋能，强化数字经济与代际收入流动的良性互动。总之，通过优化数字公共服务、提升代际收入流动、增强高数字化城市包容性等政策，能有效缓解数字经济对农村劳动力的“挤出效应”，使其最终实现数字红利共享与区域协调发展的双重目标。

第六，推进数字经济发展，缩小“数字鸿沟”，实现共同富裕。夯实数字基础设施，降低接入门槛。通过政府补贴智能手机、公共数字服务站的方式推广普惠智能终端。开展精准数字技能培训，建议由政府牵头，联合企业与职业院校开设“数字技能 + 行业应用”的定制化课程。例如，针对农村电商、智慧农业等领域，开展直播带货、农业大数据分析等专项培训，提升农村劳动力数字素养和就业竞争力。为帮助农村劳动力实现职业晋升，建议建立农民数字技能学分认证体系，允许农村劳动力通过线上课程、实践项目积累学分，兑换职业资格证书或学历认证，打通技能提升与职业晋升的通道。为帮助农村劳动力提升幸福感，建议在数字公共服务领域精准发力，如开发“农民工数字社区”App，提供租房、就业、维权等一站式服务，提升城市归属感，通过“一网通办”平台整合教育、医疗、社保等民生服务，减少农村劳动力办事成本。为帮助农村劳动力提升福利水平，建议对农村劳动力提供数字技能培训补贴，防止“数字鸿沟”加剧福利分化。通过多方协作，让数字经济不仅成为增长引擎，更成为社会均衡发展的加速器，最终实现“数字普惠，全民共享”的共同富裕目标。

7.3 展望

本书基于代际收入流动这一新视角研究了数字经济背景下农村劳动空间选择机制，试图揭示城市机会环境、数字经济发展等因素对农村劳动力流入的影响，为合理引导人口流动和优化劳动力的空间配置提供了经验证据，但受数据来源和时间安排的限制，研究仍然存在以下两方面的不足。

第一，本书曾考虑使用CHNS（中国健康与营养调查）、CLDS（中国劳动力动态调查）等追踪调查数据来测度地区代际收入流动性，但由于上述数据父代与子代配对后的样本量有限，无法覆盖足量的城市，所以最后选择了2005年1%人口抽样调查微观数据来测度地区代际收入流动性。因该数据不是追踪调查数据，所以在估计地区代际收入流动性时无法采用多年均值的方法来进一步降低外生冲击带来的影响。尽管本书已采用了计量偏误较小的位序法来测度地区代际收入流动性，但无法完全避免外生冲击带来的影响，在未来微观数据来源更加完备的情况下，需要采用均值法进行弥补。

第二，对于地区代际收入流动如何作用于农村劳动力，本书主要考虑的是农村劳动力的空间选择，即地区代际收入流动是否能够吸引农村劳动力流入。实际上该研究不足以覆盖地区代际收入流动性影响农村劳动力的全部内容。代际收入流动问题涉及范围较大，包含丰富的社会经济内涵。本书研究不足以覆盖地区代际收入流动对农村劳动力流入影响的全部内容。后续研究可以继续基于农村劳动力流动视角，分析地区代际收入流动对流入后农村劳动力社会信任及社会融合等方面的潜在影响。

参考文献

[1] 王伟同，谢佳松，张玲．人口迁移的地区代际流动偏好：微观证据与影响机制［J］．管理世界，2019，35（07）：89－103.

[2] 曹晖，罗楚亮．为了机会公平而流动——收入代际传递对劳动力流入的影响［J］．劳动经济研究，2021，9（01）：3－26.

[3] 陈漫雪，吕康银，王文静．代际收入传递的经济学分析［J］．当代经济管理，2016，38（12）：73－78.

[4] 龙翠红，王潇．中国代际收入流动性及传递机制研究［J］．华东师范大学学报（哲学社会科学版），2014，46（05）：156－164.

[5] 丁守海．农民工工资与农村劳动力转移：一项实证分析［J］．中国农村经济，2006（04）：56－62.

[6] 程名望，史清华，许洁．就业半径、就业机会、社会关系网络与农村劳动力转移［J］．南方人口，2014，29（06）：55－63.

[7] 孙文凯，白重恩，谢沛初．户籍制度改革对中国农村劳动力流动的影响［J］．经济研究，2011，46（01）：28－41.

[8] 刘军辉，张古．户籍制度改革对农村劳动力流动影响模拟研究——基于新经济地理学视角［J］．财经研究，2016，42（10）：80－93.

[9] 付振奇，陈淑云，洪建国．农村劳动力流动的区位选择：影响因素及区域差异——基于全国28个省份农民个体行为决策的分析［J］．华中师范大学学报（人文社会科学版），2017，56（05）：45－56.

[10] 王美今，李仲达．中国居民收入代际流动性测度——“二代”现象经济分析［J］．中山大学学报（社会科学版），2012，52（01）：172－181.

[11] 刘文，沈丽杰．我国代际收入弹性的测度研究［J］．南方人口，2018，33（02）：29－46.

[12] 吕光明，李莹．中国居民代际收入弹性的变异及影响研究［J］．厦门大学学报（哲学社会科学版），2017（03）：35－45.

[13] 杨沫，王岩．中国居民代际收入流动性的变化趋势及影响机制研究［J］．管理世界，2020，36（03）：60－76．

[14] Lewis A R. Economic Development with Unlimited Supplies of Labor [J]. Manchester School of Economic and Social Studies，1954，22（2）：139－191.

[15] Fei J C H，Ranis G. Development of the Labor Surplus Economy：Theoryand Policy [M]. Homewood Ⅲ：R. D. Irwin，1964.

[16] Jorgenson D W. The Development of a Dual Economy [J]. Economic Journal. 1961，71（282）：309－334.

[17] Lee Everett S. A Theory of Migration [J]. Demography. 1966（13）：47－57.

[18] Ravenstein E. G. The Laws of Migration [J]. Journal of the Statistical Society of London，1885，48（2）：167－235.

[19] Ravenstein E. G. The Laws of Migration [J]. Journal of the Royal Statistical Society，1889，52（2）：241－305.

[20] Mincer，Jacob. Schooling，Experience，and Earnings [M]. New York：Columbia University Press，1974.

[21] Becker G. S. Human Capita [M]. New York：Columbia University Press，1975.

[22] Sjaastad L A. The Costs and Returs of Human Migration [J]. Journal of Political Economic，1962，70（5）：80－93.

[23] Stark O. Research on Rural－to－urban Migration in Less Developed Countries：The Confusion Frontier and Why We Should Pause to Rethink Afresh [J]. World Development，1982，10：73－70.

[24] Stark O.，D Bloom. The New Economics of Labor Migration [J]. American Economic Review，1985，75：173－178.

[25] Stark O J. E. Taylor. Migration Incentives，Migration Types：The Role of Relative Deprivation [J]. The Economic Journal，1991，101：1163－1178.

[26] 程名望．中国农村劳动力转移：机理、动因与障碍——一个理论框架与实证分析［D］．上海：上海交通大学，2007．

[27] 孙志燕，侯永志．对我国区域不平衡发展的多视角观察和政策应对［J］．管理世界，2019，35（08）：1－8．

[28] 权衡. 中国城乡居民收入流动性与长期不平等：实证与比较 [J]. 上海财经大学学报，2015，17（2）：4－19.

[29] Becker G S, Tomes N. An Equilibrium Theory of the Distribution of Incomeand Intergenerational Mobility [J]. Journal of political Economy, 1979, 87 (6): 1153－1189.

[30] Zimmerman, David J. Regression toward Mediocrity in Economic Stature [J]. American Economic Review, 1992, (82): 409－429.

[31] Chetty R, Hendren N and Kline P. Where is the Land of Opportunity? The Geography of Intergenerational Mobility in the United States [J]. The Quarterly Journal of Economics, 2014b, 129 (4): 1553－1623.

[32] Solon G. A model of Intergenerational Mobility Variation Over Time and Place [J]. Generational income mobility in North America and Europe, 2004, (11): 38－47.

[33] Fei C H., Rains, G. A Theory of Economic Development [J]. American Economic Review, 1961, 51 (4).

[34] Todaro M P. A Model of Labor Migration and Urban Unemployment in Less Developed Countries [J]. American Economic Review, 1969, (1): 13－148.

[35] 顾朝林，蔡建明，张伟，等. 中国大中城市流动人口迁移规律研究 [J]. 地理学报，1999，54（3）：204－212.

[36] Wolpert. The Decision Process in Spatial Context [J]. Annals Association of American Geographers, 1965, (54): 159－169.

[37] Hausman, J., D. McFadden. Specification Tests for the Multinomial Logit Model [J]. Econometrica, 1984, 52 (5): 1219－1240.

[38] Becker, G. S, and Tomes, N. Human Capital and the Rise and Fall of Families [J]. Journal of Labor Economics, 1986, 4 (3): 1－39.

[39] Solon G. Intergenerational Income Mobility in the United States [J]. American Economic Review, 1992, 82 (3): 393－408.

[40] Lillard, L. A., Robert, T. R. Intergenerational mobility in earnings and occupational status, 1996, Unpublished.

[41] Wiegand, J. Intergenerational Earnings Mobility in Germany, 1997,

Unpublished.

[42] Couch, K. A., Thomas, A. D., Intergenerational Correlations in Labor Market Status: A Comparison of the United States and Germany [J]. Journal of Human Resources, 1997, 32: 210-232.

[43] Mazumder Bhashkar. Fortunate sons: New Estimates of Intergenerational Mobility in the US using social security earnings data [J]. Review of Economicsand Statistics, 2005, 87 (2): 235-255.

[44] Björklund A., Jäntti M. Intergenerational Income Mobility in Sweden Compared to the United States [J]. American Economic Association, 1997, 87 (5): 1009-1018.

[45] Eric R. Eide, Mark H. Showalter. Factors Affecting the Transmission of Earnings across Generations: A Quantile Regression Approach [J]. Journal of Human Resources, 1999: 253-267.

[46] Espen Bratberg, Oivind Anti Nilsen, Kjell Vaage. Intergenerational earnings of mobility in Norway: Levels and trends [J]. Scandinavian Journal Economics, 2005, 107.

[47] Bratberg, E., Nilsen, A. N., and Vaage, K. Intergenerational Earnings Mobility in Norway: Levels and Trends [J]. Scand. J. of Economics, 2005, 107 (3): 419-435.

[48] Landers, R. and Heckman J. J. The Scandinavian Fantasy: The Source of Intergenerational Mobility in Denmark and The U. S [R]. Working Paper 22465.

[49] Irina, M., Di, L., Artem, P. Two-Sample Nonparametric Estimation of Intergenerational Income Mobility, 2013, BA Working Paper.

[50] Clark G, Cummins N. Intergenerational Wealth Mobility in England, 1858-2012: Surname and Social Mobility [J]. The Economic Journal, 2015, 125 (582): 61-85.

[51] Vosters K, Nybom M. Intergenerational Persistence in Latent Socioeconomic Status: Evidence from Sweden and the United States [J]. Journal of Labor Economics, 2017, 35 (3): 869-901.

[52] Lubotsky D, Wittenberg M. Interpretation of Regressions with Multiple

Proxies [J]. The Review of Economics and Statistics, 2006, 88 (3): 549 - 562.

[53] 王海港. 中国居民收入分配的代际流动 [J]. 经济科学, 2005 (02): 18 - 25.

[54] 魏颖, 张春艳. 代际收入流动与收入不平等问题研究 [J]. 中国社会科学院研究生院学报, 2009 (04): 97 - 102.

[55] 方鸣, 应瑞瑶. 中国城乡居民的代际收入流动及分解 [J]. 中国人口资源与环境, 2010, 20 (05): 123 - 128.

[56] 郭建军, 王磊, 苏应生. 样本选择性偏误、TS2SLS 估计与我国代际收入流动性水平 [J]. 统计研究, 2017, 34 (08): 120 - 128.

[57] 江求川. 中国代际收入流动性估计: 基于随机系数模型 [J]. 南方经济, 2017 (05): 66 - 82.

[58] 韩军辉. 基于面板数据的代际收入流动研究 [J]. 中南财经政法大学学报, 2010 (04): 21 - 25.

[59] 陈琳. 中国城镇代际收入弹性研究: 测量误差的纠正和收入影响的识别 [J]. 经济学 (季刊), 2015, 15 (01): 33 - 52.

[60] 丁亭亭, 王仕睿, 于丽. 中国城镇代际收入流动实证研究——基于 Jorgenson - Fraumeni 未来终生收入的估算 [J]. 经济理论与经济管理, 2016 (07): 83 - 97.

[61] Jorgenson D W. The Development of a Dual Economy [J]. Economic Journal. 1961, 71 (282): 309 - 334.

[62] 邹薇, 马占利. 中国代际收入流动测度及致因 [J]. 云南财经大学学报, 2018, 34 (02): 13 - 23.

[63] 吴学榕, 杨奇明, 李德洗, 赵哲. 农民工代际收入流动分析——基于劳务输出大省河南农民工调查的实证研究 [J]. 经济问题探索, 2018 (06): 74 - 83.

[64] Dahl M., DeLeire T. The Association Between Children's Earnings and Fathers' Life time Earnings: Estimates Using Administrative Data [J]. Institute for Research on Poverty, 2008, University of Wisconsin - Madison.

[65] Gregg P, Jonsson J O, Macmillan L, et al. The Role of Education for Intergenerational Income Mobility: A comparison of the United States, Great Britain, and Sweden [J]. Social Forces, 2017, 96 (1): 121 - 152.

[66] Bratberg E, Davis J, Mazumder B, Nybom M, Schnitzlein D D, Vaage K. A Comparison of Intergenerational Mobility Curves in Germany, Norway, Sweden, and the US [J]. The Scandinavian Journal of Economics, 2017, 119 (1): 72 - 101.

[67] Stefanie Heidrich. Intergenerational Mobility in Sweden: A Regional Perspective [J]. Journal of Population Economics, 2017, 30 (4).

[68] Acciari P., PoloA., Violante, Giovanni L. "And Yet, It Moves": Intergenerational Mobility in Italy, IZA Discussion Papers, 2019, No. 12273.

[69] 王伟同，谢佳松，张玲．中国区域与阶层代际流动水平测度及其影响因素研究 [J]. 数量经济技术经济研究，2019，36 (01): 78 - 95.

[70] Solon, G. Intergenerational Mobility in the Labor Market [J]. Handbook of Labor Economics, 1999: 1761 - 1800.

[71] Mazumder. Bhashkar, Sibling Similarities and Economic Inequality in the US [J]. Journal of Population Economics, 2008 (21): 685 - 701.

[72] Raaum, Oddbjorn, Salvanes, Kjell G, Sorensen, Erik O. The Neighborhood Is Not What It Used to be [J]. Economic Journal, 2006 (116): 200 - 222.

[73] Solon Gary, Page, Marianne, Duncan, Greg. Correlations between Neighboring Children in Their Subsequent Educational Attainment [J]. Review of Economics and Statistics, 2000, 82 (3): 383 - 392.

[74] Page, Marianne E., Solon, Gary. Correlations Between Brothers and Neighboring Boys in Their Adult Earnings: the Importance of Being Urban [J]. Journalof Labor Economics, 2003 21 (4): 831 - 855.

[75] Behman, Jere R, Paul Tauman. Intergenerational Transmission of Income and Wealth [J]. The American Economic Review, 1976, 66 (2): 436 - 440.

[76] Sacerdote B. The Nature and Nurture of Economic Outcomes [J]. The American EconomicReview, 2002, 92 (2): 344 - 348.

[77] Plug, Erik. Estimating the Effect of Mother's Schooling on Children's Schooling Using a Sample of Adoptees [J]. American Economic Review, 2004 (94): 358 - 368.

[78] Sacerdote B. How Large Are the Effects from Changes in Family Envi-

ronment? A Study of Korean American Adoptees [J]. The Quarterly Journal of Economics, 2007: 119 - 134.

[79] Björklund Anders and M Jantti, et al. Nature and Nurture in the Intergenerational Transmission of Socioeconomic Statu [J]. Journal of Economic Analysis & Policy, 2007, 7 (2): 1753 - 1753.

[80] Eide E. R., Showalter, M. H. Factors Affecting the Transmission of Earnings across Generations: A Quantile Regression Approach [J]. The Journal of Human Resources, 1999 (02).

[81] 姚先国，赵丽秋．中国代际收入流动性与传递路径研究；1989—2000. 第六届中国经济学年会入选论文，2006.

[82] Bowles S., Gintis, H. The Inheritance of Inequality [J]. Journal of Economic Perspectives, 2002, 16 (3): 3 - 30.

[83] 孙三百，黄薇，洪俊杰．劳动力自由迁移为何如此重要？——基于代际收入流动的视角 [J]. 经济研究，2012，47 (05): 147 - 159.

[84] Lefranc A, ATrannoy. Intergenerational Earnings Mobility in France: Is Franc More Mobile than the US [J]. Journal of Labor Economics, 2004, 24 (3): 131 - 139.

[85] 方鸣．中国城乡居民代际收入流动性研究 [D]. 南京：南京农业大学，2010.

[86] Blanden Jo, Paul Gregg, Lindsey Macmillelan, Accounting for Intergenerational Persistence [J]. Economic Journal, 2007, 117: 43 - 60.

[87] 陈琳，袁志刚．授之以鱼不如授之以渔？——财富资本、社会资本、人力资本与中国代际收入流动 [J]. 复旦学报（社会科学版），2012 (04): 99 - 113.

[88] 陈杰，苏群，周宁．农村居民代际收入流动性及传递机制分析 [J]. 中国农村经济，2016 (03): 36 - 53.

[89] Eriksson T, Bratsberg B, Raaum O. Earnings Persistence across Generations: Transmission Through Health? [J]. Memorandum, 2005, 12 (4), 124 - 146.

[90] Blanden J. Cross - country Rankings in Intergenerational Mobility: a Comparison of Approaches from Economics and Sociology [J]. Journal of Eco-

nomic Surveys, 2013, 27 (1): 38 - 73.

[91] Narayan A., Van der WeideR, Cojocaru. A Fair Progress?: Economic Mobility across Generations around the World, The World Bank., 2018.

[92] Owen A. L., D. N. Weil. Intergenerational Earnings Mobility, Inequality and Growth [J]. Journal of Monetary Economics, 1998, 41: 71 - 104.

[93] 孙旭，魏嘉鑫，方逸茹，邢灵婉．收入不平等对中国收入代际流动的影响 [J]．统计学报，2020，1 (04)：27 - 36.

[94] DiPrete A T, Eirich G. Cummulative Advantage as a Mechanism for Inequality: A Review of Theoretical and Empirical Developments [J]. Annual Review of Sociology, 2006, 32: 271 - 297.

[95] 方鸣．代际收入流动性与收入不平等——基于面板数据联立方程模型的分析 [J]．经济研究导刊，2014 (29)：14 - 17.

[96] 曹仪．中国代际收入流动及其影响机制研究 [D]．湖南：湖南师范大学，2010.

[97] 李任玉，杜在超，龚强，何勤英．经济增长、结构优化与中国代际收入流动 [J]．经济学 (季刊)，2018，17 (03)：995 - 1012.

[98] 杨汝岱，刘伟．市场化与中国代际收入流动 [J]．湘潭大学学报 (哲学社会科版)，2019，43 (01)：112 - 118.

[99] Attanasio O., Goldberg P., Pavcnik, N. Trade Reforms and Wage Inequality in Colombia [J]. Journal of Development Economics, 2004. 74 (2), 331 - 366.

[100] 李宜航．中国贸易开放与代际间收入流动影响分析 [J]．世界经济研，2019 (10)：75 - 88.

[101] 郑筱婷，袁梦，王珺．城市产业的就业扩张与收入的代际流动 [J]．经济学动态，2020 (09)：59 - 74.

[102] Mayer SE, Lopoo L M. Government Spending and Intergenerational Mobility [J]. Journal of Public Economics, 2008, 92 (1): 139 - 158.

[103] Zhu G, Vural G. Intergenerational Effect of Parental Time and its Policy Implications [J]. Journal of Economic Dynamics and Control. 2013, 37 (9): 1833 - 1851.

[104] 韩军辉．农村公共支出视野中的代际收入流动研究 [J]．北京

理工大学学报（社会科学版），2010，12（01）：51－54.

［105］徐俊武，易祥瑞．增加公共教育支出能够缓解“二代”现象吗？——基于 CHNS 的代际收入流动性分析［J］．财经研究，2014，40（11）：17－28.

［106］吕康银．收入差距代际传递机制及其变动趋势研究［M］．北京：科学出版社，2019.

［107］Galor O.，Tsiddon D. Technological Progress，Mobility and Economic Growth［J］. The American Economic Review，1997，87（3）：363－382.

［108］Galor O.，Moav O. From Physical to Human Capital Accumulation：Inequality and the Process of Development［J］. Review of Economic Studlies，2004，71（4）：1001－1026.

［109］许志，刘文翰，徐舒．代际收入流动与居民储蓄行为：中国居民家庭高储蓄率的另一种解释［J］．现代财经（天津财经大学学报），2021，41（01）：33－47.

［110］刘小鸽，司海平，庞嘉伟．地区代际流动与居民幸福感：基于代际教育流动性的考察［J］．世界经济，2018，41（09）：171－192.

［111］魏瑾瑞，赵汉林．地区代际流动对居民生育意愿的影响［J］．浙江社会科学，2019（12）：38－46.

［112］吕炜，郭曼曼，王伟同．教育机会公平与居民社会信任：城市教育代际流动的实证测度与微观证据［J］．中国工业经济，2020（02）：80－99.

［113］Spilimbergo A. Labor Market Integration，Unemployment and Transfers［J］. Review of International Economics，1999，7（4），641－650.

［114］Zhao Y. Leaving the Countryside：Rural－to－Urban Migration Decisions in China［J］. American Economic Review，2001，89（89）：281－286.

［115］Greenwood M J，Hunt G. The Early History of Migration Research［J］. Int Reg Sci Rev，2003，26（1）：3－37.

［116］庄起善，窦菲菲，王健．转型国家劳动力流动及其宏观经济决定因素［J］．复旦学报（社会科学版），2007（05）：74－81.

［117］赖小琼，余玉平．成本收益视线下的农村劳动力转移——托达罗模型的反思与拓展［J］．当代经济研究，2004（02）：22－26.

［118］卢向虎，朱淑芳，张正河．中国农村人口城乡迁移规模的实证

分析［J］. 中国农村经济，2006（01）：35－41.

［119］彭荣胜. 基于农村劳动力转移的城市化进程实证——以河南省为例［J］. 经济地理，2007（01）：122－125.

［120］王秀芝. 省际人口迁移的内在动因及其影响波及［J］改革，2014（03）：142－148.

［121］蔡昉. 劳动力迁移的两个过程及其制度障碍［J］. 社会学研究，2001（04）：44－51.

［122］朱农. 论收入差距对中国乡城迁移决策的影响［J］. 人口与经济，2002（05）：10－17.

［123］Taylor J E，Rozelle S.，Alan D. B，Migration and Incomes in Source Communities：A New Economics of Migration Perspective From China［J］. Economic Development and Cultural Change，2003，52（1）：75－101.

［124］张杰飞，李国平，柳思维. 中国农业剩余劳动力转移理论模型及政策分析：Harris－Todaro 与新经济地理模型的综合［J］. 世界经济，2009（03）：82－95.

［125］程名望，史清华，潘烜. 城镇适应性、技能型收益、精神收益与农村劳动力转移——基于 2291 份调查问卷的实证分析［J］. 公共管理学报，2013，10（01）：91－97.

［126］Stark O. Rural－to－Urban migrationin LDCs：a relative deprivation approach［J］. Economic Development and Cultural Change，1984，32（3）：475－486.

［127］蔡昉，都阳. 迁移的双重动因及其政策含义——检验相对贫困假说［J］. 中国人口科学，2002（04）：3－9.

［128］朱农. 中国劳动力流动与"三农"问题［M］. 武汉：武汉大学出版社，2004.

［129］蔡昉，都阳，王美艳. 劳动力流动的政治经济学［M］. 上海：上海人民出版社，2003.

［130］龙志和，陈芳妹. 土地禀赋与农村劳动力迁移决策研究［J］. 华中师范大学学报（人文社会科学版），2007（03）：11－17.

［131］吴红宇. 农民收入与迁移动机的计量研究［J］. 农业技术经济，2008（02）：72－79.

[132] Lucas, R. E. Jr. Life Earnings and Rural - Urban Migration [J]. Journal of Political Economy, 2004, 112 (1).

[133] Schultz, T. W. Investment in Human Capital [J]. American Economic Review, 1961 (51) 1 - 17.

[134] 赵耀辉. 中国农村劳动力流动及教育在其中的作用——以四川省为基础的研究 [J]. 经济研究, 1997 (02): 37 - 42.

[135] Huang Ping and Pieke F. N. China Migration Country Study, Paper presented at the Conference in Migration. Development and Pro - Poor Policy Choices in Asia, Dhaka, 2003, 22 - 24.

[136] 吴红宇. 基于人力资本投资的劳动力迁移模型 [J]. 南方口, 2004 (04): 39 - 44.

[137] Zhao Yaohui. Labor Migration and Earnings Differences: The Case of China [J]. Economic Development and Cultural Change, 1999a, (2): 767 - 82.

[138] 严善平. 地区间人口流动的年龄模型及选择性 [J]. 中国人口科学, 2004 (03): 32 - 41.

[139] Rogers, A. Model Migration Schedules: An Application Using Data for the Soviet Union [J]. Canadian Studies in Population. 1978 (5).

[140] Rogers, A. eds. Migration, Urbanization, and Spatial Population Dynamics [M]. West view Press, 1984.

[141] 李树茁. 八十年代中国人口迁移的性别差异研究 [J]. 人口学刊, 1993 (5).

[142] 杨云彦. 人口迁移与劳动力流动的女性主义分析框架 [J]. 中南财经大学学报, 2001 (06): 12 - 17.

[143] Sandefur, G. D. Variations in lnterstate Migration of Men across the Early Stages of the Life [J]. Demography, 1985 (22): 353 - 66.

[144] Zhao Yaohui. Leaving the Countryside: Rural - to - Urban Migration Decisions in China [J]. American Economic Review, 1999b, 89 (2): 281 - 286.

[145] 周皓, 梁在. 中国的返迁人口: 基于五普数据的分析 [J]. 人口研究, 2006 (03): 61 - 69.

[146] 杨云彦, 石智雷. 家庭禀赋对农民外出务工行为的影响 [J]. 中国人口科学, 2008 (05): 66 - 72.

[147] 程名望，史清华．个人特征、家庭特征与农村剩余劳动力转移——一个基于 Probit 模型的实证分析 [J]．经济评论，2010 (04)：49 –55.

[148] 黄宁阳，龚梦．农村劳动力跨省转移意愿的个体特征及家庭因素分析——基于农户调查的 Logit 回归模型 [J]．中国农村观察，2010 (02)：27 –33.

[149] 陶树果，高向东，余运江．农村劳动年龄人口乡城迁移意愿和城镇化路径研究——基于 CGSS 2010 年数据的 Logistic 回归模型分析 [J]．人口与经济，2015 (05)：40 –49.

[150] 陆铭．玻璃幕墙下的劳动力流动——制度约束、社会互动与滞后的城市化 [J]．南方经济，2011 (06)：23 –37.

[151] 李富有，郭小叶，王博峰．户籍制度对农村劳动力流动趋势的影响分析——基于改进的托达罗模型 [J]．陕西师范大学学报（哲学社会科学版），2013，42 (06)：152 –159.

[152] 刘军辉，张古．户籍制度改革对农村劳动力流动影响模拟研究——基于新经济地理学视角 [J]．财经研究，2016，42 (10)：80 –93.

[153] 朱江丽，李子联．户籍改革、人口流动与地区差距——基于异质性人口跨期流动模型的分析 [J]．经济学（季刊），2016，15 (02)：797 –816.

[154] 周文，赵方，杨飞，李鲁．土地流转、户籍制度改革与中国城市化：理论与模拟 [J]．经济研究，2017，52 (06)：183 –197.

[155] 梁琦，陈强远，王如玉．户籍改革、劳动力流动与城市层级体系优化 [J]．中国社会科学，2013 (12)：36 –59.

[156] 陆铭，高虹，佐藤宏．城市规模与包容性就业 [J]．中国社会科学，2012，(10)：47 –66.

[157] 踪家峰，周亮．大城市支付了更高的工资吗？[J]．经济学（季刊），2015，14 (04)：1467 –1496.

[158] 韩峰，李玉双．产业集聚、公共服务供给与城市规模扩张 [J]．经济研究，2019，54 (11)：149 –164.

[159] Beaudry P, Green D A., Sand B. M. Spatial Equilibrium with Unemployment and Wage Bargaining: Theory and Estimation [J]. Journal of Urban Economics, 2014, 79 (1): 2 –15.

[160] Xing C, Zhang J. The Preference for Larger Cities in China: Evi-

dence from Rural - Urban Migrants [J]. China Economic Review. 2017, (43): 72 - 90.

[161] 高春亮，李善同．人口流动、人力资本与城市规模差距 [J]. 中国人口科学，2019 (03): 40 - 52.

[162] 张文武，张为付．什么让城市更能够“留人”? [J]. 世界经济文汇，2020 (03): 31 - 45.

[163] 范兆媛．城市规模对流动人口居留意愿的影响研究——基于 2017 流动人口动态监测数据 [J]. 调研世界，2021 (09): 14 - 23.

[164] 黄梦琪，金钟范．城市规模如何影响流动人口居留意愿——基于全国流动人口动态监测数据的经验研究 [J]. 山西财经大学学报，2021, 43 (07): 17 - 29.

[165] 刘旭阳，原新．青年流动人才的城市选择及影响机制——基于人才特征视角 [J]. 西北人口，2022, 43 (01): 14 - 24.

[166] Helpman, E. The Size of Regions, in D. Pines, E. Sadka and I. Zilcha (eds.), Topics in Public Economics, London: Cambridge University Press, 1998.

[167] Krugman, Paul, Increasing Returns and Economic Geography [J]. Journal of Political Economy, 1991, 99 (3): 483 - 99.

[168] Cameron G, Muellbauer J, Murphy A. Housing Market Dynamics and Region Migration in Britain [J]. Economics, 2006, 35 (4): 275 - 293.

[169] Rabe, Birgitta, M. Taylor. Differences in Opportunities? Wage, Unemployment and House - price Effects on Migration, ISER Working Paper, 2010, No. 05.

[170] Murphy A., Muellbauer G. Cameron. Housing Market Dynamics and Regional Migration in Britain. Department of Economics Discussion Paper Series, 2006.

[171] Jeanty P. W., Partridge M., Irwin E. Estimation of a Spatial Simultaneous Equation Model of Population Migration and Housing Price Dynamics [J]. Regional Science and Urban Economics, 2010, 40 (5): 343 - 352.

[172] Andrew J P. Housing Prices and Inter - urban Migration [J]. Regional Science and Urban Economics, 2013, 43 (2): 296 - 306.

[173] 高波，陈健，邹琳华．区域房价差异、劳动力流动与产业升级

[J]. 经济研究, 2012, 47 (01): 66 - 79.

[174] 田丽慧, 李逸飞, 何鑫. 房价上涨影响了谁的迁移意愿? [J]. 世界经济文汇, 2021 (04): 59 - 73.

[175] 李超, 张超. 高房价收入比形成原因及对中国城市人口集聚的影响: 理论与实证 [J]. 华南师范大学学报 (社会科学版), 2015 (01): 116 - 123.

[176] 徐腾, 姚洋. 城际人口迁移与房价变动——基于人口普查与百度迁徙数据的实证研究 [J]. 江西财经大学学报, 2018 (01): 11 - 19.

[177] 李拓, 李斌. 中国跨地区人口流动的影响因素——基于 286 个城市面板数据的空间计量检验 [J]. 中国人口科学, 2015 (02): 73 - 83.

[178] 张莉, 何晶, 马润泓. 房价如何影响劳动力流动? [J]. 经济研究, 2017, 52 (08): 155 - 170.

[179] 杨巧, 陈诚. 房价会影响人口迁移吗? [J]. 经济与管理, 2018, 32 (05): 38 - 44.

[180] 兰宗敏, 张超, 陈思. 城市房价差异如何影响劳动力迁移? [J]. 学习与探索, 2021 (06): 106 - 115.

[181] Tiebout C M. A Pure Theory of Local Expenditures [J]. Journal of Political Economy, 1956, 64 (5): 416 - 424.

[182] Day K. M. Interprovincial Migration and Local Public Goods [J]. The Canadian Journal of Economics. 1992. (1): 123 - 144.

[183] Borjas, Immigration and Welfare Magnets [J]. ournal of Labor Economics, 1999 (17): 607 - 6637.

[184] Dahlberg M., Eklof M., Fredriksson P. Estimating Preferences for Local Public Services Using Migration Data [J]. Urban Studies, 2012, (2): 319 - 336.

[185] 方大春, 杨义武. 城市公共品供给对城乡人口迁移的影响——基于动态面板模型的实证分析 [J]. 财经科学, 2013 (08): 75 - 84.

[186] 夏怡然, 陆铭. 城市间的"孟母三迁"——公共服务影响劳动力流向的经验研究 [J]. 管理世界, 2015 (10): 78 - 90.

[187] 杨义武, 林万龙, 张莉琴. 地方公共品供给与人口迁移——来自地级及以上城市的经验证据 [J]. 中国人口科学, 2017 (02): 93 - 103.

[188] 李一花，李静，张芳洁．公共品供给与城乡人口流动——基于285个城市的计量检验 [J]. 财贸研究，2017，28 (05)：55-66.

[189] Faguet J P. Does Decentralization Increase Government Responsiveness to Local Needs?：Evidence From Bolivia [J]. Journal of Public Economics，2004，88 (34)：867-893.

[190] Filipa S. Immigration and House Prices in the UK [J]. The Economic Journal，2011，125 (587)：1393-1424.

[191] Herold M. Lssues in Latino Education：Race，School Culture，and the Politic of Academic Success New York：Allyn and Bacon，2003.

[192] Liu J.，Xing C.. Migrate for Education：An Unintended Effect of School District Combination in Rural China [J]. China Economic Review，2016 (40)：192-206.

[193] 李超，万海远，田志磊．为教育而流动——随迁子女教育政策改革对农民工流动的影响 [J]. 财贸经济，2018，39 (01)：132-146.

[194] Banzhaf H. S.，R. P. Walsh，"Do People Vote with Their Feet? An Empirical Test of Tiebout's Mechanism" [J]. American Economic Review. 2008，98 (3)：843-863.

[195] Rafael Reuveny，Will H. Moore. Does Environmental Degradation Influence Migration? Emigration to Developed Countries in the Late 1980s and 1990s [J]. Social Science Quarterly，2009，90 (3).

[196] Marchiori L.，Schumacher I. When Nature Rebels：International Migration，Climate Change，and Inequality [J]. Journal of Population Economic，2011，24 (2)：569-600.

[197] 席鹏辉，梁若冰．城市空气质量与环境移民——基于模糊断点模型的经验研究 [J]. 经济科学，2015 (04)：30-43.

[198] 肖挺．环境质量是劳动人口流动的主导因素吗？——"逃离北上广"现象的一种解读 [J]. 经济评论，2016 (02)：3-17.

[199] Massey D. S.，W. G. Axinn，and D. J. Ghimire. Environmental Change and Outmigration：Evidence from Nepal [J]. Population Environment.，2010 (32)：109-136.

[200] Li D.，Zhang Y.，Ma S. Would Smog Lead to Outflow of Labor

Force? Empirical Evidence From China [J]. Emerging Markets Finance and Trade, 2017, 53 (5): 1122 - 1134.

[201] Chen S., Olivaand P. Zhang P. The Effect of Air Pollution on Migration: Evidence from China. NBER Working Paper, 2017, No. 24036.

[202] Liu Z.. Yu L. Stay or Leave? The Role of Air Pollution in Urban Migration Choices [J]. Ecological Economics, 2020 (177): 1 - 10.

[203] 邓曲恒，邢春冰．对空气质量的支付意愿：基于迁移决策的计量分析 [J]. 劳动经济研究，2018，6 (06)：23 - 43.

[204] 刘欢，席鹏辉．中国存在环境移民吗？——来自空气质量指数测算改革的自然实验 [J]. 经济学动态，2019 (12)：38 - 54.

[205] 孙伟增，张晓楠，郑思齐．空气污染与劳动力的空间流动——基于流动人口就业选址行为的研究 [J]. 经济研究，2019，54 (11)：102 - 117.

[206] 张海峰，林细细，梁若冰，蓝嘉俊．城市生态文明建设与新一代劳动力流动——劳动力资源竞争的新视角 [J]. 中国工业经济，2019 (04)：81 - 97.

[207] Kim J. S., Lee J. The Role of Intergenerational Mobility in Internal Migration [J]. Economic Modelling, 2018, 81: 1 - 15.

[208] Chetty R., Hendren N., Kline P., Saez E., Turner N. Is the United States Stilla Land of Opportunity? Recent Trends in Intergenerational Mobility [J]. American Economic Review, 2014a, 104 (5): 141 - 147.

[209] Haider S, Solon G. Life - Cycle Variation in the Association between Current and Lifetime Earnings [J]. American Economic Review, 2006, 96 (4): 1308 - 1320.

[210] Dearden L., Machin S, Reed H. Intergenerational Mobility in Britain [J]. The Economic Journal. 1997, 107 (440): 47 - 66.

[211] Irene, Ng. Intergenerational Income Mobility in Singapore [J]. the B. E. Journal of Economic Analysis & Poalicy, 2007, 7 (2), 1 - 33.

[212] Ermisch J. and Nicoletti C. Intergenerational Earnings Mobility: Changes across Cohorts in Britain [J]. American Economic Review, 2006, 96 (2): 124 - 143.

[213] Corak M. The Canadian Geography of Intergenerational Income Mobil-

ity [J]. The Economic Journal, 2019, (130): 2134 - 2174.

[214] Chadwick, Laura and Gary Solon. Intergenerational Income Mobility Among Daughters [J]. American Economic Review, 2002, 92 (1): 335 - 344.

[215] Becker G. S and H. G. Lewis, On the Interaction between the Quantity and Quality of Children [J]. Journal of Political Ecomnomy. 1973, 81 (2): 279 - 88.

[216] 康传坤, 文强. 独生子女与社会经济地位的代际传递 [J]. 经济评论, 2019 (04): 148 - 160.

[217] 卢盛峰, 潘星宇. 中国居民贫困代际传递: 空间分布、动态趋势与经验测度 [J]. 经济科学, 2016 (06): 5 - 19.

[218] 阳义南. 市场化进程对中国代际流动的贡献 [J]. 财经研究, 2018, 44 (01): 128 - 141.

[219] 侯瑜, 谢佳松. 社会代际流动区域差异及影响因素实证研究: 以中国东北为视角 [J]. 西北人口, 2018, 39 (03): 61 - 68.

[220] 郭丛斌, 闵维方. 中国城镇居民教育与收入代际流动的关系研究 [J]. 教育研究, 2007 (05): 3 - 14.

[221] 林相森, 李湉湉. 寒门何以出贵子? ——教育在阻隔贫困代际传递中的作用 [J]. 江西财经大学学报, 2019 (05): 10 - 21.

[222] 李增元, 葛云霞. 集体产权与封闭乡村社会结构: 社会流动背景下的农村社区治理——基于温州的调查分析 [J]. 甘肃行政学院学报, 2014, (03): 78 - 87.

[223] McFadden D. L. Conditional Logit Analysis of Qualitative Choice Behavior [J]. Frontiers in Econometrics, New York: Academic Press, 1974: 105 - 142.

[224] Zhang J., Zhao Z. Measuring the Income - distance Tradeoff for Rural - urban Migrans in China, 1ZA Discussion Paper No. 7160, 2013.

[225] 刘毓芸, 徐现祥, 肖泽凯. 劳动力跨方言流动的倒 U 型模式 [J]. 经济研究, 2015, 50 (10): 134 - 146.

[226] 张吉鹏, 卢冲. 户籍制度改革与城市落户门槛的量化分析 [J]. 经济学 (季刊), 2019, 18 (04): 1509 - 1530.

[227] Hilbe J. Negative Binominal Regression (second edition), New

York: Cambridge University Press, 2011.

[228] Diamond R. The Determinants and Welfare Implications of US Workers "Diverging Location Choices by Skill: 1980～2000". Job Market Paper, 2012.

[229] 张超，陈思．地方品质与经济机会对劳动力流动的影响——基于 CLDS 2016 的实证分析［J］．南方人口，2021，36（01）：1－16.

[230] 吴育辉，张欢，于小偶．机会之地：社会流动性与企业生产效率［J］．管理世界，2021，37（12）：74－93.

[231] 田丰．职业分层视野下的城镇人口与农民工收入差距研究［J］．河北学刊，2016，36（03）：152－158.

[232] Afridi F., Li S. X., Ren Y. Social Identity and Inequality: The Impact of China's Hukou System [J]. Journal of Public Economics, 2015 (123): 17－29.

[233] 徐莉，冀晓曼．家庭资本与社会阶层——基于 CGSS2017 调查数据的实证研究［J］．贵州财经大学学报，2021（02）：72－79.

[234] 王甫勤．户口与迁移时间：上海城市迁移人口的阶层地位获得（1977—2014）［J］．社会科学，2020（11）：71－82.

[235] 唐天伟，孙丽华，张剑娜．我国省级政府基本公共服务均等化测度分析：2003—2012［J］．经济管理，2013，35（11）：170－177.

[236] 毛哲山．农民工阶层的特征与流动：一个制度分析视角［J］．农村经济，2016，(05)：23－29.

[237] 符平，唐有财，江立华．农民工的职业分割与向上流动［J］．中国人口科学，2012，(06)：75－82.

[238] 张菲．健康、农村劳动力迁移及其劳动市场表现研究［D］．浙江大学，2015.

[239] 宋林霖．社会流动中的"结构性"阶层固化：政治学的解释与应对［J］．行政论坛，2016，23（04）：7－12.

[240] Chetty, R., Hendren, N., Katz, L. F. The Effects of Exposure to Better Neighborhoods on Children: New Evidence from the Moving to Opportunity Experiment [J]. American Economic Review, 2016, 106 (4): 855－902.

[241] Chetty R, Hendren N. The Impacts of Neighborhoods on Intergenerational Mobility Ⅱ: County－Level Estimates [J]. The Quarterly Journal of Eco-

nomics [J]. 2018 (3); 1163 - 1228.

[242] 段成荣，袁艳，郭静. 我国流动人口的最新状况 [J]. 西北人口，2013，34 (06)：1 - 7.

[243] 王子凤，张桂文. 数字经济对劳动力资源配置效率的影响 [J]. 人口与发展，2025，31 (01)：150 - 160.

[244] 随淑敏，夏璋煦. 数字经济发展的就业质量分化效应——基于劳动者技能和区域异质性视角的分析 [J]. 重庆大学学报（社会科学版），1 - 17.

[245] 黄小勇，李豪旺. 数字素养能助力农村劳动力实现高质量就业吗？[J]. 科学决策，2024 (10)：215 - 234.

[246] 原新，王丽晶，方守林. 数字经济发展会影响低技能劳动力职业转换吗？[J]. 人口研究，2024，48 (05)：82 - 97.

[247] 李言，肖雨婷. 数字经济发展与劳动力空间错配 [J]. 财经研究，2024，50 (06)：138 - 152.

[248] 张国胜，李文静. 数字经济发展与农业转移人口永久迁移 [J]. 劳动经济研究，2023，11 (03)：75 - 96.

[249] 王辉，罗元清，胡晟明. 数字经济对劳动力迁移的影响——基于职业流动方向的视角 [J]. 中国人口科学，2023，37 (02)：84 - 99.

[250] 周世军，陈博文. 数字经济是否影响劳动力空间配置？——基于中国流动人口的微观证据 [J]. 云南财经大学学报，2023，39 (02)：96 - 110.

[251] 董丽霞. 数字普惠金融与中国农村家庭财富差距 [J]. 技术经济，2022，41 (12)：111 - 122.

[252] 杨阳，范蕊，蒋佳伶. 数字参与能够提高中低收入家庭的幸福感吗？——基于 CHFS 数据的实证研究 [J]. 福建论坛（人文社会科学版），2022，(09)：39 - 53.

[253] 叶胥，杜云晗，何文军. 数字经济发展的就业结构效应 [J]. 财贸研究，2021，32 (04)：1 - 13.

[254] 赵涛，张智，梁上坤. 数字经济、创业活跃度与高质量发展——来自中国城市的经验证据 [J]. 管理世界，2020，36 (10)：65 - 76.

[255] 刘军，杨渊鋆，张三峰. 中国数字经济测度与驱动因素研究 [J]. 上海经济研究，2020，(06)：81 - 96.

［256］李衡，杨上广，郭丰．“人往高处走”：数字经济如何影响劳动力流动？［J］．经济体制改革，2024，（05）：177－184.

［257］熊艳艳，崔雪．线上消费对低技能劳动力流入的影响及其机制研究［J］．江西社会科学，2023，43（08）：52－64.

［258］王辉，罗元清，胡晟明．数字经济对劳动力迁移的影响——基于职业流动方向的视角［J］．中国人口科学，2023，37（02）：84－99.

［259］周世军，陈博文．数字经济是否影响劳动力空间配置？——基于中国流动人口的微观证据［J］．云南财经大学学报，2023，39（02）：96－110.

［260］周天芸．数字普惠金融、要素价格与劳动力流动［J］．当代经济管理，2022，44（04）：77－87.

［261］马述忠，胡增玺．数字金融是否影响劳动力流动？——基于中国流动人口的微观视角［J］．经济学（季刊），2022，22（01）：303－322.